奔向2035的
新发展格局

郑新立　白津夫　唐　元
张永军　徐　伟　刘　森　等 著

中共中央党校出版社

图书在版编目（CIP）数据

奔向 2035 的新发展格局 / 郑新立等著 . -- 北京：中共中央党校出版社，2021.6（2022.6 重印）
ISBN 978-7-5035-7122-0

Ⅰ. ①奔… Ⅱ. ①郑… Ⅲ. ①社会主义建设—现代化建设—远景规划—研究—中国— 2021-2035 Ⅳ. ① D61

中国版本图书馆 CIP 数据核字（2021）第 099315 号

奔向 2035 的新发展格局

责任编辑 蔡锐华 王美丽
版式设计 李晓壮
责任印制 陈梦楠
责任校对 马 晶
出版发行 中共中央党校出版社
地 址 北京市海淀区长春桥路 6 号
电 话 （010）68922815（总编室） （010）68922233（发行部）
传 真 （010）68922814
经 销 全国新华书店
印 刷 北京文昌阁彩色印刷有限责任公司
开 本 710 毫米 ×1000 毫米 1/16
字 数 291 千字
印 张 22.5
版 次 2021 年 6 月第 1 版 2022 年 6 月第 5 次印刷
定 价 68.00 元

网 址：www.dxcbs.net **邮 箱**：zydxcbs2018@163.com
微 信 ID：中共中央党校出版社 **新浪微博**：@党校出版社

前　言

本书以党的十九届五中全会精神为指导，对未来5年和15年我国发展面临的国内外形势进行了分析预测，对党中央提出的2035年远景目标和“十四五”时期的指导思想、总体布局进行了阐释和论证。针对2035年基本实现社会主义现代化必须采取的重大战略举措，包括加快构建以国内大循环为主体、国内国际双循环相互促进的新发展格局，坚持以扩大内需为战略基点，坚持以供给侧结构性改革为主线，把科技自立自强作为国家发展的战略支撑，以城乡融合发展推进乡村全面振兴，推进以人为核心的新型城镇化，加快发展现代产业体系等，从理论和实践上分析论证了其必要性、可行性和紧迫性，并对如何贯彻落实这些重大战略决策提出了作为智库研究人员的建议。本书还对发行央行数字货币、推进新型基础设施建设、促进经济社会发展全面绿色转型、构建高水平社会主义市场经济体制和开放型经济体系进行了深入分析解读，并以逻辑论述和大量数据、案例，对如何落实好这些重大部署提供了可供选择的方法和路径。最后，就如何在完成未来15年的奋斗目标的伟大实践中，推进国家治理体系和治理能力现代化，阐述了学习党的十九届四中、五中全会精神的体会。

参与本书写作的作者，都是长期在中央和国家机关智库、社会智库从事经济研究工作的资深学者，都具有副研究员以上职称和博士学位。先由我提出写作提纲和主要观点，大家分头研究撰写。初稿写出后，由我统一修改定稿。由于作者知识水平有限、时间紧促，疏漏和错误之处，敬请读者批评指正。

各章的撰写人分别为：

总　论　　郑新立
第一章　　唐　元
第二章　　张永军
第三章　　綦鲁明
第四章　　徐　伟
第五章　　李　飞
第六章　　李　裕
第七章　　盛思鑫
第八章　　陈维忠
第九章　　杨子健
第十章　　白津夫
第十一章　白津夫
第十二章　刘西友
第十三章　毛　涛
第十四章　梁云凤
第十五章　刘新民、崔艳新
第十六章　刘　森

郑新立

2021 年 3 月 5 日

目录

总 论 为2035年基本实现社会主义现代化而奋斗

第一节 | 新目标既鼓舞人心又实事求是 / 002
第二节 | 新发展格局是实现新目标的重要保证 / 003
第三节 | 经济结构转换才能形成增长新动能 / 007
第四节 | 发挥改革在构建新发展格局中的关键作用 / 008
第五节 | 发挥消费在扩大内需中的基础性作用 / 014
第六节 | 发挥投资对优化供给结构的关键作用 / 016

第一章 未来15年我国发展仍然处于重要战略机遇期

第一节 | 社会主义初级阶段是一个始终洋溢着蓬勃生机活力的发展过程 / 020
第二节 | 新的发展阶段是日益接近质的飞跃的重要发展时期 / 023
第三节 | 当前和今后一个时期是百年未有之大变局的重要战略机遇期 / 025
第四节 | 未来15年前所未有的发展机遇 / 027
第五节 | 未来15年面临前所未有的挑战 / 030

第二章 2035 年远景目标与“十四五”指导思想和总体部署

第一节 | 2035 年基本实现社会主义现代化的远景目标 / 038
第二节 | 2035 年我国能够达到中等发达国家发展水平 / 042
第三节 | “十四五”时期指导思想与总体部署 / 046

第三章 加快构建以国内大循环为主体、国内国际双循环相互促进的新发展格局

第一节 | 新发展格局是关系发展全局的重大战略任务 / 052
第二节 | 构建新发展格局关键在畅通经济循环 / 056
第三节 | 构建新发展格局最本质的特征是实现高水平的自立自强 / 059
第四节 | 以强大的国内经济循环体系为稳固的基本盘 / 062
第五节 | 重视以国际循环提升国内大循环的效率和水平 / 066

第四章 坚持以扩大内需为战略基点

第一节 | 扩大内需是贯彻落实以人民为中心的发展思想的根本之策 / 070
第二节 | 建立扩大内需的有效制度 / 073
第三节 | 把建设超大规模国内市场作为可持续的历史过程 / 078
第四节 | 以市场需求为导向优化投资结构 / 081
第五节 | 把增加居民收入作为扩大内需的重要举措 / 084

第五章 坚持以供给侧结构性改革为主线

第一节 | 经济结构转换不断释放经济增长新动能 / 092
第二节 | 通过乡村振兴释放最大经济增长新动能 / 095
第三节 | 扩大对公共产品和公共服务的投入 / 098

第四节 | 加快战略性新兴产业发展 / 101
第五节 | 增加新型基础设施建设投资 / 104

第六章 把科技自立自强作为国家发展的战略支撑

第一节 | 坚持创新在现代化建设全局中的核心地位 / 108
第二节 | 科技创新要坚持“四个面向” / 113
第三节 | 强化国家战略科技力量 / 120
第四节 | 提升企业技术创新能力 / 123
第五节 | 完善科技创新体制机制 / 125

第七章 深入实施教育强国、人才强国战略

第一节 | 建设教育强国是实现社会主义现代化的前提 / 130
第二节 | 培养创新型人才是教育体制改革的重要任务 / 134
第三节 | 培养技能型人才是教育强国、人才强国的重要内容 / 138
第四节 | 激发人才创新活力，择全球人才而用之 / 141

第八章 以城乡融合发展推进乡村全面振兴

第一节 | 城乡关系一定程度上决定着现代化的成败 / 146
第二节 | 城乡融合发展的核心是要素平等交换、双向流动 / 149
第三节 | 城乡融合发展的重点是公共服务均等化 / 153
第四节 | 城乡融合发展的根本是增加农民收入 / 156
第五节 | 城乡融合发展关键要抓牢县域这个平台 / 160

第九章　推进以人为核心的新型城镇化

第一节 | 我国新型城镇化面临的挑战与机遇 / 164
第二节 | 科学确定我国新型城镇化战略目标 / 167
第三节 | 我国新型城镇化需要解决的主要问题 / 168
第四节 |“十四五”时期推进新型城镇化的战略任务 / 170

第十章　加快发展现代产业体系

第一节 | 加快发展现代产业体系势在必行 / 180
第二节 | 提高产业基础能力和产业链水平 / 184
第三节 | 数字化赋能现代产业体系发展 / 187
第四节 | 推动数字经济和实体经济深度融合 / 191

第十一章　新发展格局中的央行数字货币

第一节 | 双循环需要更好发挥央行数字货币作用 / 198
第二节 | 央行数字货币是畅通经济循环的“加速器” / 201
第三节 | 央行数字货币是扩大内需的“助推器” / 203
第四节 | 以本币国际化促进国际大循环 / 207
第五节 | 以数字货币争取双循环的战略主动 / 212

第十二章　推进新型基础设施建设

第一节 | 推动新型基础设施建设正当其时，意义重大 / 216
第二节 | 推动新型基础设施建设具有诸多优势 / 220
第三节 | 新型基础设施建设的目标构想和发展愿景 / 222
第四节 | 推进新型基础设施建设面临突出矛盾和问题 / 224

第五节 | 明确新型基础设施建设的重点和方向 / 226
第六节 | 营造新型基础设施跨越式发展的良好外部环境 / 230

第十三章 促进经济社会发展全面绿色转型

第一节 | 绿色发展的远景目标 / 234
第二节 | 绿色发展的重点领域 / 239
第三节 | 绿色发展的主攻方向 / 242
第四节 | 绿色发展的制度保障 / 245

第十四章 构建高水平社会主义市场经济体制

第一节 | 构建高水平社会主义市场经济体制必须遵循市场决定资源配置这条规律 / 250
第二节 | “看不见的手”强劲有力，充分激发市场活力 / 251
第三节 | “看得见的手”稳妥灵活，更好发挥政府作用 / 253
第四节 | 秉承“三新”，推动有效市场和有为政府更好结合 / 255
第五节 | 绿化现代财税金融制度 / 257

第十五章 以高水平对外开放开拓合作共赢新局面

第一节 | 坚定不移实行高水平对外开放 / 266
第二节 | 建设更高水平开放型经济新体制 / 270
第三节 | 推动共建“一带一路”高质量发展 / 275
第四节 | 构建高标准自由贸易区网络 / 280
第五节 | 推动全球经济治理体系改革 / 284

第十六章 推进国家治理体系和治理能力现代化

第一节 | 推进国家治理体系和治理能力现代化是中国特色社会主义制度及其执行力的集中体现 / 288

第二节 | 把党的领导落实到国家治理各领域各方面各环节 / 289

第三节 | 坚持和完善人民当家作主制度体系，发展社会主义民主政治，是推进国家治理体系和治理能力现代化在政治领域的具体表现 / 291

第四节 | 法治体系建设领域推进国家治理体系和治理能力现代化 / 294

第五节 | 坚持和完善中国特色社会主义行政体制，构建职责明确、依法行政的政府治理体系，建设人民满意的服务型政府 / 297

第六节 | 坚持和完善社会主义基本经济制度，推动经济高质量发展 / 302

第七节 | 坚持和完善繁荣发展社会主义先进文化的制度，巩固全体人民团结奋斗的共同思想基础 / 307

第八节 | 坚持和完善统筹城乡的民生保障制度，满足人民日益增长的美好生活需要 / 312

第九节 | 坚持和完善共建共治共享的社会治理制度，保持社会稳定、维护国家安全 / 315

第十节 | 坚持和完善生态文明制度体系，促进人与自然和谐共生 / 318

第十一节 | 坚持和完善党对人民军队的绝对领导制度，确保人民军队忠实履行新时代使命任务 / 320

第十二节 | 坚持和完善“一国两制”制度体系，推进祖国和平统一 / 324

第十三节 | 坚持和完善独立自主的和平外交政策，推动构建人类命运共同体 / 330

第十四节 | 坚持和完善党和国家监督体系，强化对权力运行的制约和监督 / 334

第十五节 | 加强党对坚持和完善中国特色社会主义制度、推进国家治理体系和治理能力现代化的领导 / 339

总　论

为 2035 年基本实现社会主义现代化而奋斗

党的十九届五中全会审议通过的《中共中央关于制定国民经济和社会发展第十四个五年规划和二〇三五年远景目标的建议》(以下简称《建议》)，提出了到 2035 年基本实现社会主义现代化远景目标，标志着我们在全面建成小康社会、实现第一个百年奋斗目标后，将开启全面建设社会主义现代化国家新征程，吹响了新时代朝着新目标前进的号角。《建议》还提出了“十四五”时期经济社会发展的主要目标、指导思想和必须遵循的原则。实现“十四五”发展目标，将为经济行稳致远，到 2035 年基本实现社会主义现代化奠定坚实基础。《建议》是未来 5 年和 15 年中国共产党带领全国人民的奋斗纲领。2021 年是中国共产党成立 100 周年。从党诞生的那一天起，就把实现中华民族伟大复兴作为自己的历史使命。经过 100 年的英勇奋斗和无数先烈的流血牺牲，我们已经接近民族复兴的伟大目标。但是，行百里者半九十，在当前百年未有之大变局下，我们要加倍努力，精心实施，确保《建议》提出的各项目标如期实现。

第一节 新目标既鼓舞人心又实事求是

《建议》提出 2035 年的远景目标，包括我国经济实力、科技实力、综合国力将大幅跃升，经济总量和城乡居民人均收入将再迈上新的大台阶，关键核心技术实现重大突破，进入创新型国家前列；基本实现新型工业化、信息化、城镇化、农业现代化，建成现代化经济体系；基本实现国家治理体系和治理能力现代化；建成文化强国、教育强国、人才强国、体育强国、健康中国；广泛形成绿色生产生活方式，碳排放达峰后稳中有降，生态环境根本好转，美丽中国建设目标基本实现；人均国内生产总值达到中等发达国家水平，中等收入群体显著扩大，基本公共服务实现均等化，城乡区域发展差距和居民生活水平差距显著缩小；平安中国建设达到更高水平，基本实现国防和军队现代化；人民生活更加美好，人的全面发展、全体人民共同富裕取得更为明显的实质性进展。

2035 年基本实现社会主义现代化，是一个宏伟的鼓舞人心的目标，同时也是实事求是的目标。邓小平同志在 1987 年 4 月 30 日会见西班牙工人社会党副总书记、政府副首相格拉时，提出了现代化建设分三步走的战略构想：第一步在 80 年代翻一番，解决人民的温饱问题。第二步到本世纪末，再翻一番，进入小康社会。第三步，在下世纪用 30 年到 50 年再翻两番，达到中等发达国家水平，基本实现现代化。邓小平同志还说："要证明社会主义真正优越于资本主义，要看第三步，现在还吹不起这个牛。我们还需要五六十年的艰苦努力。"[①] 党的十五大、十八大、十九大分别提出了"两个一百年"奋斗目标：第一个百年奋斗目标，是到中国共产党成立 100 年时全面建成小康社会；第二个百年奋斗目标，是到新中国成立 100 年时建成富强民主文明和谐美丽的社会主义现代化强国。党的十九

① 《邓小平文选》第 3 卷，人民出版社 1993 年版，第 227 页。

届五中全会提出到2035年我国人均国内生产总值达到中等发达国家水平，基本实现社会主义现代化，是有充分依据的，是经过努力完全可以达到的。2020年，我国人均GDP已经达到1.05万美元。目前，中等发达国家人均GDP的下限为2万美元，未来15年我国人均GDP再翻一番，年均增长4.7%以上，将达到中等发达国家水平。达到这样的增长速度，是完全能够做到的。未来15年，将是中美经济实力对比变化最为明显的时期。预计2023年，我国人均GDP将超过1.2万美元，进入高收入国家的门槛。2028年，GDP总量将超过美国，回到世界第一的位置。人均GDP超过2万美元，我国就稳定地进入高收入国家行列，我们的生产力水平、综合国力和人民生活水平就能跨上一个新的大台阶，为实现第二个百年奋斗目标奠定更为坚实的基础。

实现未来15年的奋斗目标，关键是“十四五”时期的发展要开好局、起好步。《建议》强调“十四五”时期要统筹推进经济建设、政治建设、文化建设、社会建设、生态文明建设的总体布局，坚定不移贯彻创新、协调、绿色、开放、共享的新发展理念，坚持稳中求进工作总基调，以推动高质量发展为主题，以深化供给侧结构性改革为主线，以改革创新为根本动力，以满足人民日益增长的美好生活需要为根本目的，统筹发展和安全，加快建设现代化经济体系，加快构建以国内大循环为主体、国内国际双循环相互促进的新发展格局，在质量效益明显提升的基础上实现经济持续健康发展。

第二节　新发展格局是实现新目标的重要保证

《建议》提出加快构建以国内大循环为主体、国内国际双循环相互促进的新发展格局，是适应国内国际形势发展变化做出的重大战略决策，是实现未来一个时期经济持续健康高质量发展的根本举措和重要保证。新发展格局“新”在什么地方？

第一，新发展格局提出了重视经济循环的要求，经济循环是一个社会再生产过程的概念，包括生产、分配、流通、消费四个环节。社会再生产各个环节的畅通，是再生产过程得以顺利进行的前提条件。我国正处于追赶发达国家的快速发展阶段，顺利地均衡地进行扩大再生产，是加快实现现代化的必要条件。所以，维护经济良性循环，不仅要搞好供给和需求之间的平衡和协调，还要注重保持生产、分配、流通、消费四个环节之间的平衡和协调，其中哪个环节堵塞，形成瓶颈约束，社会再生产就不能顺畅地进行下去，这就对宏观调控提出了新的更高要求。例如，分配这个环节，包括国民收入的初次分配和再分配，都应根据公平与效率兼顾的原则，避免个人、地区、行业之间收入的差距不断扩大，政府、企业、劳动者之间的分配比例必须合理，否则就会影响消费和投资的合理增长，制约社会再生产规模的不断扩大，进而阻碍经济的正常增长。

第二，新发展格局强调以国内大循环为主体，就是要充分利用我国人口众多、地域辽阔、超大规模市场的优势，实现国内经济的良性循环，并通过深化改革推动经济结构转换升级，释放出经济增长的巨大潜力，主要通过国内需求规模的扩大拉动经济持续增长，降低对出口的依赖。我国经济发展仍处于工业化、城市化的中后期阶段，2020 年人均 GDP 为 1.05 万美元，低于全球平均水平的 1.146 万美元，与发达国家相比，则有更大差距。所以，我国的经济增长空间仍然很大。只要能够把需求潜力挖掘出来，把蛰伏的经济增长潜能释放出来，就能对经济增长形成强大拉动力。从日本和“亚洲四小龙”的经验来看，在人均 GDP 达到 1.9 万美元之前，都属于快速增长期。当超过 1.9 万美元之后，经济增长速度才明显下降。他们能够做到的事，我们也能够做到。如果在这之前我们的增长速度滑下来了，只能说明我们的体制和政策出了问题。建立以内循环为主体的发展格局，就是要求我们主要从扩大国内需求上寻找发展的动力，支撑未来 15 年经济的持续健康发展。

第三，强调国内国际双循环相互促进，就是重视发展开放型经济体系，充分利用国内国外两个市场、两种资源，促进国内经济增长。改革开放40多年来，我们坚持以开放促改革、促发展，国民经济由封闭半封闭状态转变为全方位、多层次的开放型经济体系。2020年，我国货物进出口总额32.16万亿元，同比增长1.9%，连续12年保持全球出口第一。我国已成为61个国家和地区的第一大进口来源地。对外贸易的快速增长，带动了产业升级、就业扩大和居民收入提高，有力地促进了经济发展。回顾对外开放的历程，我国实现了五大转变：对外贸易从加工贸易为主转变为一般贸易为主，加工贸易占对外贸易的比重从最高时的70%以上，已降为25%左右；出口从资源和劳动密集型产品为主转变为以技术和知识密集型产品为主，机电产品占出口的比重达58.4%；资本流动经历了从“引进来”到“走出去”的转变，2020年利用外资1443.7亿美元，对外直接投资1329.4亿美元，对外投资逐步接近利用外资额；在产业的开放上，从制造业率先开放到服务业开放，形成了全面开放格局；在地域开放上，从沿海城市率先开放，扩大到内地城市和沿边城市开放，从设立经济特区、经济技术开发区到自由贸易试验区、自由贸易港，有序梯次推进，逐步形成全方位、多层次的外向型经济体系，为经济发展不断注入活力。中央提出构建国内国际双循环相互促进的新发展格局，是对40多年对外开放和经济发展经验的总结，是在新形势下对处理好内外经济关系提出的新的战略要求。

构建新发展格局，在未来一个时期的发展中，具有重大现实意义。

一是有利于我们集中精力解决好国内问题，把自己的事办好。在经济发展新阶段，我们面临着许多亟待解决的经济结构和经济体制方面的问题，发展不平衡不充分问题仍然突出，重点领域关键环节改革任务仍然艰巨，创新能力不适应高质量发展要求，农业基础不稳固，城乡区域发展和收入分配差距较大，生态环保任重道远，民生保障存在短板，社会治理还有弱项。这些问题影响着国内经济的良性循环。把国内大循环作为主体，可使全党全国的注意力集中到解决这些矛盾和问题上来。通过解决这些发展不平衡不充分问题，促进经济的高质量发展。

二是有利于使广大人民从经济发展中更多获益。以国内大循环为主体，要求我们必须把更多的资源投入国内市场，首先满足国内的需要，促进国内经济实现创新、协调、绿色、开放、共享发展。只有国内经济的更好更快发展，才能为人民收入和消费水平的迅速提高提供强大物质保障，真正实现以人民为中心，一切从人民出发，一切为了人民。实现国内大循环的畅通，意味着要千方百计减少中间产品的占用，缩短流通时间，提高流通效率，扩大最终消费品在社会总产品中的比重，这就可使广大人民的消费水平能够随着经济发展得到更快提高。

三是有利于破解美国政府推行的美中经济脱钩图谋。从特朗普政府开始，美国对中国采取了打压、封锁、围堵政策，妄图中断中国现代化进程。美国对从中国进口商品征收高关税，限制高科技产品对中国出口，甚至举全国之力打击中国高科技企业，目的在于剥夺 14 亿中国人的发展权。对于美国政府的霸道行径，必须进行有理有利有节的反击。建立以国内大循环为主体的经济格局，主要通过扩大内需和提高自立自强科技创新能力，实现我国经济的持续健康高质量发展，是粉碎美国政府对中国经济蛮横无理攻击的最有效手段。美国的人均 GDP 是我国的 6 倍多，人均消费额是我国的 4 倍，只要我们通过改革调整好收入分配结构，增加中低收入者的收入，使广大人民的潜在消费需求转变为有支付能力的现实需求，就能形成拉动经济增长的强大动力，把强劲的增长势头保持下去。从中美贸易结构来看，美国经济对中国经济的依赖程度高于中国对美国的依赖程度，中国从美国进口产品的可替代性高于美国从中国进口产品的可替代性。美国政府对中国打贸易战、科技战，损失大于收益，最后必将作茧自缚。如果美国政府执迷不悟继续打下去，中国必将奉陪到底。

第三节　经济结构转换才能形成增长新动能

构建以国内大循环为主体的发展格局，扩大内需是一个关键，而扩大消费需求又是扩大内需的重中之重。因为消费既是社会再生产的目的和终点，又是新一轮社会再生产的起点。消费需求是推动生产力发展的动力所在。在不同的经济发展阶段，为了满足不同的消费水平的需要，形成了不同的产业结构或经济结构，而适应消费结构升级需要的经济结构的转换就成为释放经济增长潜能的根本举措。回顾改革开放40多年来经济发展的历程，正是由于在不同时期及时有效地调整了经济结构，才为不断扩大内需提供了条件，从而创造出经济发展的奇迹。

在“六五”“七五”时期，经济发展的主要任务是解决温饱问题，围绕实现这一目标，我们率先在农村改革，实行以家庭联产承包责任制为基础的双层经营体制，允许发展乡镇企业，对发展轻纺工业采取鼓励政策，仅用10年时间就把消费资料搞上去了，一举结束了长期困扰我们的商品匮乏、供给短缺问题，带动了20世纪80年代经济起飞。

“八五”“九五”时期，围绕满足人民对住行用的需求，振兴电子机械、石油化工、汽车制造和建筑业，同步推进建立社会主义市场经济体制和国有企业建立现代企业制度的改革，为四大支柱产业的发展注入了强大活力，我们又仅用10年时间就把生产资料搞上去了，支撑了20世纪90年代经济的腾飞。

“十五”“十一五”时期，围绕解决基础设施落后问题，同时应对亚洲金融危机冲击，连续5年发行长期建设债券，集中用于能源、交通、通信、水利、大学扩招等建设，以体制转轨推进经济增长方式转变，仅用10年时间，就把高速公路网、高铁网、信息网做到世界第一，创造了21世纪第一个10年高达两位数的黄金增长期，并为之后的发展奠定坚实基础。

“十二五”“十三五”时期，围绕消费升级推进经济结构调整，转变经济发展方式，改变经济增长过度依赖投资和出口驱动、过度依赖工业拉动、过度依赖物质资源消耗的状况，提高居民消费率，加快第三产业发展，鼓励技术进步和改善管理，消费、第三产业和科技进步对经济增长的贡献明显增强。同时，全面深化经济、政治、文化、社会、生态文明体制和党的建设制度六大改革，贯彻创新、协调、绿色、开放、共享新发展理念，实施供给侧结构性改革，实现了经济持续健康高质量发展。

总结 40 多年的发展经验，内需的不断扩大是拉动经济增长的主要动力源泉，必须把扩大内需作为战略基点。而内需的扩大主要来自适应市场需求变化的经济结构转换，经济结构的转换又主要靠改革来推动。未来 5 年到 15 年，我们要实现新的发展目标，就要把改革作为构建新发展格局的关键环节，按照问题导向的要求，通过改革促进经济结构转换，包括对城乡结构、供给结构、需求结构、投资与消费结构、内需与外需结构、要素结构等方面扭曲性结构问题，加大调整优化力度，从而把蛰伏于各个领域的发展潜能激发出来，形成强大的持续均衡的经济增长新动能。

第四节　发挥改革在构建新发展格局中的关键作用

2021 年 2 月 19 日，习近平总书记主持召开中央全面深化改革委员会第十八次会议并发表重要讲话，指出全面深化改革同贯彻新发展理念、构建新发展格局紧密关联，要完整、准确、全面贯彻新发展理念，扭住构建新发展格局目标任务，更加精准地出台改革方案，推动改革向更深层次挺进，发挥全面深化改革在构建新发展格局中的关键作用。会议强调，发挥全面深化改革在构建新发展格局中的关键作用，要做到五个“围绕”。

一、围绕实现高水平自立自强深化改革

“十四五”时期到2035年，是实现产业升级的重要时期。经过40多年的快速工业化，我国绝大多数工业品处于产能过剩状态，而少数高技术产品和关键零部件仍然依赖进口，成为“卡脖子”环节。中美之间的竞争，归根结底是科学技术的竞争。我们要打赢中美科技战，在产业发展上不再受制于人，必须加大科技研发投入，在基础研究、应用研究和新产品开发上取得一系列突破，特别是在可能引发第四次产业革命的若干重要科技领域，如量子科技、人工智能、航空航天、先进制造、生物技术、新能源、新材料等领域，力求率先取得突破，对国际领先科技由跟随、同步逐步转变为引领。针对美国政府对我国禁售、封锁的科学技术和核心零部件，更要集中人力物力财力尽快予以攻克。中改委会议提出：要完善党对科技工作领导的体制机制，推动科技创新力量布局、要素配置、人才队伍的体系化、协同化，发挥新型举国体制优势，坚决破除影响和制约科技核心竞争力提升的体制机制障碍，加快攻克重要领域“卡脖子”技术，有效突破产业瓶颈，牢牢把握创新发展主动权。我们要继承发扬“两弹一星”优良传统，一定要把这些重要部署落实到位，圆满完成中央提出的重大科技创新任务。

二、围绕畅通经济循环深化改革

流通是社会再生产的一个重要环节，包括市场交换、物资储运等。流通环节是否畅通，流通效率的高低，决定着社会再生产过程能否顺利进行，影响着全社会劳动生产率。改革以来，通过建立社会主义市场经济体制，完善全国统一的大市场，建设现代交通运输设施和物流体系，我国流通成本大幅下降，但是与发达国家相比，流通成本仍然明显偏高。我国流通成本占GDP的比重高达18%左右，而发达国家一般在10%以下。疏通流通环节，降低流通成本，任务仍然艰巨，关键在于深

化流通体制改革。中央全面深化改革委员会第十八次会议要求：在完善公平竞争制度、加强产权和知识产权保护、激发市场主体活力、推动产业链供应链优化升级、建设现代流通体系、建设全国统一大市场等方面推出更有针对性的改革举措来，促进各项改革融会贯通、系统集成。随着我国交通物流体系的现代化和流通体制的不断完善，在“十四五”时期把全社会流通成本降低到 GDP 的 10% 左右是有条件的。

三、围绕扩大内需深化改革

今后 5 年到 15 年，扩大内需的最大潜力来自农村，重点是解决发展的不平衡不充分问题。党的十九大提出我国社会主要矛盾已经转化为人民日益增长的美好生活需要和不平衡不充分的发展之间的矛盾。这个主要矛盾集中体现在城乡之间，体现在城乡之间发展的不平衡和农村发展的不充分。区域发展的差距本质上也是城乡之间的差距。因为东部地区与中西部地区相比，城市没有什么差距，主要是中西部的农村与东部农村相比，差距较大。中西部农村是我国农产品的主要供应地，是我国农村人口和输出农民工的集中地区，中西部农业农村的现代化，不仅决定着中国农业农村现代化的命运，也决定着中国现代化的命运。2035 年基本实现现代化，关键要看中西部农村的现代化水平，扩大内需的关键是提高农村的购买力。因此，如何加快中西部农村的发展，进而影响和带动全国农村的发展，应成为未来一个时期结构调整的重中之重。如果说前 40 多年我们已先后把消费资料、生产资料、基础设施和第三产业都搞上去了，那么农业农村就是剩下的一块“硬骨头”，在经济结构上啃下这个“硬骨头”，实现城乡协调发展，就能为未来 15 年经济增长提供最大的新动能。在全面完成脱贫攻坚任务之后，应适时地把工作重点转移到乡村振兴上来，特别是转移到加快中西部地区乡村振兴上来。

加快乡村振兴，关键是深化农村体制改革，通过实施城乡融合发展战略，以城带乡，带动农业农村发展。如果能在“十四五”时期乃至更长时间内致力于推动农业农村现代化，实施乡村建设行动，促进农民工市民化，发展特色小镇，使农村人口人均收入水平接近或赶上城市人均收入水平，将会释放出巨大的消费需求潜力和投资潜力，未来一个时期实现经济平稳健康、高质量发展就有了可靠保证。中央全面深化改革委员会第十八次会议提出：加快培育完整内需体系，健全区域协调发展体制机制、城乡融合发展体制机制，加快推进以人为核心的新型城镇化，深化土地制度、户籍制度改革，建立健全巩固拓展脱贫攻坚成果同乡村振兴有效衔接机制，健全再分配调节机制，扎实推动共同富裕。按照这一部署，我们要加快建立城乡一体化的要素市场体系，推动劳动力、资本、土地、技术等要素在城乡之间双向自由流动、平等交换。其中，农村土地制度改革是一个关键。党的十九届五中全会通过的《建议》提出：“积极探索实施农村集体经营性建设用地入市制度”，“探索宅基地所有权、资格权、使用权分置实现形式”，为释放农村集体经营性建设用地和宅基地潜力指出了明确方向。深化土地制度改革，必将激活农村土地资本，吸引各类生产要素在农村集聚，从而释放巨大改革红利。

四、围绕实行高水平对外开放深化改革

以开放促改革、促发展，是多年来的成功经验。建立国内国际双循环相互促进的新发展格局，应继续扩大开放。特别是在美国政府企图对我国经济进行围堵、封锁的情况下，扩大开放更是应对之策。2020年我国市场销售总额超过美国，成为世界最大的市场，其意义大于GDP超过美国。因为市场是重要资源，买家是上帝。美国政府拒绝中国市场，将会使美国企业失掉许多商机，结果必然是失大于得，是一种愚蠢行为。中国倡导经济全球化和多边主义，必将赢得世界绝大多数国家的支持。随着我国自由贸易区、自由贸易港建设不断推进，

扩大服务业对外开放步伐加快，外资进入更加便利，以及《区域全面经济伙伴关系协定》和中欧投资协定的实施，美国及其极少数追随国必然会发现，最终被孤立和遭受损失的是他们自己。我们要按照中央的决策，深化商品、服务、资金、人才等要素流动型开放，稳步推进规则、规制、管理、标准等制度建设，完善市场准入和监管、产权保护、信用体系等方面的法律制度，加快营造市场化、法制化、国际化的营商环境，推动建设更高水平开放型经济新体制。2020 年我国利用外资总额超过美国，居世界第一位，对外进出口总额继续居全球首位，就是对中国对外开放政策的肯定和支持。

五、围绕推动全面绿色转型深化改革

《建议》提出了推动绿色发展，促进人与自然和谐共生的目标，明确了加快推动绿色低碳发展、持续改善环境质量、提升生态系统质量和稳定性、全面提高资源利用效率四项任务。按照《建议》的部署，“十四五”时期应集中力量打好污染防治攻坚战，基本消除重污染天气，基本消除城市黑臭水体，推行垃圾资源化，推进土壤污染治理。全面完成这些艰巨任务，需要发挥我们的制度优势和政治优势。同时，必须按照《建议》提出的要求，建立生态产品价值实现机制，完善市场化、多元化生态补偿。也就是说，把市场机制的作用同政府的作用有机结合起来，使投资生态产品也能获得合理回报，构建绿水青山转化为金山银山的政策制度体系，形成能够把环保产业打造为支柱产业的有效机制。这是实现“十四五”绿色发展目标的根本途径。应根据生态产品的不同特点分类施策，采用不同的价值实现方式。具体来讲，要从以下四个路径全面推进。

第一，对于不能通过市场交换实现其价值的生态产品，如清洁的空气、干净的河水、怡人的环境等，应由政府制定统一的排放标准和环境标准，严密检测、严格监管，把生态产品的成本纳入各市场主体的商品和服务成本之中，使大家拥有同等竞争条件。采用这种办法，可改变过去治理污染的企业吃亏、不治理污染的企业增加盈利的局面。把污染治理成本公平地计入产品成本，是不可交换的生态产品价值实现、避免产生新的污染的有效举措。

第二，对已经形成的存量污染物的治理，应运用政府与企业合作的模式即PPP模式加以解决。由于多年来在生态环境投入上欠账较多，造成大量污染物堆积、填埋或留存于大气、水体、土地之中。如固体废物包括建筑垃圾、工业固废、综合垃圾存量已超过80亿吨，大部分在地下填埋或露天堆积，不仅占用大量土地，而且对地下水带来污染威胁。一些湖泊和河流污染严重。尽快把存量污染物加以治理和资源化，应通过具有相应资质的造价公司，对每一项治理工程所需费用进行科学评估，政府制定相应的补偿政策，通过招投标，吸引国内外企业参与投资和治理。目前，我们已经拥有治理污染物存量的成熟技术和资本实力，关键在于运用好政府与企业合作模式（PPP），针对不同治理项目，制订合理的治理方案并吸引企业来投资。

第三，围绕实现碳中和目标，通过实施功能型产业政策，鼓励供给侧结构性改革。习近平主席向联合国作出了我国到2030年实现碳达峰、2060年实现碳中和的庄严承诺，这是应对气候变化、保护人类共同的美好家园的重大行动。减少碳排放，涉及生产、分配、流通、消费各个环节。必须努力推进清洁生产，发展环保产业，推进重点行业和重要领域绿色化改造。推动能源清洁低碳安全高效利用。凡是有利于降低碳排放和节能、减少污染的经济活动，包括生态修复工程，无论哪个产业或产品，无论采用何种方式，无论国有、民营企业或外资企业，都要根据其减排量，一视同仁地给予相应的财政补贴和奖励，都应优先批准其投资项目，优先提供建设用地和资金支持，享受各种优惠政策。

第四，围绕鼓励资源节约型消费方式，开展绿色生活创建活动，在需求端形成对经济社会发展全面绿色转型的强大拉动力。生态产品的价值能否实现，归根结底要看是否能满足人民的需求。要从小学开始，开设环境教育课程，逐步在全国人民心中牢固树立绿色发展理念，养成保护生态环境的习惯，努力构建生态文明体系。杜绝食物浪费；发展绿色建筑；推行垃圾分类和减量化；鼓励使用可再生能源、低排量汽车和绿色出行方式；强化绿色发展的法律和政策保障，发展绿色金融，支持绿色技术创新。

经验证明，我们要在经济发展中解决一些结构性难题，把薄弱环节搞上去，必须建立一个有利于补短板的市场机制，这样就能做到事半功倍。否则，单靠财政力量和政府号召，往往事倍功半，甚至长期得不到解决。同样，补上生态环境这个短板，当前最重要的是，根据环保产业具有公益性的特点，建立一个能够把大量资金吸引到环保产业的市场机制。

要破除把环境保护与经济发展对立起来的陈腐观念，不能认为强调保护环境必然制约经济发展。恰恰相反，环保产业正是现阶段亟待增加投入的新增长点。改善生态环境本身就是增加 GDP。我们发展经济的目的是满足人民对美好生活的需要，为人民提供清洁的空气、干净的水、美丽的环境，正是现阶段经济发展的突出任务。

第五节　发挥消费在扩大内需中的基础性作用

消费是人类从事生产活动的最终目的。正是由于人类有不断提高消费水平的愿望，才刺激了生产的发展和人类文明的进步。改革开放以来，我国经济飞速发展，人民消费水平大幅提高。从 2010 年到 2019 年，投资率由 47.0% 下降到 43.1%，最终消费率由 49.3% 提高到 55.4%，相当于 2019 年有 6 万亿元以上商品由过去用于投资或出口转变为用于居民消费，人民从经济增长中获益更多。但是，与发达国家相比，我们提高消费水平还有很大空间，就人均消费额来看，美国是我国的4倍。只要我们能够通过改革等措施把消费的潜力不断释放出来，就能形成拉动经济增长的强大动力。住房和汽车作为百万元级、十万元级的传统消费品，对整个消费市场具有决定性影响，是其他消费难以替代的，仍有较大提升空间。以每千人汽车保有量来看，美国是我国的5.6倍。《建议》提出推动汽车等消费品由购买管理向使用管理转变，就是要求现行为改善交通拥堵状况而采取的汽车限购的管理办法，转变为改善汽车使用环境和使用强度等管理办法，可让更多消费者圆自己的轿车梦。促进住房消费健康发展，要按照“只住不炒”的要求，增加住房供给，稳定住房价格，满足广大居民改善居住条件的需求。通过增加共有产权房、租赁房、新市民房供给等措施，满足进城落户的农民工和低收入人群的住房需求。随着居民消费由生存型向发展型、享受型转变，对名牌商品和优质产品的需求增加，对绿色、健康、安全消费的要求增强。企业要积极创造更多名牌产品，努力满足消费升级的需求。要健全现代流通体系，发展冷链物流，促进线上线下消费融合发展。通过发展农村电商，解决多年以来困扰我们的农产品难卖问题，同时也倒逼农产品的标准化，要求我们尽快建立食品原产地可追溯制度，并按照有机、绿色、无公害的不同质量等级，建立食品质量标识制度。随着居民消费水平的提高，服务消费将是未来消费的增长点，包括教育、医疗、社会保障、旅游、健身、家政服务等在居民消费支出中的比重将不断增加。特别是适应老龄化社会迅猛到来产生的巨大需求，建立健全居家、社区、机构养老的完善的服务体系和对失能老人的照护制度，不仅是老龄人口安度晚年的需要，也是扩大就业的重要途径。在一些发达国家，社区服务从业人员占全社会从业人员的比重高达50%以上。做好这件事，必须把政府的作用和市场机制结合起来，通过制定统一的法规、政策和制度，明确统一的服务标准，加快培养护理队伍，吸引企业投入，为老龄人口提供多层次、多样化的服务。《建议》强调要开拓城乡消费市场、落实带薪休假制度、扩大节假日消费、培育国际消费中心城市、改善消费环境等，落实这些措施，将为形成强大国内市场、构建新发展格局提供有效支撑。

第六节　发挥投资对优化供给结构的关键作用

与作为最终需求的消费需求不同，投资需求属于中间需求，是为扩大最终需求储备供给能力的。今天我们能够享受不断提高的消费水平，就得益于前些年的投资。我国城乡区域差距较大，工业化、城市化的任务仍没有完成，“十四五”时期正处于跨越“中等收入陷阱”的关键时期，对投资的需求巨大，必须保持一定的投资强度。《建议》提出要拓展投资空间，优化投资结构，保持投资合理增长。投资的重点应放在以下几个方面。

一、战略性新兴产业

发展战略性新兴产业，面临的突出问题是技术障碍，要坚持创新在我国现代化建设全局中的核心地位，完善科技创新体制机制，强化国家战略科技力量，努力锻造一批像华为公司一样具有超强创新能力的企业，充当各个行业的领军企业。围绕提高技术向生产力的转化率，改革技术成果转化收益分配机制，探讨把更多职务发明收益留归创新者。鼓励企业把研发机构设在海外，择全球人才而用之，以开放促进创新。围绕培养创新型人才特别是创新领军人才，改革教育体制。

二、新型基础设施

主要涵盖三个方面：信息基础设施，包括 5G、工业互联网、物联网、人工智能等；融合基础设施，即对传统基础设施加以智能化改造；创新基础设施，主要指支撑科学研究、技术开发、产品研制的具有公益属性的基础设施，包括一系列重大科技基础设施、科教基础设施、产业技术创新基础设施等。完成新型基础设施建设任务，需要巨额投资。钱从哪里来？主要应通过债券融资。我国资本市场发育不充分，通过股市融资在企业的资金来源中占比明显偏低，通过债券市场融资的比重则更低。当前发展政府和企业的债券市场面临着历史机遇：中国经济率先在摆脱新冠肺炎疫情后复苏，世界各国投资者看好中国经济；人民币处于升值周期，投资中国政府和企业发行的长期人民币债券，具有较强的吸引力；中国具有全球最大的实体经济，正处于产业升级和数字化转型阶段，未来必将出现越来越多具有国际竞争力的跨国公司。通过发行长期人民币债券支持新型基础设施建设，不仅有利于完善资本市场功能，助力扩大内需，为经济发展增添后劲，而且有利于推进人民币国际化。新一轮基础设施建设完成后，我国经济将跨上一个新台阶，为基本实现现代化奠定坚实基础。

三、公共产品和公共服务

包括教育、医疗、社会保障、生态环境等领域的产品和服务，绝大部分属于公益性质或半公益性质。长期以来，由于这些产品和服务主要依赖财政投入，财力投入不足带来供给短板，发展长期滞后，不仅制约着社会进步，而且制约着经济发展。前些年推行政府与企业合作模式（PPP）进行公共产品和公共服务建设，取得了很大成绩，但是，由于在操作上存在一些疏漏，导致地方债务增加过快，到期偿还困难。应当总结经验教训，继续实施下去，不能因噎废食。关键是政府各有关部门要密切配合，投资主管部门主要负责优选项目，财政部门主要负责政策补偿，政策性银行和证券主管部门负责配套资金支持。切记不要由一个部门包打天下。随着老龄化时代的到来，对医疗、健康、养老的需求迅速增加，这就需要政府把行政立法、制定政策的职能与企业提供产品、服务的功能有机结合起来，建立完善的社会医疗保障体系。如全国现有失能老人2000万人、半失能老人

3000 万人，建立完善的失能半失能老人照护体系，既能满足这些老人的紧迫需求，把子女解脱出来，又能创造大量就业岗位。根据日本的经验，一个照护师可照护两个失能半失能老人。我国建立健全照顾体系即可创造就业岗位 2500 万个，将为农村劳动力进入城市就业提供一个新渠道。

让我们在以习近平同志为核心的党中央领导下，团结一致，继续努力，为 2035 年基本实现社会主义现代化而奋斗！

第一章

未来 15 年我国发展仍然处于重要战略机遇期

党的十九届五中全会指出，当前和今后一个时期，我国发展仍然处于重要战略机遇期，正经历百年未有之大变局，国际力量对比深刻调整，和平与发展仍然是时代主题。我们党作出这些重要判断，是对国内国际形势科学分析后得出的重要结论。

第一节　社会主义初级阶段是一个始终洋溢着蓬勃生机活力的发展过程

自 1978 年党的十一届三中全会以来，我国将改革开放作为基本国策，对内搞活、对外开放，加快计划经济体制向社会主义市场经济体制转变，发挥市场在资源配置中的基础性作用，激发了市场活力，实现了经济持续快速发展，经历了从落后到繁荣的发展过程。回顾 40 多年来我们党带领全国各族人民砥砺奋进、探索创新的历程，是一个充满激情、洋溢着蓬勃生机活力的过程。

一、这是抓住机遇加快发展、经济水平不断跃上新台阶的过程

40 多年来，我国经济发展融入了世界经济发展大潮，与世界各国融为一体，实现了从贫穷落后到富足小康的大幅跨越。一是经济总量不断跃上新台阶。我国自 1978 年开始，经济发展进入了快车道，1978 年至 2000 年 GDP 年均增长 9% 左右，人均 GDP 从 1978 年的 300 美元左右提高到 2000 年的近 1000 美元，实现了温饱目标；2001 年至 2020 年，我国经济继续高速发展，2020 年经济总量居世界第二，人均 GDP 跃升到 10500 美元，实现了小康目标。二是区域经济发展亮点纷呈。40 多年来，我国沿海地区优先发展，长三角、珠三角、环渤海成为世界级大都市群，尤其是深圳从小渔村迅速成长为全国第三大城市，成为经济发展增长极，带动全国经济形成东中西部梯度发展格局。三是产业发展不断上新台阶。经过 40 多年发展，我国工业制造能力不断提高，成为全球工业门类最为齐全、配套能力最强的国家，尤其是家电服装、电子产品等成为全球制造基地和贸易中心，一些重点领域的关键技术，如 5G 通信技术、特高压技术、风光发电技术、高铁技术等已居全球领先地位。

二、这是我国不断探索开放新途径、与世界各国融合发展的过程

改革开放初期，我国实施两头在外、大进大出、沿海开放为主与世界经济接轨的大循环战略，在深圳设立改革开放特区，将深圳、宁波、厦门、青岛、大连五个沿海城市设为计划单列市，鼓励这些城市在改革开放过程中先行先试、探索路子。同时，我们在有条件的城市设立加工贸易示范区、产业技术园区、高新技术开发区、自贸区、保税区等，营造与国际接轨的市场环境和体制机制，接受海外企业来华投资发展。进入 21 世纪，我国顺利加入世界贸易组织（WTO），提出“一带一路”倡议，进一步推进我国与世界各国经贸往来，让世界各国分享我国经济发展成果，带动较为落后国家发展，也为我国提供长期增长动能。

三、这是我国不断深化改革、对内搞活经济的过程

40 多年来，我国不断推进国有企业以建立现代企业制度为目标的公司化改革，盘活国有资产，发挥国有经济在经济社会发展中的主导作用；我国大力发展民营经济、鼓励外资企业来华投资办企业，形成了多种所有制企业竞相发展格局，极大地激发了市场主体发展经济的活力。同时，我国加快政府管理体制机制改革，加快建立符合社会主义市场经济的法律法规体系和政策体系，政府对国民经济管理从传统计划经济体制逐步转向社会主义市场经济体制，让市场在资源配置中发挥决定性作用，充分发挥资金、人才和土地等生产要素的功能。

四、这是我国不断优化发展模式、提升经济增长质量的过程

40 多年来，我国经济发展经历了从粗放到集约、从高耗低效向低耗高效转化的过程，20 世纪八九十年代，我国经济发展方式粗放，高耗能、高污染行业发展迅猛，导致能源原材料大量从国外进口、对外

依存度不断提高，水污染、大气污染、土地污染严重，生态环境不断恶化，进入 21 世纪，我们党提出科学发展观理念，提出转变发展方式，加强生态文明建设，强化环境保护，走低耗高效的集约化发展道路，同时为了顺应国际社会碳减排需求，提出 2030 年碳达峰和 2060 年碳中和的目标，吹响了走绿色低碳发展道路的号角，我国经济社会正在迅速步入高质量发展轨道。

五、这是我国遵循客观规律、推进经济循序发展的过程

世界各国在一体化发展过程中普遍遵循两大经济规律。一是一个经济体从落后到发达的增长过程遵循生命增长曲线（也称 logistics 曲线）规律。这一增长过程分为三个阶段：其一是起步成长期，人均 GDP 在 1000 美元以下，对应低收入国家水平，经济增长速度在 8%—10%；其二是追赶期，人均 GDP 在 1000 美元到 12300 美元，对应中等收入国家水平，经济增长速度在 6%—9%；其三是平稳增长期，人均 GDP 在 12300 美元以上，对应高收入国家水平，经济增长速度在 3%—5%。从各国实践看，日本、韩国和我国台湾地区的经济发展过程均印证了这一规律的科学性，我国 40 多年发展也遵循了这一规律，因此中国发展成为世界第二大经济体是经济规律使然，绝不是为了追求世界霸权。二是在一体化的经济群体内产业梯度转移规律。在一个一体化的经济群体内，各经济体依据经济发达程度处于不同发展梯度上，高梯度经济体产业进入衰退阶段后，将逐步向低梯度区域转移，高梯度经济体自身则通过技术创新，发明新产品、发展新产业，保持在技术上的领先地位，实现经济新的发展，在经济群体“雁行”发展中起到“领头雁”作用；低梯度经济体通过接受从高梯度经济体转移来的产业加速经济发展，从较低的经济发展梯度向上攀越，最终进入发达经济体行列。我国改革开放 40 多年来所实施的一系列开放政策，就是适应这一规律，创造条件迎接发达国家和地区先进产能和技术转移的过程。我

国目前经济发展水平已经处于世界“雁形”队伍的中部，提出“一带一路”倡议，就是要向发展中国家和地区转移产能技术，是适应经济规律作出的决策，因此受到相关国家的广泛欢迎。

第二节　新的发展阶段是日益接近质的飞跃的重要发展时期

未来 15 年是我国跨入高收入国家行列的决定性时刻，是我国日益接近质的飞跃、从大国迈向强国的重要发展期。

一、未来 15 年是我国走出“中等收入陷阱”的决定性时期

2020 年我国人均 GDP 已达 10500 美元，很接近世界公认的高收入国家最低限 12300 美元，经济发展水平已经接近高收入门槛。根据国际经验，中等收入国家向高收入国家的跨越是一个难度极高的过程，因为这些国家在国际产业分工中处于中低端水平，产业升级难度大，国际竞争力较弱，容易受国际金融风险影响，因此不少中等收入国家难以跨入高收入国家行列，陷入了“中等收入陷阱”，如南美洲的阿根廷、巴西，亚洲的泰国、印度尼西亚等。我国在“十四五”时期，将经历从中等收入国家向高收入国家跨越的决定性时期，只要我国加大经济结构调整力度，在经济增长方式上更多地依靠科技创新，提升抵御各种风险的能力，就一定能够跨越“中等收入陷阱”，顺利步入高收入国家行列。

二、未来 15 年是我国担当大国责任走近世界舞台中央的决定性时期

尽管我国是发展中国家，但经济体量大，目前已是世界第二经济大国。随着经济总量的不断增加，我国与世界各国的经济联系将更加

紧密，对世界经济社会发展的影响力会持续增大。一旦中国成为世界第一大经济体，必将承担相应的责任和义务，走近世界舞台中央，参与全球治理，引领全球经济社会发展。因此，未来 15 年也是我国走近世界舞台中央的决定性时期，我们必须做好各方面的准备，为世界和平发展、可持续发展和文明进步作出更大贡献。

三、未来 15 年是我国产业和科技在全球从追随迈向赶超引领的关键时期

目前我国经济整体发展水平处于全球“雁形”梯队的中部，但部分行业和领域已经处于世界领先地位，如 5G 通信网络、特高压输电、高铁、生物医药等。未来 15 年，随着经济总量逐步向世界第一大经济体迈进，我国将在更多产业和科技领域超越欧美发达国家，扮演引领角色，我国为此要适应经济发展新阶段的需要，加快科技革命，建设科技强国，努力实现从跟随发展向赶超、引领发展的顺利跨越。

四、未来 15 年我国将经历从人口大国向人力资源强国的艰难跨越

我国是人口大国，但远不是人力资源强国，我国产业工人一半是农民工，高层次科技人才存在结构性短缺，科技研发力量不足，在中美对峙加剧的情况下，我国过去通过发达国家培养和引进人才渠道几乎被堵死，提升我国人口素质、尽快从人口大国转向人力资源强国，是未来 15 年必须完成的任务，只有实现了这一艰难跨越，才能满足我国经济高质量发展对人力资源的需求，顺利实现从制造大国迈向制造强国、从经济大国迈向经济强国。为此，未来 15 年，我国要不断提升全民教育程度，普遍提升国民素质，同时还应将中国打造成全球人才洼地，广泛吸纳其他国家优秀人才来华发展，增加人力资源战略储备。

第三节　当前和今后一个时期是百年未有之大变局的重要战略机遇期

一、当前和今后一个时期是中华民族伟大复兴的战略机遇期

中华民族勤奋善良，历史上创造过灿烂辉煌的华夏文明。近代以来，中华大地灾难深重，国家积弱积贫、受人欺凌，百姓饥寒交迫、民不聊生，实现国家富强和民族复兴是中华儿女为之奋斗百年的目标。改革开放40多年来，中华民族在中国共产党领导下走上了中国特色社会主义道路，人民过上了幸福生活，国家不断发展壮大，在全球的地位迅速提升。未来15年，是实现中华民族伟大复兴的战略机遇期，完成这一光荣任务的责任历史性地落到了中国共产党人和当代中华儿女身上，这是必须认真完成的神圣使命，必将成为百年未有之大变局的重要一环。

二、当前和今后一个时期是展示社会主义制度优越性的战略机遇期

上一个百年，社会主义与资本主义的世纪之争成为人类发展史上的大事。尽管20世纪90年代初留下了东欧剧变、苏联解体的沉重记忆，但我们中国却在中国共产党的坚强领导下实现了转型发展，走出了一条符合国情的中国特色社会主义发展道路，取得了经济快速发展的辉煌成就，体现出社会主义制度的顽强生命力和优越性。我国从新中国成立到改革发展雄辩的事实向全世界表明：只有共产党能够救中国，只有走社会主义道路能够给中华民族带来美好未来、实现伟大复兴。展望未来，共产主义仍然是人类发展最为美好的目标，中国共产党作为世界上党员人数最多的成熟政党，在世纪大变局中，将不断完善国家治理模式，提升执政能力，带领中国人民不畏艰难、探索创新、砥砺前行，沿着中国特色社会主义道路继续前进，一定能够实现民族复兴、国家富

强的奋斗目标，向全世界展示社会主义制度的优越性，为人类发展史贡献一份合格的中国答卷。

三、当前和今后一个时期是彰显中华文明的战略机遇期

中华文明博大精深，集聚了中华民族几千年的灿烂文化，为人类文明发展作出了巨大贡献。在百年未有之大变局之中，中华文明必将发挥更加重要而关键的作用。中华文明和而不同的大同理念，鼓励世界各国探索符合本国国情的发展道路，创造国家间和平共处的全球治理模式；中华文明仁者爱人的仁爱理念，鼓励世界各国人民互相帮助，共同构建美好的和谐社会；中华文明追求公平的共享理念，鼓励世界各国共享文明成果，追求贫富差别较小的美好愿景；中华文明知行合一的认知理念，鼓励世界各国构建诚实守信的文明社会。总之，中华文明必将在世界百年未有之大变局中发挥关键作用，指引人类社会迈向更加美好的未来。

四、当前和今后一个时期是构建人类命运共同体的战略机遇期

中国和世界各国共同生活在一个地球村，构建人类命运共同体是习近平总书记应对世界格局变化作出的战略决策，是我国今后一个时期处理国际关系的重大战略。构建人类命运共同体，需要我国与世界各国共同应对人类发展面临的各种挑战，包括气候变化、瘟疫、自然灾害等，共同分享科技发展成果，共同建设更加美好的未来，这是符合各国根本利益的人类发展方向。当前新冠肺炎疫情仍在全球肆虐，截至 2021 年 2 月 20 日，全球感染人数超过了 1.1 亿人，死亡人数接近 250 万人，每天上万个活生生的生命正在被新冠病毒吞噬。在人类与新冠病毒殊死较量的过程中，世界各国只有形成命运共同体，团结协作、众志成城，及时推广中国的完全隔离抗疫模式，才能打赢与新冠病毒的这场战争。我国在与世界各国联合抗疫过程中，担当起了大国责任，为人类打赢与新冠病毒的战争贡献了力量。

第四节　未来15年前所未有的发展机遇

一、新冠肺炎疫情治理带来的发展机遇

2020年暴发的新冠肺炎疫情是新中国成立以来在我国发生的传播速度最快、感染范围最广、防控难度最大的一次重大突发公共卫生事件。新冠肺炎疫情给人类造成了极大的灾难，也是对世界各国治理能力的一次大考。疫情暴发后，在以习近平同志为核心的党中央坚强领导下，全国上下众志成城、齐心协力、科学应对，通过完全隔离方式控制住了疫情扩散，成为疫情防控成功的国家。我国新冠肺炎疫情防控取得成功体现了社会主义制度集中力量办大事的优越性，充分展示了中国共产党的执政能力。反观其他国家，对疫情重视不够，寄希望于疫苗和群体免疫，导致疫情失控，如果不迅速采取有效的抗疫措施遏制住疫情蔓延，全球将会有1亿以上人死亡。我国因为及时控制住了疫情，经济得到迅速恢复，2020年GDP增长2.3%，成为世界各国唯一出现正增长的国家。未来一段时间，中国将摆脱疫情困扰，经济重新进入较快增长轨道，“十四五”期间将增长6%，后10年将增长5%，疫情对世界其他国家的影响将会是长期的过程，经济衰退乃至出现全球金融危机的可能性很大。因此，这一次新冠肺炎疫情客观上给我国带来了难得的发展机遇，必将显著提升我国经济国际竞争力，加速世界经济重心向中国转移。

二、打破美元霸权带来的发展机遇

当今世界，多极化发展是大势所趋，美国作为超级大国的单极治理格局必将被全球多极治理格局所替代，与之相伴的是持续半个多世纪的美元垄断必将被打破，科技革命带来的数字货币将加速这一进程。随着我国经济的持续强劲发展，人民币可望成为世界货币体系的一支重要力量。加快构建更加公正、安全的全球货币结算机制，可以为世界各国

营造更加公平合理的贸易和金融环境，也可为一些国家规避因周期性金融危机导致货币贬值、陷入发展陷阱的风险，还可避免美国借美元垄断掠夺全球财富的行为。打破美元垄断，既是我国作为大国应当承担的责任，也将为我国经济未来发展带来机遇。

三、新科技革命带来的发展机遇

自 20 世纪 90 年代开始，以互联网为主导的信息化浪潮引发了新一轮全球科技革命，成为全球经济增长的重要引擎。我国在这一轮科技革命中抢占了先机，近年来新技术、新业态、新模式不断涌现，给各行各业带来了前所未有的影响，经济结构迅速向轻型化、知识化和高效化转化，颠覆了人们的生产、生活和交往方式和社会治理方式。比如，腾讯开发的微信平台颠覆了传统人际交往和新闻传播方式，海尔等传统制造企业与互联网结合嬗变为平台型企业，颠覆了传统企业管理运营模式，淘宝、京东等网购平台改变了人们的传统消费模式，滴滴等网约车颠覆了传统出租车行业，方便了群众出行，摩拜单车等网租自行车解决了公交出行“最后一公里”问题，网络支付平台极大地方便群众消费支付行为并颠覆了传统银行模式，等等。一些新兴行业如新媒体、电动汽车、机器人等在科技大潮中不断涌现，成为新经济增长点并广泛带动社会就业。新科技革命带来的新经济发展，有力地促进了我国经济跨越式发展，也将成为未来 15 年我国经济发展、社会进步的重大机遇。

四、新开放格局带来的发展机遇

过去 40 多年我国实行的是沿海优先的开放格局，未来 15 年我国将加快内陆和沿边开放，通过“一带一路”倡议构建陆路西向开放通道，形成全方位、多层次的开放格局，打通我国西向南亚、西亚和欧洲大陆的开放通道，将为我国产能输出、商品贸易创造更多出口机会，为我国经济发展提供新动能和机遇。

五、绿色低碳发展带来的发展机遇

绿色低碳发展是世界各国应对温室气体排放和环境污染的全球战略，是人类可持续发展的必然选择。党中央提出当前和今后一个时期要加快生态文明建设，走绿色低碳发展道路，这是开启全面建设社会主义现代化国家新征程的重大战略。走绿色低碳发展道路，就是走资源节约型、环境友好型发展道路，不仅拥有生态环保效益，还可以形成庞大的产业体系，具有巨大的经济效益。绿色低碳发展拥有的市场十分广阔，所涉及的行业包括绿色低碳能源、绿色低碳工业、绿色低碳环保产业、智能制造、信息技术等。我国绿色低碳技术与世界发达国家基本同步，风电、光伏发电、智能电网、5G网络、特高压输电、电动汽车、氢能汽车、人工智能、机器人、绿色低碳电器技术等，均具有国际竞争力，这些产业具有广阔的市场发展空间。加快绿色低碳产业发展，既是落实国家绿色低碳战略的需要，也必将成为我国未来经济发展的重大机遇。

六、文博产业改革创新带来的发展机遇

我国文物资源丰富，是世界文物艺术品资源最多的国家，文博产业发展潜力巨大。据了解，我国登记造册的不可移动文物有76.7万处、可移动文物1.08亿件（套），未登记造册的民间可移动文物有10亿件以上。有专家预估，我国文物资产价值总量高达千万亿元，这是中华民族延绵几千年老祖宗遗留给我们的巨大财富。释放文博产业巨大的市场潜力，就可为经济发展提供强大的增长动力。据预测，如果从现在开始采取有效措施促进文博产业加快发展，仅“十四五”期间文博行业就可累计创造100万亿元以上的市场销售收入，成为支撑GDP增长的新动能，文博产业也因此可望成为立足国内资源的绿色支柱产业。为此，我们应当加大文博改革力度，通过文博体制、机制、法制和政策体系改革创新，加快构建有利于文博产业发展

的确真、确权、确值“三确”体系，促进文博产业市场化、金融化、产业化、国际化和标准化发展，释放文博产业潜力，成为国家经济社会发展的一大增长动能。

第五节　未来 15 年面临前所未有的挑战

一、美国等西方势力遏制中国崛起带来的挑战

过去 40 多年我国经济发展取得巨大成就，得益于我国实行改革开放基本国策，融入了世界经济发展大潮，与世界各国形成了一体化发展格局。今后能否继续与世界各国保持一体化发展格局，是影响我国未来经济发展至关重要的因素。由于我国与美国国家治理模式不同，随着我国经济持续快速发展和经济总量不断增加，美国担心被超越，尤其担心世界治理主导权向中国转移，想阻断中国的现代化进程，因此其他国家从经济、外交、政治和军事多方面围堵我国，想隔离我国与世界联系，试图逼迫我国经济与世界经济脱钩，在特朗普时期美国对我国实行了高达 25% 的关税，与澳大利亚、日本、印度结为针对我国的军事同盟，在台湾问题、南海问题上屡次触碰我国红线、做出军事挑衅，表明中美对峙正在从经贸、外交、政治领域向军事对峙演变，不排除发生军事冲突的可能。拜登上台后虽然对缓和美中两国紧张关系作出了某种表态，但中美作为全球最大竞争对手的基本格局不会改变，中美合则两利、斗则双输，今后一个时期把控好中美矛盾、避免激化为军事冲突，是我国未来面临的最为严峻的挑战。

二、高房价泡沫破灭引发金融风险带来的挑战

住房是重要的民生商品，然而近 20 年来，我国经济逐步走上了过度依赖房地产发展的增长模式，扭曲了住房供需关系，房屋逐步演变成

投资品和奢侈消费品，大量资金尤其是银行资金向房地产行业集聚，北上广深等一线城市房价过高，吹大了经济泡沫，透支了未来消费能力，扭曲了经济关系。近年来国家出台了一系列房地产调控政策，尤其是提出“房住不炒”的政策导向，一定程度上抑制了不合理的住房需求、规避金融风险和遏制部分地区房价过快上涨，但房地产行业存在的深层次问题并没有有效解决，地方政府对土地财政的过分依赖、居民炒房赚钱、企业投资房地产挣快钱的动力机制仍然存在，尤其是世界其他国家应对新冠肺炎疫情实行无限量化金融政策，大量超发的货币势必将流向经济运行良好的中国避险，将持续增大北京、上海、深圳等一线城市房价上涨压力。我国过高的房价是不可持续的，一旦房地产泡沫破灭，将对我国经济发展带来灾难性后果，对房价过高的风险应当高度重视，严控高房价导致金融危机爆发是未来 15 年十分棘手的挑战。

三、城乡发展严重失衡导致“三农”矛盾加剧带来的挑战

长期以来，我国城乡发展严重失衡，农业、农村、农民“三农”问题长期困扰我国经济社会发展，阻碍我国农业现代化、农村城镇化、农民市民化进程，为未来 15 年经济社会发展带来一系列不可忽视的挑战。

（一）粮食供给安全的挑战

“三农”问题表现在农业上，主要是农业发展水平低下，我国农村人口 5.89 亿人，目前农业耕地、坡地和林地农民基本上已经确权，人均耕地不到 3 亩，土地资源高度分散在农民手中。农民对土地使用大致有两种途径：一是自种，二是租赁给种植大户使用。第一种土地自种家庭因为种植面积少，基本上是采取原始方式耕种，种的粮食蔬菜基本上只够家用，不少农户因为缺乏劳动力撂荒土地严重。第二种土地租赁给种粮大户后，可以提高土地规模化利用水平，提高种植效率，但每亩近 1000 元的租赁费增加了种植成本，导致种水稻、小麦等主粮无利可赚，一般只能改种花卉和其他经济作物，由此导致我国租赁土地规模越大、主粮

种植面积被蚕食越厉害的情况发生。与此相对应的是，美国一般农场主人均耕地超过了 400 亩，全美国总共 700 多万农民种出的粮食不仅养活了 3 亿美国人，还向世界其他国家出口了大量粮食。受上述因素的综合影响，我国粮食国际竞争力正在不断弱化，大豆、玉米、水稻、小麦等主粮进口不断增加，进口依存度持续提高，其中大豆进口依存度超过了 80%。而国内主粮种子的相当部分也需要从国外引进，国家粮食安全保障能力正在不断弱化，因此粮食安全是未来 15 年必须面对的严峻挑战。

（二）农民群体贫困的挑战

我国现行政策将人口分为城市居民和农村居民，我国现有农村居民 5.89 亿人，由于长期实行城乡隔离的政策，农民拥有的土地、住房不能上市流通，城市资金不能向农村流动，农民不能享受财产性收益，只能靠农业种植和在城市打工获得收入，农民群体因此成为贫困人群，农村留守儿童和空巢老人更成为最大的社会问题。尽管我们党将农村脱贫作为重大政治任务来抓，2020 年集中人力物力完成了举世瞩目的整体脱贫任务，但国家在土地流转、农民住房等关键政策上还没有放开，农民返贫的可能性很大，解决好农民群体贫困问题仍然是今后一个时期的重大挑战。

（三）农民工的挑战

我国农民工群体大概有 3 亿人，他们主要从事制造业、建筑业、矿山采掘业、生活服务业等劳动强度大的工种，占我国产业工人一半以上。由于是农村户籍，他们在城镇不能享受城市居民的社保、养老、医疗和子女上学等相关待遇，农民工在城市居无定所、常年游移、经常转换职业，成为制约我国从人口大国向人力资源强国、从制造大国向制造强国“双跨越”的重要因素，是我国未来建设社会主义现代化强国面临的一大挑战。

（四）农村城镇化缓慢的挑战

受城乡发展严重失衡的影响，我国经济发展过度依赖大城市，资金、人才等生产要素向城市过度集聚，难以流向农村，导致农村城镇化严重滞后，美丽乡村不再，农村呈现衰败凋零景象。农村城镇化缓慢，不仅影响乡村振兴，也制约了新的经济增长动能的形成，影响到我国经济长期可持续发展，是未来 15 年面临的又一重大挑战。

四、能源供需结构面临大调整的挑战

能源是经济社会发展的重要物质基础。我国既是能源消费大国，也是能源生产大国。我国能源资源禀赋是化石能源富煤缺油少气，可再生能源水风光能资源潜力巨大，但广泛分布在远离能源负荷中心的西部地区。目前，我国是全球煤炭消费第一大国、碳排放第一大国，石油进口依存度高达 73%，石油供给随时面临断供风险，同时我国也是世界风光发电和电动汽车增长速度最快的国家，面对降低碳排放应对温室气体上升的国际形势，我国作为一个负责任的大国，承诺在 2030 年实现碳达峰、2060 年实现碳中和的目标。实现碳达峰、碳中和“双碳目标”是一项必须完成的政治任务，对我国能源供给和需求结构调整提出了要求，我国未来 15 年必须积极应对以下严峻挑战。

（一）加快大规模开发西部风光新能源的挑战

我国是风光资源非常丰富的国家，青海柴达木盆地、甘肃河西走廊、蒙西、新疆和西藏均分布可供超大规模开发的风光能资源。据测算，仅青海格尔木地区就有 11 万平方公里可供光伏开发，风电和光伏发电装机可达到 50 亿千瓦，按年发电 2000 小时计算，可发电 10 万亿度，比 2020 年全国发电量 7.42 万亿度还多。只要将西部风光资源有序开发出来，就能够确保实现碳达峰、碳中和“双碳目标”。因此，加快西部风光资源基地超大规模开发，是未来 15 年调整能源供给结构的重大任务，也是必须应对的重大挑战。从技术上和经济性来看，在西部地区超大规模开发风光资源的条件已经完全成熟。借助科技进步，目前光伏发电的成本已经降到 0.2 元 / 度，大规模电解水制氢技术也已经成熟，在青海等地大规模利用风光资源发电，白天用多余电力电解水制氢，晚上用氢发电补充电力不足，通过特高压输电方式将电力传输到东中部地区，是一条完全成熟的技术路线，应当尽快开展试点示范。

（二）加快构建坚强高效经济可靠电网的挑战

要大规模开发西部地区风光可再生能源，必须依托坚强有力的电网，将电力从西部输送到中东部电力负荷地区。为此，构建一个以特高压电压等级为骨干架构的全国电网非常必要，而且十分紧迫，这是未来 15 年要面临的重大挑战。有了坚强高效经济可靠的电网，才能将西部清洁电力源源不断传输到东中部地区，在全国范围内优化能源供给和消费结构，形成能源供给以可再生能源为主、能源消费以电力为主的格局。

（三）加快推进能源需求侧战略调整的挑战

要最终实现大规模开发使用清洁能源的目标，必须尽快调整能源需求结构，实现以煤炭、油气等化石能源为主的消费方式向以电和氢为主的消费方式转变，这是未来 15 年面临的又一个重大挑战。为此，需要大力发展电动汽车和氢燃料汽车，大力推广改性甲醇燃料，尤其是在东中部能源负荷地区，鼓励利用夜间低谷价格电电解水制氢，逐步替代天然气和汽油，发展氢燃料产业。

（四）加快推进煤炭清洁化利用的挑战

开发利用煤炭不符合未来减少碳排放的终极目标，但我国是煤炭资源大国，在努力完成碳达峰、碳中和“双碳目标”的同时，未来 10 年我国对煤炭等化石能源的消费还允许适当增加，在后 30 年才逐步减少至零。今后一段时间允许适当消费煤炭，但煤炭一定要做到清洁化利用，尽可能减少污染排放，这是必须应对的重大挑战。做好煤炭清洁利用，必须利用煤化工将煤炭转化为甲醇使用。为此，要大规模推广改性甲醇燃料，用于 3 亿辆汽车、柴油车替代汽油和柴油，用于锅炉、窑炉和居民炉灶燃料替代 10 亿吨直接燃烧的煤炭，只有这样才能大幅降低燃煤二氧化硫、氮氧化物和粉尘排放，减少大气污染，打赢蓝天保卫战。

五、加快科技革命的挑战

“十四五”到2035年期间，科技在我国经济社会发展的地位极为重要。一是应对国际竞争的需要。在当前复杂多变的国际形势下，一个确定的事实是我国面对的国际科技竞争将异常激烈，科技将成为我国与世界各国尤其是与美国竞争的焦点和主战场。二是解决许多风险的有效手段。随着科技革命的持续推进，网络黑科技技术、颠覆式技术和传统技术不断涌现，科技在保障军事安全、食品安全、生态安全、能源资源安全、金融安全和社会稳定安全中的作用将不断增强，成为有效降低各类风险隐患的重要手段。三是成为新的经济增长动能。随着科技革命的深入推进，新技术、新业态、新模式还将迭代更新，促进传统产业提档升级、不断派生新兴产业，形成的新经济将成为驱动经济发展的重要动能。因为科技在我国未来经济社会发展中的极端重要性，加快科技革命就成为我国未来极端重要的战略任务，也是面临的重大挑战。这需要我们采取果断措施，发挥集中力量办大事的体制优势和政治优势，抢占科技制高点，培育科技人才，引领科技革命，释放科技潜力，助力大国崛起和民族振兴。

第二章

2035年远景目标与“十四五”指导思想和总体部署

《建议》对于2035年基本实现社会主义现代化的远景目标作了概括性的描述。本章重点围绕经济社会发展的目标展开论述。

第一节　2035年基本实现社会主义现代化的远景目标

根据中央关于2035年我国基本实现社会主义现代化远景目标的描述，将2020年全面建成小康社会作为开启新征程的起点，根据我国经济社会发展趋势，同时参考世界一些国家的发展指标，我们研究了2035年基本实现社会主义现代化的主要经济社会发展指标。

一、GDP总量将迈上200万亿元新的大台阶

《建议》提出的2035年基本实现社会主义现代化最为综合的目标是“我国经济实力、科技实力、综合国力将大幅跃升，经济总量和城乡居民人均收入将再迈上新的大台阶”。2020年我国GDP为101.6万亿元，依据2035年在此基础上再翻一番的要求，按照2020年价格水平测算，2035年目标值为203.2万亿元；这样中国经济总量将会突破200万亿元，再上一个大的台阶。同时，根据中美两国增长趋势、价格水平变化和人民币相对2020年汇率水平升值10%即6.27元/美元的情况，2028年我国GDP折合美元将接近27.9万亿美元，超过美国。这也意味着我国的经济规模重新回到世界第一的位置。在GDP价格年均上涨1.5%、人民币对美元累计升值幅度为13%即6.1元/美元（2014年初曾经达到的水平）的情况下，2035年我国名义GDP将达到40万亿美元，预计将明显超过美国名义GDP 35万亿美元。

二、人均GDP将突破2万美元

2020年我国人均GDP为72447元，按照2020年平均汇率水平计算的初步值为10504美元，依据《建议》的要求，2035年将在2020年的基础上翻一番，达到145000元左右。在GDP价格年均上涨1.5%、人民币对美元累计升值幅度为10%的情况下，2035年我国人均GDP名义值将

达到 28760 美元左右。在人民币对美元累计升值幅度为 13% 的情况下，2035 年我国人均名义 GDP 将达到约 3 万美元。由于我国 GDP 与国民总收入（GNI）相差不多，我国人均 GNI 也将突破 2 万美元。

三、人均可支配收入将再翻一番

2020 年全国居民人均可支配收入为 32189 元，城镇居民人均可支配收入为 43834 元，农村居民人均可支配收入为 17131 元，城乡居民可支配收入比值为 2.56。城乡居民收入差距较前些年有所缩小，这是近些年农村居民收入增长持续快于城镇居民的结果。随着乡村振兴战略的实施和城镇化的继续推进，农村居民人均占有耕地等生产要素的数量将继续扩大，农村居民从非农产业获得的收入也将保持较快增长，农村居民收入增长快于城镇居民的态势有可能延续，到 2035 年城镇居民人均可支配收入可望达到 87300 元左右，农村居民人均可支配收入可望突破 4 万元，城乡居民可支配收入比值降低到 2.1 左右。

四、中等收入群体占比将扩大到 40% 以上

《建议》将“中等收入群体显著扩大”作为重要目标。根据国家统计局确定的划分标准，中等收入群体是指月收入在 2000 —5000 元的群体。根据国家统计局的估算，2018 年我国中等收入群体人口已经超过 4 亿人。随着我国居民收入整体水平的提高，2035 年我国中等收入群体的划分标准可提高到月收入 4000 —10000 元（2020 年价格水平），届时我国中等收入群体人口将达到 6 亿人左右，占总人口的比例超过 40%，较 2020 年提高 10 个百分点以上。

五、研发投入强度将进一步提高

《建议》提出：“关键核心技术实现重大突破，进入创新型国家前列。”要实现此目标，必须投入足够的研究与试验发展（R&D）经费。

2020 年全年我国研发经费支出 24426 亿元，与国内生产总值之比为 2.40%。2035 年要进入创新型国家前列，研发经费投入强度必须进一步提高到发达国家的水平，2035 年的目标值可设定为 2.8%，力争达到 3% 左右。除了国家对基础研究领域和关键共性技术加大研发投入之外，国有企业、民营企业和创新创业者都将加大各类研发投入。

六、城镇化将继续保持较快进度

2020 年我国常住人口城镇化率高于 60%，2035 年有望达到 70% 及以上。依据世界银行数据库，目前高收入国家的城镇化率在 80% 以上，按照目前的发展势头，2035 年高收入国家的城镇化率预计可以达到 85% 左右。综合考虑我国的国情和历史，我国 2035 年城镇化率目标值在 70%—75% 比较合理。在城镇化过程中，通过大力推动流动人口落户，届时我国户籍人口城镇化率力争提高到 60% 以上，与常住人口城镇化率的差距缩小到 10% 以内。

七、平均预期寿命将追上发达国家

平均预期寿命即“出生时预期寿命”，是被联合国、世界银行等国际机构广泛采用的指标。根据最近 20 年我国平均预期寿命变化态势，我国平均预期寿命提高较快，从 2000 年的 71.4 岁提高到 2019 年的 77.3 岁。但从日本等发达国家的历史经验来看，这些国家和地区的平均预期寿命接近 80 岁。综合考虑我国 2035 年的平均预期寿命目标值设定为 82 岁较为合理，大体追上发达国家的水平。

八、平均受教育年限将进一步延长

平均受教育年限是联合国人类发展指数三个构成指标中的一个，是反映居民受教育程度和文化素质的重要指标。据教育部相关负责同志在 2020 年 12 月披露的信息，中国在各级教育普及程度方面都达到或者超过中高收入国家平均水平。2019 年我国学前教育毛入园率达到 83.4%，九年义务教育巩固率达到 94.8%，高中阶段教育毛入学率达到 89.5%，高等教育毛入学率超过 50%，达到了 51.6%，实现了从大众化向普及化的历史性跨越。劳动年龄人口平均受教育年限达到 10.7 年，新增劳动力接受过高等教育的比例超过一半，平均受教育年限达到 13.7 年。李克强总理在 2021 年《政府工作报告》中提到，我国“十四五”时期要建设高质量教育体系，深化教育改革，实施教育提质扩容工程，劳动年龄人口平均受教育年限提高到 11.3 年。据此，2035 年前我国应把普及高中教育作为目标值，劳动年龄人口平均受教育年限达到 12 年左右，基本赶上发达国家的平均教育水平。

九、人类发展指数步入“极高发展水平组”

人类发展指数（HDI）是目前国际上用于反映发展水平的综合指标。由反映收入水平的人均国民收入、平均预期寿命和平均受教育年限三个指标组成，联合国开发计划署（UNDP）每年编制发布报告。2019 年我国人类发展指数为 0.761，位居 189 个国家和地区中的第 85 位，在联合国发展规划署四个分组——极高发展水平组（0.8 以上）、高发展水平组（0.7 —0.8）、中等发展水平组（0.55 —0.7）、低发展水平组（0.55 以下）之中，位于高发展水平组的中游偏上位置。按照上述对相关指标的分析预测，2035 年我国人类发展指数将达到 0.82 左右，能够进入“极高发展水平组”，按照 2020 年的排名能达到世界 50 位左右。

十、非化石燃料能耗占比将显著提高

应对气候变化是当前世界各国共同关心的问题，主要措施是减少碳排放。我国也提出了二氧化碳排放力争 2030 年前达到峰值、力争 2060 年前实现碳中和的目标。《建议》提出的远景目标是：“广泛形成绿色生产生活方式，碳排放达峰后稳中有降，生态环境根本好转，美丽中国建设目标基本实现。”为了实现碳达峰、碳中和“双碳目标”，必须转变能源生产和消费方式，大力调整能源结构。其中一项重要内容是降低化石燃料能耗、提高非化石燃料能耗占比。根据有关研究，2035 年发达国家非化石燃料能耗占比平均水平有可能提高到 27% 左右。为了实现碳达峰、碳中和“双碳目标”，我国也应把非化石燃料能耗占比提高到发达国家相近的水平。

应该指出的是，2035 年基本实现社会主义现代化的远景目标，内涵非常丰富，上述几个方面的指标肯定是无法全面覆盖的，但上述目标应该涉及了远景目标的重要方面。

第二节　2035 年我国能够达到中等发达国家发展水平

《建议》提出了 2035 年人均国内生产总值达到中等发达国家水平的目标。习近平总书记在关于《建议》的说明中提出：“到‘十四五’末达到现行的高收入国家标准、到 2035 年实现经济总量或人均收入翻一番，是完全有可能的。”这两个目标是《建议》及说明中两项有较为明确数量含义的目标，引起经济学界的广泛关注。

对于 2035 年人均国内生产总值达到中等发达国家水平，有的经济研究人员认为实现此目标存在很大挑战，认为在人口老龄化、外部环境日趋严峻的大背景下，2035 年我国要实现经济总量翻番，达到中等发达国家水平，仍然极具挑战性。这里涉及两个问题，一个是到 2035 年我国能否在 2020 年的基础上实现人均收入翻一番，另一个是到 2035 年人均 GDP 能否达到中等发达国家水平。本节重点讨论，在我国实现人均 GDP 翻一番的情况下能否达到中等发达国家水平。

一、国际组织关于国家的分类

“发达国家”“发展中国家”这对术语（为了将独立关税区等一些在经济上独立的地区包括在内，有时也用发达经济体、发展中经济体作为一对术语），现在常见诸报端，但并没有严格的统一定义和明确的量化标准。因此，在不同的国际组织中所包括的国家也不相同，而且随着各国情况的变化也进行了调整。

国际组织中按照发展水平对世界各国和地区作出明确分类并确定发达国家和地区数量的，一个是国际货币基金组织（IMF），另一个是联合国经济和社会事务部。IMF 在其年度展望报告中将世界各国和地区分为两大类：一类是发达经济体（Advanced Economies，有时译为先进经济体），一类是新兴市场和发展中经济体（Emerging Market and Developing Economies）。现在 IMF 所确定的 39 个发达经济体包括欧元区 19 国，另外 4 个欧盟成员国（捷克共和国、丹麦、拉脱维亚、瑞典），其他 4 个欧洲国家（英国、瑞士、挪威、冰岛），美洲的美国、加拿大和波多黎各，亚洲的 7 个国家和地区（日本、韩国、新加坡、以色列和中国香港特区、中国澳门特区、中国台湾地区），大洋洲的澳大利亚和新西兰。在上述 39 个发达经济体中，2019 年人均 GDP 最低的是拉脱维亚，世界银行公布数据为 17829 美元。

联合国经济和社会事务部所发表的《世界经济形势与展望》报告，将成员分为发达经济体（Developed Economies）、转轨经济体（Economies in Transition）和发展中经济体（Developing Economies）三个种类。其中，发达经济体包括欧盟 27 个成员国及英国、瑞士、挪威、冰岛欧洲 4 国，北美的美国、加拿大，亚太地区的日本、澳大利亚和新西兰，一共 36 个国家。在上述 36 个国家中，2019 年人均 GDP 最低的是保加利亚，为 9828 美元，排名上一位的是罗马尼亚，为 12920 美元。

按照人均国民收入标准对国家进行分类的国际组织是世界银行。世界银行按照其所确定的人均国民收入标准将国家和地区划分为低收入经济体、中低收入经济体、中高收入经济体和高收入经济体，每年都会调整三个界限值，2020 年的标准是低于 1036 美元为低收入经济体，介于 1036 —4045 美元为中低收入经济体，介于 4046 —12535 美元为中高收入经济体，高于 12535 美元为高收入经济体。

联合国开发计划署（UNDP）1990 年创立了人类发展指数（HDI），即以预期寿命、教育水平和生活质量三项基础变量，按照一定的计算方法得出的综合指标，并在当年的《人类发展报告》中发布。其中的生活质量用实际人均 GNI（购买力平价美元）来衡量。UNDP 将 HDI 高于 0.8 的国家或地区列入很高发展水平国家或地区，媒体将 HDI 高于 0.9 的国家列入极高发展水平国家或地区。依据人类发展指数来判断一个国家或地区的发展水平更为全面，但与 IMF 和世界银行依据人均指标划分国家种类的方法相比较时产生的问题是，人类发展指数相近的国家之间，IMF 和世界银行用汇率法计算得出的人均 GDP 可能相差甚远，如 2019 年科威特和塞尔维亚人类发展指数同为 0.806，科威特人均 GDP 为 32000 美元，塞尔维亚为 7412 美元，前者是后者的 4 倍多。目前，HDI 高于 0.8 的经济体，人均 GDP 大多数在 12000 美元以上。

综合以上这些情况，关于发达国家或发达经济体，现在国际组织没有明确的定义和统一标准，只有世界银行对各类经济体的划分标准是明确的。目前，部分经济学者将人均 GDP 为 12000 美元作为发达国家或经济体的入门标准，这一标准与世界银行的高收入国家标准大体相当，笔者比较认同此标准。

二、什么是中等发达国家或中等发达经济体

关于什么是中等发达国家或中等发达经济体，国际机构并没有明确标准，而且现在使用此术语的还不像发达国家或发展中国家那么多。

现在媒体中经常使用两个与此相关的术语，一个是最发达国家（Most Developed Countries），一个是最不发达国家（Least Developed Countries，LDCs），联合国经济政策委员会对于后者有明确的名单，2020 年一共包括 46 个国家。在世界银行的报告中，有中等收入国家的概念和标准，并且进一步划分为上中等、下中等收入水平两档。在 UNDP 的报告中，也根据 HDI 将国家和地区分为很高发展水平、高发展水平、中等发展水平和低发展水平。基于上述情况，把中等发达国家或中等发达经济体作为一个术语来使用，有其合理性。

重要的问题在于确定中等发达国家或中等发达经济体的标准，这样才能确定哪些国家属于中等发达国家或中等发达经济体。目前，有两种理解和处理方式，一种处理方式是将位居发达国家中游的国家称为中等发达经济体。按照这种处理方式，联合国所确定的 36 个发达国家，2019 年汇率法人均 GDP 的中位数是 40370 美元，算术平均数是 40796 美元；IMF 所确定的 39 个发达经济体，2019 年汇率法人均 GDP 的中位数是 43592 美元，算术平均数是 45637 美元。按照这种理解，不管采用哪种指标，人均 GDP 要达到 4 万美元左右才能视为中等发达国家或中等发达经济体。但这样理解，与通行的分类会出现不兼容的情况。例如，意大利一直被视为主要发达国家之一，是西方七国集团（G7）的成员，有时甚至被列入最发达国家之列。但意大利人均 GDP 只是在 2008 年曾经达到 4 万美元的水平，在此前后所有年份都在 4 万美元以下，2019 年为 33228 美元。据此来看，这样来理解和确定中等发达国家的标准，有些太高了，因为像意大利这样的发达国家都与中等发达国家的标准相差较远。如果按照 IMF 所列发达国家的中位数水平来确定中等发达国家的人均 GDP 标准，那么即便是法国、日本这样的主要发达国家也有一定的差距。

笔者以为，可以采用第二种理解和处理方式，即将发达经济体分为两类，一类是媒体所说的最发达经济体，通常认为人均 GDP 达到 4 万美元左右（因汇率波动个别年份可能略低于 4 万美元）及以上的经济体，这类经济体有 20 个左右。另一类是将人均 GDP 高于 12000 美元、低于 40000 美元的经济体列入发达经济体名单，把位居中游水平的作为中等发达经济体。如果按照这样分类，联合国所确定的 36 个发达国家中，最发达国家为 18 个，中等发达国家为 17 个（不包括人均 GDP 明显低于 12000 美元的保加利亚）；国际货币基金组织（IMF）所确定的 39 个发达经济体中，最发达和中等发达经济体分别有 24 个和 15 个。联合国所列发达国家属于中等的 17 个国家，人均 GDP 的中位数是 19602 美元，算术平均数是 21350 美元；IMF 所列发达经济体中属于中等的 15 个经济体，人均 GDP 的中位数是 25941 美元，算术平均数是 25591 美元。基于这些情况，可考虑将中等发达国家或中等发达经济体的人均 GDP 入门水平确定在 2 万美元左右。

三、2035 年我国人均 GDP 有望达到中等发达国家水平

按照习近平总书记关于《建议》的说明，远景目标是到 2035 年实现经济总量或人均收入翻一番。根据国家统计局发布的数据，2020 年我国人均 GDP 达到 72447 元（折合 10504 美元）。到 2035 年我国人均 GDP 再翻一番，是按照不变价来计算的。如果按照 2020 年的价格和汇率水平来计算，到 2035 年我国人均 GDP 再翻一番将达到 21000 美元左右的水平，是能够达到中等发达国家水平的。如果按照名义水平来估算，我国 2035 年人均 GDP 能够达到 28760 美元左右，甚至有可能接近 30000 美元。因此，即便国际机构按照名义水平上调相关标准，我国也能够达到中等发达国家的人均 GDP 水平。

第三节 “十四五”时期指导思想与总体部署

“十四五”时期是开启全面建设社会主义现代化国家新征程的起步

时期，对于实现 2035 年远景目标的重要性不言而喻。关于“十四五”时期经济社会发展的指导思想，《建议》中有明确的阐述。依照笔者的理解，“十四五”时期经济社会发展指导思想的落脚点是“加快建设现代化经济体系，加快构建以国内大循环为主体、国内国际双循环相互促进的新发展格局，推进国家治理体系和治理能力现代化，实现经济行稳致远、社会安定和谐，为全面建设社会主义现代化国家开好局、起好步”。依照笔者的学习体会，“十四五”时期的总体部署主要关注以下几个方面。

一、实现经济稳定健康发展，达到高收入国家标准

《建议》对如何实现 2035 年远景发展目标作出了部署。首先是在“十四五”时期达到现行的高收入国家标准，然后再实现 2035 年人均 GDP 达到中等发达国家水平的目标。要实现这些目标，关键是推动经济高质量发展。而在现代化建设新征程的起步之年，我们刚刚从疫情肆虐、世界主要经济体深度衰退的背景下走出，“十四五”时期的关键在于尽快实现经济稳定健康发展，恢复到正常发展的态势，为进入现代化建设新阶段开好局、起好步。根据目前情况和未来趋势，如果 2021 年我国经济能够增长 8% 左右，后续四年年均增长 5% 左右，“十四五”期间大体实现年均增长 5.6% 的增速，那么我国在 2023 年就有可能跨越世界银行现行的人均国民收入 12535 美元的高收入国家标准分界线，进入高收入国家行列。

二、加快实施创新驱动发展战略，发展现代产业体系

实现 2035 年社会主义现代化远景目标，必须有现代产业体系的支撑。我国现有的产业体系，产业层次相对较低，不少产业已经出现产能过剩的情况，后续发展的潜力已经不大，难以支撑我国经济再翻一番。由于产业层次相对较低，我国经济整体的增加值率为 36.5% 左右，而美国、日本、

德国等发达国家大多都在 50% 以上，我国比这些国家低 15 个百分点以上。未来我国的经济发展，必须在关键原材料、核心零部件和高技术装备等领域取得大的突破，信息服务、科技服务、金融、养老保健等现代服务业有较大发展，才能使产业规模迈上 200 万亿元的大台阶。为此，我国必须引导人力、物力向创新研发方面发展，激发人才创新活力，打好关键核心技术攻坚战，通过创新引领高新技术产业发展，改造传统产业，使得我国产业发展的质量和效率得到提升，规模才能持续增大。

三、加快构建国内国际双循环相互促进的新发展格局

加快构建国内国际双循环相互促进的新发展格局，关键是要把扩大内需与深化供给侧结构性改革有机结合起来，以强大的国内市场需求引导创新的方向，以创新驱动形成新产品、新业态引领和创造新的需求。以创新打通生产、分配、流通、消费各环节的堵点，促进国民经济顺畅良性循环。从制度层面破解扩大内需的障碍，建立健全有利于促进消费和投资的有效制度，加快培育完整内需体系。

四、加快推进乡村振兴战略，弥补现代化建设最大短板

农业和农村发展落后，在一定程度上可以说是我国现代化建设最大的短板。我国农村居民的人均可支配收入不到城镇居民的四成，农业人均增加值仅为第二产业的 1/5，第三产业的 1/4，这种状况与生产方式落后、人均占有土地等资源较少有密切关系。“十四五”时期将深入推进以人为核心的新型城镇化，加快农村转移人口的市民化，将农业就业人口降低到 20% 以下。在农村人口减少的同时，将适度发展农业规模化经营，为发展农业现代服务业如育种、物资批发零售、科技服务等创造更好条件，同时提高农业生产效率。为此，需要在农村土地确权的基础上，加快农村土地流转等方面的改革。

五、优化区域经济布局，促进区域协调发展

近年来党中央、国务院先后提出了京津冀协同发展、长江经济带、粤港澳大湾区、长三角一体化发展、黄河流域生态保护和高质量发展等区域发展战略，同时在要素市场流动作用和政府规划引领下形成了一批城市群，“十四五”时期将深入推进上述重大区域发展战略，在不同区域和城市群之间形成合理分工、相互协作的区域发展格局，推动各地区的经济社会发展。国家也将更支持革命老区、民族地区发展，加强边疆地区建设。

六、坚持绿色发展，促进人与自然和谐共生

坚持绿水青山就是金山银山的理念，深入实施可持续发展战略，在保护好生态环境的前提下谋划发展。“十四五”时期要落实生态保护、基本农田、城镇开发等的管控边界，加强山水林田湖草的整治，减少人类发展对自然的影响。开展土壤修复、水源保护、蓝天保护等工程，为人民生活创造良好生态环境。推动能源清洁低碳安全高效利用，降低能源消耗强度和碳排放强度。研究制订2030年前碳达峰行动方案，引导各地区和企业为碳达峰和碳中和开展技术创新和技术改造。

七、实行高水平对外开放，开拓合作共赢新局面

改进外贸外资管理，完善外商投资准入前国民待遇加负面清单管理制度，推动贸易和投资自由化便利化；完善自由贸易试验区布局，稳步推进海南自由贸易港建设，建设对外开放新高地；全面提高对外开放水平，增强我国产业和企业的国际竞争力。推动“一带一路”高质量发展，坚持共商共建共享原则，深化与相关国家的务实合作，拓展第三方市场合作，促进共同发展。积极参与全球治理体系改革。

八、持续增进民生福祉，让全体人民共享发展成果

“十四五”时期要坚持以人民为中心的原则，尽力而为，量力而行，加强民生建设，让全体人民共享更多发展成果。在 2020 年完成扶贫攻坚任务的基础上，要着力提高低收入群体的收入，扩大中等收入群体。居民收入与经济增长大体同步，在某些时间段甚至可以适当快于经济增长速度，使国民收入分配向劳动者适当倾斜。在公共支出方面，要多向民生领域增加投入，包括教育和公共卫生建设等，进一步巩固和提升九年义务教育制度的普及率，研究制订普及高中义务教育的可行性和实施方案。健全多层次社会保障体系，提高基本养老保险参保率，适当加大社会救助的力度。

第三章

加快构建以国内大循环为主体、国内国际双循环相互促进的新发展格局

党的十九届五中全会通过的《建议》明确提出，要加快构建以国内大循环为主体、国内国际双循环相互促进的新发展格局。这是进入新发展阶段后，党中央对“十四五”乃至未来更长时期我国经济发展战略目标、路径策略作出的新的重大安排部署，对于我国经济实现更高质量、更具效率、更可持续、更为安全的发展，对于推动世界经济复苏、稳定与繁荣，都有重大而深远的历史意义。新发展格局在奔向2035年的中国经济中占有重要地位，起到提纲挈领、牵一发而动全身的引领作用，需要加以充分认识、准确把握和认真贯彻。

第一节　新发展格局是关系发展全局的重大战略任务

当今世界正经历百年未有之大变局，新冠肺炎疫情全球大流行又加速了这个大变局的演进。受此影响，当前世界经济的一个较为显著的特征就是进入动荡变革期，我们将面对更多逆风逆水的外部环境。但机遇和挑战并存，和平与发展仍是时代的主题。从长远看，经济全球化仍是历史潮流，各国分工合作、互利共赢是长期趋势，我国发展仍然处于重要战略机遇期。同时还要看到，机遇和挑战都有新的变化，所面临的问题需要用战略视角去看待和解决。从某种意义上说，新发展格局是根据当前和今后一个时期我国发展阶段、环境、条件的变化提出来的，是重塑我国国际合作和竞争新优势的战略举措。对此，可着重从以下三个方面认识和体会新发展格局的战略意义。

一、加快构建新发展格局是积极应对国内外形势变化的主动选择

1978 年改革开放后，我国紧抓经济全球化机遇，坚持实施对外开放战略，积极融入全球市场，成为全球大循环中的重要一环。通过“三来一补”，我国开始了学习并追赶发达国家的发展历史，这是推动我国经济加快发展的重要途径。2001 年加入 WTO 后，我国深度参与国际分工，融入全球产业链，成为“世界工厂”。通过引进外资、扩大对外贸易，形成了市场和资源“两头在外”的发展格局。这为我国经济实力快速提升和人民生活极大改善起到了重要推动作用。经过数十年的改革开放、发展与建设，我国经济实力持续提升，经济总量连续超越西方各老牌发达国家。2010 年我国成为世界第二大经济体，仅次于美国。我国与作为世界第一大经济体的美国的经济总量差距不断缩小。我国作为制造大国，在全球产业链大三角格局中的地位日趋巩固，已经成为连接作为消费市场的西方发达经济体和作为能源资源供给方的中东非洲国家

的产业链、供应链枢纽。

几十年过去了，我国外部环境和自身发展情况均发生了重大变化。随着国际力量的对比调整尤其是“东升西降”的深刻变化，近年来经济全球化遭遇逆流，单边主义、保护主义上升，国际贸易投资持续低迷，全球产业链、供应链、价值链受到非经济因素严重冲击。那种市场和资源“两头在外”的国际大循环动能明显减弱。2008 年国际金融危机之后，国际需求减少，国内需求占比相对提高，我国的外贸依存度大幅回落，从 2006 年的峰值 66% 下降到 2019 年的 40% 以下。

从国内看，我国社会主要矛盾已经转化为人民日益增长的美好生活需要和不平衡不充分的发展之间的矛盾。未来，满足人民日益增长的美好生活需要将成为我国经济发展的根本目的。“发展为了人民、发展依靠人民、发展成果由人民共享”。这就要求我国在经济发展到一定阶段之后，在经济、技术发展上有了相当高的自主、自立条件后，必须把生产出来的质优价廉的产品与服务提供给本国人民和本土市场，使人民的物质文化生活需要的满足和人民福祉的提升更多建立在依靠本国生产上。这也是经济高质量发展的重要内涵之一。这个内涵要求中国经济必须更多地坚持眼光向内，形成自主、自立的国民经济体系。

面对我国社会主要矛盾变化带来的新特征新要求，面对错综复杂的国际环境带来的新矛盾新挑战，我们必须把经济发展的立足点放在国内，形成以国内大循环为主体的格局。

二、加快构建新发展格局是充分发挥我国超大规模市场优势的内在要求

我国有 14 亿人口，有世界最大规模的中等收入群体，人均国内生产总值突破 1 万美元，构成巨大消费市场，据麦肯锡研究报告，2017 年我国消费者为全球贡献了超过 40% 的电动汽车销量、30% 的汽车

销量、45% 的鱼类和海鲜销量、37% 的新鲜肉类销量和 24% 的葡萄酒销量，在全球所有消费品类市场的平均份额为 18%。不仅如此，我国消费总量扩大和消费结构升级的空间广阔。从最终消费看，2019 年我国最终消费率只有 55.4%，美国、英国最终消费率均超 80%。近 10 年我国最终消费率平均每年提高 0.5 个百分点，消费增长还有巨大提升空间。更重要的是，我国中等收入群体规模超过 4 亿人，超过任何一个发达国家总人口，消费潜力比其他收入群体更强。据预测，未来 15 年我国中等收入群体将翻 1 倍达到 8 亿人，催生巨大消费需求。从消费结构看，我国服务消费比重已上升到 50.2%，但与发达国家在 70% 以上的水平相比而言，我国服务消费发展空间仍然广阔。我国仍然是世界上最大的发展中国家，城镇化建设、产业升级、中西部发展都将不断释放投资潜力。无论从消费看，还是从投资看，我国是名副其实的全球超大规模市场。市场是全球最稀缺的资源，扩大内需可以释放巨大而持久的动能，推动全球经济稳步复苏和繁荣。

从供给方面看，我国物质基础雄厚，拥有全世界门类最全、规模最大的工业体系，有 41 个工业大类、207 个工业中类、666 个工业小类及相应的完善的配套能力。此外，我国还拥有 1.3 亿户市场主体和 1.7 亿多个受过高等教育或拥有各种专业技能的人才，研发能力不断提升。只有充分利用强大的国内市场，扭住扩大内需这个战略基点，全面促进消费，拓展投资空间，同时坚持供给侧结构性改革这个战略方向，不断提升供给体系对国内需求的适配性，才能够形成需求牵引供给、供给创造需求的更高水平动态平衡，最终能使我国经济稳定健康发展，抵御外部风险。

我国经济的显著特征之一是经济地理空间广阔，存在梯度差异和产业互补，不仅回旋余地大，而且是内部可循环的。新形势下，发挥我国超大规模市场优势，推动形成新形势下国民经济良性循环，势必要求充分利用好我国经济纵深广阔的优势，使规模效应和聚集效应充分发挥。

这内在地要求加快构建以国内大循环为主体、国内国际双循环相互促进的新发展格局。

三、新发展格局是坚持深化改革开放、形成国内国际双循环统一体的必然选择

扩大内需与扩大开放并不矛盾。我国经济已经与全球经济深度融合，国内国际市场体系相互依存、相互合作，成为经济全球化的重要内容。我国产业链已经深度融入全球经济体系，目前是120多个国家和地区的最大贸易伙伴。我国将继续坚持对外开放这一基本国策，我国对外开放的大门不会关闭，只会越开越大。近一个时期，面对逆全球化潮流，我们相继签署RCEP，完成中欧投资协定谈判，积极考虑加入《全面与进步跨太平洋伙伴关系协定》（CPTPP），以制度型开放为重点推动更高水平的对外开放，并以此带动国内高标准市场体系建设，同时也对全球市场体系建设起到引领带动作用，坚定地维护和推进全球化进程。在新时代进入新发展阶段，我国在世界经济中的地位将持续上升，同世界经济的联系会更加紧密。

构建新发展格局，是深化改革开放，处理好扩大内需和稳定外需关系的根本路径。通过构建新发展格局，推动国内循环更加顺畅，才能形成全球资源要素的引力场，形成参与国际竞争和合作的新优势。通过形成国内国际双循环相互促进，充分利用国内国际两个市场两种资源，积极推动内需和外需、进口和出口、引进外资和对外投资协调发展，就会使百年未有之大变局下的全球经济均衡发展，就会长远驱动我国内外经济均衡水平实现新的跃升，就会助力我国从经济大国迈向经济强国。

第二节　构建新发展格局关键在畅通经济循环

经过 40 多年的改革和发展，我国社会主义市场经济体系建设已取得长足进步。随着市场化改革的不断深入，市场在资源配置中的作用已从起基础性作用转变为起决定性作用，这为经济实现自我调节、自我循环奠定了良好基础。但是也必须看到，由于我国地区发展差异大，不少地方政府囿于地方行政区划，侧重实行行政区内自我循环，跨区域资源流动的协调合作不足。发展不平衡不充分不同程度地导致各地区存在内循环、小循环甚至自循环，进而导致市场资源流动不畅、配置分散，生产力布局同质同构及碎片化的现象仍然很多。这又集中反映为我国国民经济的生产、分配、流通、消费存在诸多堵点、断点。国内经济循环不够通畅也导致国内国际经济循环畅通困难。

一、我国经济循环存在的关键堵点

《建议》提出："依托强大国内市场，贯通生产、分配、流通、消费各环节。""不通则痛"，我国空间广阔，但地区发展差异大，生产、分配、流通、消费各环节的确有诸多不完善之处，存在不少堵点，需要抓住重点，着力打通。

生产阶段的问题。典型的是，由于各地区低水平重复建设和竞争，产业结构中一般产业产能过剩，高水平产业产能不足。目前，我国多数产业供给能力仍然相对过剩，低端制造业产能过剩问题突出，而先进制造业发展不足，生产制造业的智能化、精细化、高端化发展滞后。这就要求我们解决好制约我国制造业发展的突出短板，如关键技术缺失、新技术运用不足的矛盾。坚持供给侧结构性改革，更多地用市场和法律手段推进产业结构的调整与转型升级。

分配阶段的问题。典型的是，城乡区域收入差距过大问题始终制约着居民消费率的提升。2003 年以来，全国居民收入基尼系数一直维持在 0.46 以上，2019 年达到 0.465。近些年来，城乡居民收入差距有所缩小，但仍较大，2020 年城乡居民收入倍差为 2.56。

流通阶段的问题。典型的是，受地区经济发展差异及体制机制障碍影响，全国交通运输环节堵点也较多，包括跨界公路收费较高，铁路货运量占比偏低，航空业发展缓慢，陆海空尚不能无缝衔接。流通设施发展滞后，现代物流体系建设亟待加强，物流成本仍偏高，国际竞争力不强。

消费阶段的问题。典型的是，购买能力不足是最为突出的问题，传统衣食住行的消费数量和结构仍有很大提升空间。城乡居民消费差距和生活水平差距仍较大。消费便利化程度不高也是抑制消费的不可忽视的因素。因为便利度不高，如商业网点数量不足、布局不合理，一些本该正常发生的消费也难以发生了。

二、通过深化改革推动经济循环畅通无阻

（一）以改革加快推动产业高端化发展及布局优化

健全科技创新激励机制以带动战略性新兴产业发展。深入推进科技创新体制机制改革，完善国家科技治理体系，改进科技项目组织管理方式，实行“揭榜挂帅”等制度，重点解决新一代信息技术、生物技术、新能源、新材料、高端装备、新能源汽车、绿色环保以及航空航天、海洋装备等产业的技术障碍，推动互联网、大数据、人工智能等同各产业深度融合，推动先进制造业集群发展，构建一批各具特色、优势互补、结构合理的战略性新兴产业增长引擎，培育新技术、新产品、新业态、新模式。发挥中心城市和城市群带动作用，优化区域产业分工，深化区域产业合作，加快高端制造业的产业布局。坚持世界眼光、中国特色，积极对接国际标准和规则，高点定位，齐头推进京津冀、长三角、粤港澳大湾区城市群的建设，形成以龙头城市为核心，周边城市群产业配套的国内制造业高端集群。同时，配套建设生产性服

务业，包括联手打造创新中心、资讯中心、绿色发展中心、金融中心、法律和仲裁中心、航运中心、贸易中心、专业服务中心等综合服务体系。以城市群为依托打造世界一流制造业集群。此外，要加快东北老工业基地的振兴发展，以及中西部城市群的战略性新兴产业布局。

（二）构建现代流通体系，进一步提升流通效率

推进高标准市场体系建设，健全和完善要素市场运行机制，加强社会信用体系和结算体系建设，推动构建现代物流体系。形成全国统一的流通规则和标准，推动不同类型流通基础设施建设，布局建设全国骨干流通基础设施网络，推进完善综合运输大通道、综合交通枢纽和物流网络。以改革推动数字化、智能化现代流通体系建设。

（三）加快推进收入分配制度改革，缩小收入差距

首先，着力提高居民收入在国民收入初次分配中的比例，以“橄榄型”收入结构为目标，重点缩小城乡、行业、地区之间居民收入差距。其次，深化产教融合和教育现代化改革，完善终身学习的培训体系，鼓励劳动者利用智能机器赋能，持续提升劳动生产率。最后，稳定就业和增加居民收入，实施新一轮国民收入倍增计划。

（四）完善体制机制释放城乡消费潜力

建立完善城乡一体化消费市场。利用数字化手段提升城乡消费便利度和适配性，释放被抑制消费需求。完善医疗、教育、养老等制度保障，消除居民消费的后顾之忧，保障居民“敢消费”。健全消费市场的质量标准和信用体系，营造更加规范、公平、安全的消费市场环境，引导形成合理消费预期。

概而言之，我们要以改革思维和改革手段推动城乡区域协调发展，使生产、分配、流通、消费更多依托强大国内市场实现良性循环，打破各省、市、县存在的小循环、自我循环、封闭循环，从而牢牢把握扩大内需这个战略基点，把实施扩大内需战略同深化供给侧结构性改革有机结合起来，加快培育完整内需体系和高质量供给体系，促进经济持续健康发展，确保我国抓住机遇，应对挑战，趋利避害，奋勇前进。

第三节　构建新发展格局最本质的特征是实现高水平的自立自强

《建议》提出“把科技自立自强作为国家发展的战略支撑”，并把创新放在我国现代化建设的核心地位。这是我国应对诸多风险挑战，抓住新一轮科技革命发展机遇，有效化解制约内循环发展的产业链供应链“卡脖子”等突出矛盾，主动采取的战略举措。加快科技自立自强是畅通国内大循环，巩固提升我国在国际大循环中的地位的关键。

一、自主创新是新发展格局最本质的特征

改革开放后相当长的时间内，我国凭借劳动力等要素的低成本优势融入国际经济大循环，推动了经济的高速增长，形成了过于依赖外需、“出卖血汗”和“吃资源环境饭”的不可持续的发展局面。但从当前及长远看，我国外部环境在百年未有之大变局下正在并将继续经历深刻变化，同时国内需求结构和生产函数也在发生持续性重大变化。从国内看，一方面，外部环境的变化带来经济安全风险增大、关键核心技术受限、结构转换复杂性上升等问题；另一方面，在人口老龄化及连续多年的高消耗、高积累、高污染的粗放增长方式下，我国劳动力、土地、自然资源的比较优势逐渐降低。一种以创新充当引领发展第一动力的、不断寻求报酬递增的高质量的经济发展方式正在形成。这是大国经济发展的重要关口，要求我们主动识变，积极应变，攻坚克难，加快构建新发展格局。

改革开放后一个较长时期内，我国依靠引进、消化、吸收、再创新，从发达国家学习科学技术。这使我国科技事业有了较快发展，从而支撑我国经济实现了连续多年的快速增长。但随着我国经济实力日益增强，

以及实施科技追赶与超越的空间日益缩小，不仅导致世界科技进步的供给已不能完全满足我国发展需要，更导致以美国为代表的西方国家为维护其科技领先地位，而在许多关键、核心技术领域加强对我国的围堵、封锁与遏制。近几年，中兴、华为等多家国内企业遭遇美国科技打压的根本原因，就在于我国没有掌握关键核心技术。这些都使我们清楚地看到，未来，加快构建新发展格局需要在关键核心技术上有实质性突破，并且只能依靠自己，立足于增强自主创新能力。

二、对策建议

构建新发展格局，必须更强调自主创新，全面加强对科技创新的部署，集合优势资源，有力有序推进创新攻关的体制机制改革，加强创新链和产业链对接。

（一）强化基础研究

基础研究是整个科学体系的源头，也是建设科技强国的根基。需要由政府通过规划的编制与组织实施，集中国家资金投入，由政府科技部门会同各科学机构，盯住世界科学前沿、盯住经济主战场、盯住国家重大需求，组织开展系统性研究跨学科研究。基础研究探索性、不确定性强，具有方式随意性、灵感瞬间性、路径不确定性等特点，有些科学探索在开始时甚至找不到或摸不准问题。这就需要我们在推动科学发展时，尊重和倡导科学家的自由探索，鼓励科技工作者基于好奇心驱使的研究。营造鼓励创新、宽容失败、良性竞争、信任激励的生态环境。要改革科技评价制度，建立健全以创新能力、质量、贡献为导向的分类评价体系，对前沿基础研究应坚持国际化和同行评价，从根本上解决一刀切、人情化、数论文、数奖项等突出问题，改变“短平快”和“跟班式”等不良现象。

（二）坚持问题导向，强化应用基础研究

与基础研究不同，应用基础研究大多是与人类所需要解决的问题特

别是重大问题紧密联系，不仅需要目标导向，还需要围绕多方面问题聚焦发力。在新发展格局构建过程中，要构建以中央财政为主、企业和民间资本多元参与的投入机制，组合优化政策体系，更多坚持采用国家招投标的方式，集结精锐力量，加强应用基础研究，实现系统性突破。聚焦关系根本和全局的重大科技问题，加快组织和拓展实施国家重大科技项目，支持国家工程研究中心、国家制造业创新中心、国家重点实验室等科研机构联合科研力量较强的企业组成科研攻关联盟。推进科技供给侧结构性改革，推进科技创新模式从需求驱动转向需求和供给交互驱动，并形成推进科研成果加快产业化转化上的政策支持，提升原始创新能力，在部分领域实现前瞻性、原创性、引领性重大科技突破，逐步从科学技术的“跟随者”“追赶者”“并跑者”向“创新者”“领跑者”转变。

（三）产学研协同推进关键共性技术、前沿引领技术、现代工程技术、颠覆性技术创新

在科学技术高度发达的今天，对经济体系起支撑作用的往往不是单一技术，而是一个庞大的技术系统。在整个技术体系中存在某些方面先进，某些方面落后。如果将落后的技术加以改进，整个行业和经济体系将会发生质的飞跃和变化。而这些突破性技术就是关键共性技术、前沿引领技术、现代工程技术、颠覆性技术开发的方向。突破制约国家和民族工业发展的关键共性技术等 4 类技术，须实行全方位且广泛深入的产学研协同创新。应更多依靠市场竞争机制，发挥市场利益导向的激励作用，用市场的力量锻造、培养形成一批像华为那样的服务市场客户意识强、创新研发投入大、以高收入延揽国际优秀研发人才的市场主体。作为技术开发主体的科研单位和高等学校，是重大、关键、核心技术的研发及企业研发延伸的重要阵地，也是作为创新驱动最终决定力量的人才的培养基地。要改革教育体制，加快推进世界一流科研院所和大学建设，要以突破型、引领型重大任务攻关为主线，系统整合国家研

究中心、国家重点实验室、国家技术创新中心等创新平台的科研攻关力量。建立高技术向生产力转化的激励机制，探讨把更多职务发明专利收益留归创新者。依法保护知识产权。推进开放创新，鼓励企业在海外设立研发机构，择全球人才而用之。

发挥自主创新的战略支撑作用是一项艰巨复杂的系统工程，涉及科技和经济社会的各个层次和方方面面，需要全社会持续协同努力。我国具备较好的科技基础和较强的经济实力，拥有巨大的市场优势、资本优势、人力资源优势和独特的体制优势、改革优势，发挥好自主创新的战略支撑作用，一定能加速我国的现代化进程，推动世界科学中心向我国转移，加快新发展格局的构建。

第四节　以强大的国内经济循环体系为稳固的基本盘

对大国经济而言，国际市场是国内市场的延伸，只有夯实国内大循环的基础，才能有效发挥我国超大规模市场优势，吸引和消化全球商品和资源要素，提升我国生产制造能力，使我国成为“世界市场”和“世界工厂”的融合体，进而为国内国际双循环提供坚实基础。正如习近平总书记所指出的：“推动形成宏大顺畅的国内经济循环，就能更好吸引全球资源要素，既满足国内需求，又提升我国产业技术发展水平，形成参与国际经济合作和竞争新优势。”[①] 从国内大循环与国内国际双循环的关系看，国内循环是基础，两者是统一体。

构建新发展格局，实行高水平对外开放，必须具备以强大的国内经济循环体系为稳固的基本盘，必须坚持发展是硬道理，通过不断深化改革，释放各类生产要素活力，建立起扩大内需的有效制度，释放强大

① 习近平：《关于〈中共中央关于制定国民经济和社会发展第十四个五年规划和二〇三五年远景目标的建议〉的说明》，《人民日报》2020 年 11 月 4 日。

内需潜力，加强传统制造业技术改造升级，提升生产制造能力，巩固制造业第一大国地位。供需两侧协同发力，使建设超大规模的国内市场成为一个可持续的历史过程，增强市场需求对经济发展的支撑。

一、以改革促进城乡融合，激发蛰伏的要素潜能

商品要素城乡区域间流通不畅，是制约国民经济循环最突出的障碍。区域问题本质上又是城乡差异问题。进入“十四五”时期，解决城乡发展不平衡及城乡间循环不畅问题，必须加大改革力度。要按照《建议》提出的要求，健全城乡融合发展体制机制和政策体系，推动城乡市场之间各类生产要素平等交换、双向流动，增强农业农村发展活力。继续推进承包地“三权分置”改革，通过土地经营权流转，提高规模化、机械化水平，进而提高农业劳动生产率和土地产出率。按《建议》的要求，积极探索实施农村集体经营性建设用地入市制度，探索宅基地所有权、资格权、使用权分置实现形式，使农村大量闲置的土地资源得以有效利用。同时，以盘活农村土地资源为抓手，吸引大批社会资本和城市生产要素向农村聚集，使农村经济真正活跃起来，切实增加农民收入，缩小城乡差距。

二、积极有效扩大国内需求，增强内需对经济发展的拉动作用

扩大消费是构建完整内需体系的重要战略基点。尽管近几年我国消费对经济增长的拉动作用明显上升，但相比世界发达国家水平，还有较大的提升空间。2013—2019 年我国最终消费支出对经济增长的平均贡献率为 60% 左右，发达经济体为 70%—80%。这说明我国消费潜力远未释放出来，调整、改善需求结构的空间仍很大。加速扭转这种消费不足的发展局面，使消费特别是居民消费成为稳定基本盘的根本动力，需要加大稳定大众消费，增强居民消费能力，形成新的消费增长点，如推动汽车等消费品由购买管理向使用管理转变，促进新能源汽车消费；加

强对房地产市场的监管，降低高房价和居民部门高杠杆对消费的挤出效应；鼓励发展新型消费，促进新型消费扩容提质；加大收入分配调节力度，完善社会保障体系，促进形成扩大消费的制度性安排。

扩大内需还需发挥投资对优化供给结构的关键作用，把我国较高的国民储蓄率转化为实际投资的成果。为此，应面向第二个百年奋斗目标，以时不我待、久久为功的精神，加快推进一批重大项目建设，加快建设现代化基础设施体系、公共服务保障体系、生态环保设施，包括建设城市地下管网、现代化综合交通运输体系、高标准农田、污水垃圾处理设施、工业废水废气废料回收循环再利用设施等。推动企业数字化、智能化改造和设备更新，鼓励扩大民间投资，引导社会资本参与新型基础设施建设和新型城镇化建设，形成市场主导的投资内生增长机制。同时，必须坚定不移扩大开放，更好地发挥“三驾马车”在构建双循环新发展格局中的协调拉动作用。

三、重点发展实体经济，坚持推进制造业高质量发展

《建议》提出：“坚持把发展经济着力点放在实体经济上，坚定不移建设制造强国、质量强国、网络强国、数字中国，推进产业基础高级化、产业链现代化，提高经济质量效益和核心竞争力。”近年来，我国实体经济显现逐渐弱化趋势，2019年我国制造业的比重为27.2%，比2012年的31.4%减少了4.2个百分点。经济“脱实向虚”的状况尚未改观。

“没有夕阳的产业，只有夕阳的技术。”要强化产业多样性和多层次性发展，除了要大力发展新兴产业，还需高度重视传统产业的升级发展。推进传统产业适应现代化发展要求，需重视传统产业升级改造和高质量发展。

第一，加快传统产业智能化发展。把深度融合现代信息技术作为构建现代供应链的重要途径。实施机器人产业发展专项行动。大力推广机

器人等智能装备应用。结合智能制造发展规划，深入落实智能机器人发展政策。加快建设技术创新公共服务平台，构建以企业为主体的创新体系。培育研发制造骨干企业，加快企业引进来和走出去。实施智能机器人推广应用计划，建设重点行业机器人应用示范项目。积极推动装备制造业智能化发展。重点发展高精密数控机床、加工中心、增材制造装备等智能制造装备和智能成套生产线，支持装备制造企业开展一体化增值服务，提升重大成套装备集成能力和智能化水平。大力发展智能部件。重点发展微机电系统（MEMS）、高性能光纤、视觉等高端新型传感器，发展射频识别（RFID）系统、智能仪器仪表和自动控制系统，推进生产制造设备联网和智能管控，打造智能制造生态体系。

第二，加快传统产业绿色化发展。鼓励企业践行绿色供应链管理理念、技术和策略。大力倡导绿色制造、绿色流通，打造全过程、全环节的绿色供应链体系。探索推进非标产品模块化设计、标准化制造，推广互联网机器人、自动化装备和信息化管理软件的应用，提高环保装备制造业智能制造和信息化管理水平，实现生产过程精益化管理。加大绿色设计、绿色工艺、绿色供应链在环保装备制造领域的应用，开展生产过程中能效、水效和污染物排放的对标达标，创造绿色示范工厂，提高行业绿色制造的整体水平。

第三，加快传统产业精细化发展。制造精细化是缩小我国与世界制造强国差距的必由之路。我国制造企业应认识到精细化的重要性，通过设计适当的规则制度，督促在生产工艺、生产细节上下足工夫，严格控制每个环节的生产质量，杜绝粗制滥造。

更为值得重视的是，需大力推动金融供给侧结构性改革，更好服务实体经济。提高直接融资比重，改革优化政策性金融，完善金融支持创新的政策，发挥资本市场对于推动科技、产业、新型基础设施等实体经济领域的服务功能，提升金融服务质量和效果。

第五节 重视以国际循环提升国内大循环的效率和水平

习近平总书记明确指出："新发展格局决不是封闭的国内循环，而是开放的国内国际双循环。"以国内大循环为主体的双循环格局，不是不要国际循环，而是要以更好的国际循环来推动国内大循环，进而形成两者相互适应、相互促进、相得益彰的生动局面。

改革开放 40 多年的经验证明，以开放促发展是我国经济不断前行的重要法宝，特别是扩大出口和外资利用对拉动产品质量提高、提升国内技术水平的作用尤为明显。新时代构建新发展格局，要更加深度地融入全球经济，需更重视以国际循环提升国内大循环效率和水平，改善我国生产要素质量和配置水平，推动我国产业转型升级，塑造我国参与国际合作和竞争新优势。

我国具有巨大市场规模、巨大市场需求增长空间，拥有全球最完整、规模巨大的工业体系和系统完备的配套能力。人民对美好生活向往的需求潜力及良好的生产供应基础，都将是未来国际市场的巨大发展商机，都将吸引更多的国际人才、优秀企业资本、技术要素向中国汇聚。根据商务部发布的数据，2020 年全国实际利用外资总额为 9999.8 亿元，增长 6.2%，新设外资企业 3.9 万家，成为全球最大外资流入国，实现引资总量、增长幅度、全球占比"三提升"。其中，高技术产业利用外资同比增长 11.4%。数据显示，尽管受全球新冠肺炎疫情及贸易保护主义的不良影响，我国利用外资却逆势增长。这充分说明，我国是一个有吸引力的投资目的地。未来，随着我国经济实力的增强及制度环境的改进，这种对外资的吸引力还将持续增强。

当前，世界正经历以"东升西降"为重要特征的百年未有之大变局，我们要抓住历史机遇，增强发展信心，因势利导，加强外循环，通过向国外市场提供产品服务和使用国外的生产要素，系统提升国内循环的效能。

一、协同推进“走出去”与“引进来”，增强外循环产业链

保障海外投资发展，巩固拓展海外产业链。一是积极推进投资协定谈判，加大开放力度。借 RCEP 签署契机，加大与世界主要经济体、“一带一路”沿线国家经贸谈判，构建常态化协调机制和长期稳定战略合作关系。通过加大跨境经济园区合作及拓展合作领域，推进包容共享发展和贸易投资区的多元化，增强合作韧性。二是加强与能源资源供应国的技术经济合作，建立和巩固我国稳定的海外重要能源、资源供应渠道和供应基地，采用更加积极的开放政策和有效的法律手段，确保发展所需能源、重要资源海外供应的稳定性和安全性，以此统筹好发展和安全两件大事。

二、加强科技研发的国际合作，增强外循环创新链

紧抓科技全球化发展趋势，推动我国科技研发机构、研究型大学及创新型企业冲破各种封锁、围堵，以最大努力参与到全球创新链中，为我国科技创新提供基础科学研究及科学实验支持。以专业化分工与合作提高创新活动的劳动生产率，获得全球创新分工的利益，同时以最大努力自主创新，形成“对赌”及“备胎”能力，减弱断链事件的负面影响。充分利用我国在防疫、抗疫及疫苗研发走在世界前列的优势，与西方国家联合进行疫苗研制、防疫与公共卫生、医学科学等方面的研究。深化营商环境改革，有效运用自贸区政策，着力吸引跨国公司地区总部、研发中心落户国内，加强技术交流合作。

三、紧抓碳达峰、碳中和目标，加强与西方国家在绿色低碳发展方面的经济技术合作

习近平主席在第 75 届联合国大会一般性辩论上向国际社会作出“碳达峰、碳中和”郑重承诺。在 2020 年 12 月 12 日的气候雄心峰会上，

习近平主席进一步对碳达峰和碳中和目标作出了具体细致的安排。以欧盟为代表的西方发达国家既对应对气候变化感兴趣，也拥有各种低碳技术和环保技术。例如，在丹麦和英国，凭借国家对低碳发展的重视和先进的低碳技术，一大批热衷于低碳发展的社会人士已经开始着手低碳社区的建设，同时也推出了不少成熟的“零碳”项目实践。并且，在经济不景气的情况下，这些低碳技术的拥有者也在积极开拓中国市场，寻求技术的购买使用方。我们要抓住契机、因势利导，以碳达峰、碳中和为抓手，积极主动加强同西方发达国家的企业和研发机构交流合作，积极探索开展经济技术合作。通过这些领域的合作，推动我国经济社会绿色转型，提升我国在这些领域的科研能力。

第四章

坚持以扩大内需为战略基点

《建议》提出，要坚持扩大内需这个战略基点，加快培育完整内需体系，把实施扩大内需战略同深化供给侧结构性改革有机结合起来，以创新驱动、高质量供给引领和创造新需求。落实这一战略是实现“十四五”发展目标和2035年人均国内生产总值达到中等发达国家水平的根本举措。

第一节 扩大内需是贯彻落实以人民为中心的发展思想的根本之策

一、以人民为中心的发展思想

人民对美好生活的向往，就是我们的奋斗目标。党的十八大以来，以习近平同志为核心的党中央始终坚守为中国人民谋幸福、为中华民族谋复兴的初心和使命，提出以人民为中心的发展思想。2015 年 10 月，党的十八届五中全会通过的《中共中央关于制定国民经济和社会发展第十三个五年规划的建议》强调，必须坚持以人民为中心的发展思想，把增进人民福祉、促进人的全面发展作为发展的出发点和落脚点，发展人民民主，维护社会公平正义，保障人民平等参与、平等发展权利，充分调动人民积极性、主动性、创造性。党的十九大报告指出，明确新时代我国社会主要矛盾是人民日益增长的美好生活需要和不平衡不充分的发展之间的矛盾，必须坚持以人民为中心的发展思想，不断促进人的全面发展、全体人民共同富裕。全党必须坚持人民主体地位，坚持立党为公、执政为民，践行全心全意为人民服务的根本宗旨，把党的群众路线贯彻到治国理政全部活动之中，把人民对美好生活的向往作为奋斗目标，依靠人民创造历史伟业。党的十九大报告将“坚持以人民为中心”确立为新时代坚持和发展中国特色社会主义的基本方略之一，这表明不仅在经济社会发展方面要坚持以人民为中心的发展思想，而且在中国特色社会主义事业各领域、各方面与全过程都必须坚持以人民为中心。党的十九届五中全会提出改善人民生活品质，提高社会建设水平。坚持把实现好、维护好、发展好最广大人民根本利益作为发展的出发点和落脚点，尽力而为、量力而行，健全基本公共服务体系，完善共建共治共享的社会治理制度，扎实推动共同富裕，不断增强人民群众获得感、幸福感、安全感，促进人的全面发展和社会全面进步。全会提出了到 2035 年基本实现社会主义现代化远景目标，包括人民生活更加美好，人的全面发展、全体人民共同富裕取得更为明显的实质性进展。

坚持以人民为中心的发展思想是社会主义的本质要求，是马克思主义政治经济学的根本立场。人民是我们党执政的最深厚基础和最大底气。为人民谋幸福、为民族谋复兴，是我们党领导现代化建设的出发点和落脚点。只有坚持以人民为中心的发展思想，坚持发展为了人民、发展依靠人民、发展成果由人民共享，才会有正确的发展观、现代化观。以习近平同志为核心的党中央坚持和发展以人民为中心的发展思想，始终坚信人民群众是决定党和国家前途命运的根本力量，始终坚持从人民群众的切身利益出发推动改革创新，始终坚持为了人民的美好生活而奋斗。以人民为中心的发展思想坚持以人民为中心，坚持人民主体地位，它是唯物史观的鲜明表达，是中国实践的理论总结，反映了坚持人民主体地位的内在要求，确立了新发展理念必须始终坚持的基本原则，具有重大理论意义和现实意义。

二、扩大内需的根本目的是为了人民

（一）扩大内需是贯彻落实以人民为中心的发展思想的重要体现

我国社会主要矛盾已经转化为人民日益增长的美好生活需要和不平衡不充分的发展之间的矛盾，扩大内需的目的和落脚点在于更好地满足人民日益增长的美好生活需要。党的十九大报告明确提出，我国经济已由高速增长阶段转向高质量发展阶段，正处在转变发展方式、优化经济结构、转换增长动力的攻关期。高质量发展是能够很好满足人民日益增长的美好生活需要的发展，使发展成果更好惠及全体人民，不断实现人民对美好生活的向往。2020 年 4 月 10 日，习近平总书记在中央财经委员会第七次会议上的讲话中强调，构建完整的内需体系关系我国长远发展和长治久安。实施扩大内需战略是当前应对新冠肺炎疫情冲击的需要，是保持我国经济长期持续健康发展的需要，更是满足人民日益增长的美好生活的需要。只有坚持以人民为中心的发展思想，才能凝聚最广泛的改革共识，把广大人民的智慧和力量汇聚到改革和发展上来。实现中华民族伟大复兴的中国梦，就是要实现国家富强、民族振兴、人民幸福，实现好、维护好、发展好人民的切身利益，不断提高人民生活水平，满足人民群众对美好生活的向往。

（二）扩大内需是满足人们消费升级的需要

我国居民消费正在由生存型消费向发展型、享受型消费升级的过程中，在衣食住行基本需求得到满足之后，随着收入水平的提高和物质财富的积累，人们对生活质量、身体健康、文化教育、休闲娱乐、生态环境的需求和要求越来越高，对服务性消费的需求越来越大。围绕增强人的幸福感、促进人的全面发展，需要推出更多涉及民生的创新成果，不断提供新产品新服务，发展新模式新业态，提升产品和服务供给的质量和水平，从而使发展成果更好地惠及全体人民。

（三）坚定实施扩大内需战略

构建完整的内需体系，关系我国长远发展和长治久安。面对外部环境可能出现重大变化，实施扩大内需战略，是保持我国经济长期持续健康发展的需要，也是满足人民日益增长的美好生活的需要。我国发展已经站在新的历史起点上，要根据新发展阶段的新要求，正确处理好内需和外需、消费和投资的关系，充分发挥市场在资源配置中的决定性作用，更好发挥政府作用，坚持问题导向，切实解决好发展不平衡不充分的问题，自觉主动解决地区差距、城乡差距、收入差距等问题，真正实现高质量发展。

（四）在实施扩大内需战略中，必须坚持新发展理念

在实施扩大内需战略中，必须坚定不移贯彻创新、协调、绿色、开放、共享的新发展理念。通过创新发展，激发人民群众的积极性和创造力，才能不断提高发展的质量和效益。通过协调发展，解决区域发展不平衡、城乡发展不协调、产业结构不合理、经济社会发展不协调等问题，不断缩小地区之间、城乡之间、行业之间、个人之间的收入差距，才能把潜在需求转变为现实需求，即具有支付能力的需求，从而释放出消费潜力，促进全体人民共同富裕。通过绿色发展，为人民群众创造良好的生产生活生态环境，将绿水青山就是金山银山的发展理念贯穿于经济发展全过程，减少因环境污染带来的各种问题，提高人民的健康水平和生活质量。通过开放发展，用好国内国际两个市场、两种资源，增加消费品和服务进口，有利于满足人民多样化、多层次的需求，为提高人民生活水平提供丰富多彩、个性化的供给。通过共享发展使全体人民都能够分享改革发展成果，一个不落地过上体面的生活，在共建共享发展中有更多获得感、幸福感、安全感。

第二节　建立扩大内需的有效制度

在全面建设社会主义现代化国家新征程中，通过推动经济高质量发展，建设现代化经济体系，充分地展示出社会主义市场经济的活力。扩大内需是我国经济发展的一项长期发展战略，建立扩大内需的有效制度，释放内需潜力，是实现我国经济长期健康持续发展并取得预期成效的关键。

一、扩大内需是我国经济发展的必然选择

坚持扩大内需是应对复杂严峻外部环境的主动选择。面对逆全球化、国际上单边主义和贸易保护主义抬头的状况，世界形势不确定性增强。应对复杂多变的外部环境，需要我们推动经济发展由过多依靠外需和出口拉动转向主要依靠内需，通过扩大内需增强我国应对国际风险挑战的能力，应对世界经济下行带来的消极影响。

坚持扩大内需是积极构建双循环新发展格局的必然要求和战略基点。庞大的国内需求是我国经济发展的巨大优势，也是我国应对外部环境复杂变化的底气所在。党的十九届五中全会提出，全面建成小康社会、实现第一个百年奋斗目标之后，我们要乘势而上开启全面建设社会主义现代化国家新征程、向第二个百年奋斗目标进军，这标志着我国进入了一个新发展阶段。我们将从战略和全局高度把握新发展理念，增强发展新动能，通过深化改革建立扩大内需的长效保障机制。展望“十四五”和 2035 年，立足新发展阶段、构建新发展格局，坚定不移贯彻落实新发展理念，在全面建设社会主义现代化国家的新征程上，我们必将创造新的历史伟业。

40 多年的改革开放实践证明，内需是我国经济的基础。多年以来，我国实施扩大内需战略，积极扩大国内需求，增强经济增长内生动力，内需特别是消费需求已经成为我国经济增长的第一拉动力。进入新时代，积极实施扩大内需战略，坚持扩大内需这个战略基点，既是有效应对当前复杂多变外部环境的需要，也是打通堵点、补齐断点，加快构建新发展格局的需要；既是满足人民美好生活需要的必然要求，也是推进经济高质量发展的主动选择。

二、顺应消费升级趋势，全面促进消费

我国具有扩大内需的诸多有利条件，如人口基数大、市场空间广阔、实体经济基础坚实等。我国中等收入群体已超过 4 亿人，随着我国的发展，中等收入群体将进一步壮大，其基本需求和潜在需求将得到充分释放，消费增长和消费升级动力将更为强劲。

（一）消费已成为我国经济增长的主要动力

党的十九届五中全会提出，要全面促进消费，增强消费对经济发展的基础性作用，顺应消费升级趋势，提升传统消费，培育新型消费，适当增加公共消费。最近 10 年，由于转变经济发展方式，调整投资与

消费的比例，改变了经济增长过度依赖投资的状况，消费成为拉动经济增长的最大动力。从总量看，2011—2019 年，我国的消费率平均为 53.4%，2020 年最终消费支出占 GDP 的比重达到 54.3%，高于资本形成总额 11.2 个百分点。2010—2020 年最终消费支出对经济增长的平均贡献率为 60% 左右（见表 4–1），消费连续 10 年成为拉动经济增长的第一引擎。与发达经济体的 70%—80% 的水平相比，发挥消费基础性作用还有较大的提升空间。受新冠肺炎疫情影响，初步核算，2020 年全年我国国内生产总值为 1015986 亿元，按可比价格计算，比上年增长 2.3%。这充分体现了消费对经济发展的基础性作用不断增强，也表明消费成为我国经济增长的主动力，作为保持经济平稳运行“压舱石”的作用将更加凸显。

表 4–1　三大需求对国内生产总值增长的贡献率

指标＼年份	2010 年	2011 年	2012 年	2013 年	2014 年	2015 年	2016 年	2017 年	2018 年	2019 年	2020 年
最终消费支出对国内生产总值增长贡献率（%）	47.4	65.7	55.4	50.2	56.3	69	66.5	57.5	65.9	57.8	54.3
资本形成总额对国内生产总值增长贡献率（%）	63.4	41.1	42.1	53.1	45	22.6	45	37.7	41.5	31.2	43.1
货物和服务净出口对国内生产总值增长贡献率（%）	−10.8	−6.8	2.5	−3.3	−1.3	8.4	−11.6	4.8	−7.4	11	2.6

数据来源：国家统计局。

发挥消费的基础性作用，需要加快完善促进消费的体制机制，进一步改善消费环境。2020 年 3 月，国家发改委、财政部、工信部等多个部门联合印发《关于促进消费扩容提质加快形成强大国内市场的实施意见》，从优化市场供给、推进文旅消费、建设城乡融合消费网络、加快构建智能消费体系、提升居民消费能力和营造放心消费环境 5 个方面推出 19 条举措，刺激国内消费，着力打通消费领域的堵点、痛点，为完善消费机制、释放消费潜力、促进经济持续发展发挥了重要引导作用。当前及未来，我们将根据广大居民的消费特点和消费升级的趋势来扩大消费规模。

（二）着力提升传统消费

汽车、住房等传统商品消费占社会消费品零售额的比重比较大，是居民消费升级的主要组成部分。应顺应汽车、住房等消费步入成熟阶段后的变化与要求，完善相关政策，推动其朝着绿色、健康的方向发展。

通过多措并举促进汽车消费持续增长，可为消费的平稳增长奠定坚实基础。“十四五”规划建议提出汽车消费由购买管理向使用管理转变，这是刺激汽车消费需求、恢复汽车产业增长的客观要求。美国人均汽车保有量是我国的 5.6 倍，但是没有一个城市对汽车限购。我国汽车消费还有很大增长空间，目前限购的城市已有十几个。应当从增加道路和停车场等改善汽车使用环境的积极角度，来解决城市交通拥堵问题。大城市和超大城市应当在市区和郊区连接处修建私家车与公共交通换乘站和停车场，方便住在郊区的居民换乘公共交通工具进入市区。已经限购的城市应当逐步放松以至取消限购政策。加快充电桩建设，完善新能源汽车购置支持政策。继续对农村购置汽车给予鼓励政策，扩大农村汽车消费，释放农村汽车市场的巨大潜力。

促进住房消费持续健康发展。坚持“房子是用来住的、不是用来炒的”定位，租购并举、因城施策，推广长沙市的经验，主要用增加供给的办法抑制房价上涨。有效增加保障性住房供给，完善土地出让收入分配机制，探索利用集体经营性建设用地建设租赁住房，完善长租房政策，扩大保障性租赁住房供给。

（三）培育新型消费

推进消费升级，培育新的消费热点，发展消费新业态新模式，充分释放消费结构升级新动能。随着我国居民收入的增加，信息消费、数字消费、网络消费、绿色消费、教育消费、文化消费、旅游休闲消费、健康养老消费、娱乐消费、个性化消费等新消费将迎来蓬勃发展，这对于引领消费结构升级、拉动相关产业增长、促进经济健康发展具有积极作用。

满足消费者对名牌优质产品和绿色、健康、安全消费的需求。随着经济社会发展和人民生活水平提高，消费需求正从生存需求向品质需求转变，朝着智能、绿色、健康、高品质、安全方向转变。要在全社会倡导绿色、健康、安全的消费理念，通过制定满足居民消费升级的政策、规划，鼓励企业开发新产品，调整供给侧结构性改革，改善产品和服务质量，不断满足人民群众对美好生活的需要。

（四）适当增加公共消费

公共消费应以人民为中心，密切关注人民群众的需求和获得感，坚持公共消费为人民的根本宗旨，不断提升公共消费效率。政府通过增加在文化娱乐、医疗卫生、妇幼保健、失能照护、公共交通、公共服务以及其他公共生活设施和福利设施等方面的支出，提升公共服务供给质量和效率，缓解居民对于公共产品和公共服务需求迅速上升与供给不足的矛盾，减轻居民家庭消费的后顾之忧。增加公共消费，还要加强保障和改善民生，强化对困难群体基本生活保障，落实城乡低保、抚恤补助等政策。

发挥公共消费的导向作用，引导资本投入 5G 网络、数据中心等新型基础设施建设，引导企业抓紧布局数字经济、生命健康等战略性新兴产业、未来产业，增强消费市场活力，培育壮大发展新动能。

三、畅通生产、分配、流通、消费各个环节

生产、分配、流通、消费是经济运行的 4 个环节，经济社会循环、市场循环和产业循环都要通过生产、分配、流通、消费的循环往复来完成。从当前来看，在生产环节，我国工业总体处于中低端产能过剩、高端产品供给不足状态，农业劳动生产率过低，缺乏国际竞争力。在分配环节，需要进一步调整投资与消费比例，稳定和提高居民消费率，重点增加中低收入者的收入特别是增加农民收入。在流通环节，要提高交通运输通达深度，降低物流成本，建设西部陆海新通道和沿边沿江沿海交通项目。在消费环节，要增加居民有支付能力的消费需求，重点提高 5 亿多农村居民的消费水平。从中长期看，要扭住供给侧结构性改革这条主线，注重需求侧管理，把实施扩大内需战略同深化供给侧结构性改革有机结合起来，打通堵点，补齐短板，贯通生产、分配、流通、消费各个环节，形成需求牵引供给、供给创造需求的更高水平动态平衡。通过加快培育内需市场体系，增强国内市场供给能力，使生产、分配、流通、消费之间形成良性循环，推动需求引领和供给变革相互促进，提升国民经济体系整体效能。

第三节　把建设超大规模国内市场作为可持续的历史过程

从整体来看，目前我国居民的消费水平与发达国家相比仍然明显偏低。2020 年，我国消费市场零售总额超过美国，居全球第一位，但人均消费水平仅为美国的 1/4，说明我国扩大居民消费仍有很大空间，人均消费达到美国目前的水平还有很长的路要走。应当建立起扩大内需的有效制度，加快培育完整内需体系，加强需求侧管理，制订提高居民消费水平、优化消费结构的中长期规划，引导居民消费持续稳步提高。

我国居民消费率与发达国家相比也明显偏低，要通过调整国民收入分配结构，优化居民、企业、政府三者之间的分配比例，压缩政府开支，提高居民收入所占比重，从而扩大中等收入者人群，增加低收入者特别是农民的收入水平，为持续不断提高居民的消费支付能力提供支撑，真正使建设超大规模国内市场成为一个可持续的历史过程。

一、我国具有超大规模内需市场

我国拥有全球最大的消费市场。我国有 14 亿人口，是全球最大的统一市场，中等收入群体超过 4 亿人，是全球最大的中等收入群体。居民消费优化升级，同现代科技和生产方式相结合，蕴含着巨大增长空间。2020 年末我国常住人口城镇化率超过 60%，我国的城镇化率距离发达国家平均水平大约还有 20 个百分点的空间。城乡居民人均可支配收入和人均消费性支出逐步增加，人民对美好生活的需求不断提高，这是扩大消费需求的根本保证。我国拥有巨大投资需求潜力。我国工业已拥有 41 个大类、207 个中类、666 个小类，成为全世界唯一拥有联合国产业分类中全部工业门类的国家。我国具有全球最完整、规模最大的现代工业体系，有强大的生产能力、完善的配套能力，拥有 1 亿多市场主体和 1.7 亿多受过高等教育或拥有各类专业技能的人才，而且正处于新型工业化、信息化、城镇化、农业现代化快速发展阶段。我国货物贸易总量居世界第一，是 120 多个国家和地区的最大贸易伙伴。未来 10 年累计商品进口额有望超过 22 万亿美元。中国广阔的内需市场将继续激发源源不断的创新潜能，所形成的超大规模内需市场是无可替代的竞争优势。

二、在合理引导消费、投资等方面进行有效制度安排，促进形成强大国内市场

由于国内外发展环境正在发生深刻变化，世界经济陷入低迷，国际市场需求萎缩，我们必须把扩大内需放在更加优先、更加突出的位置。

通过充分发挥国内超大规模市场优势，繁荣国内经济，畅通国内大循环，培育国内大市场，为我国经济发展增添新动力，开辟新空间。在合理引导消费、投资等方面进行有效制度安排，破除妨碍生产要素市场化配置和商品流通服务的障碍，促进形成强大国内市场。

（一）服务消费将成为引领我国消费结构升级的主要力量

居民消费从商品消费转向服务消费，符合消费升级的客观规律，是我国消费结构升级的一个明显特征。“十三五”期间，我国居民服务消费迅速增长，从餐饮消费到休闲娱乐，从家政服务到运动健身，生活服务业加速融入互联网，在数字化转型过程中不断创新供给。随着居民收入水平的进一步提高，对服务消费的需求将日益增长，未来服务消费的增速和占比会持续提高。顺应服务消费升级的趋势，进一步研究出台促进服务消费的新举措，积极发展“互联网 + 服务”等服务消费新模式，引导传统服务企业线上线下融合发展，进一步释放服务消费潜力。

（二）推动居民消费从注重量的满足向追求质的提升转变

从消费结构上看，不断提升教育文化、医疗保健、休闲娱乐、交通通信等消费占比，促进消费结构由生存型向发展型、享乐型加快转变。从消费方式上看，随着消费便利度提升，网络消费成为消费增长的一大亮点，传统的线下消费转变为线上和线下融合消费，消费需求逐渐由商品性消费向服务性消费转变。充分利用大数据、人工智能和移动互联网等新技术，促进物流配送体系、传统零售业态与电商平台深度融合，积极推动集餐饮、购物、娱乐、休闲等跨界消费场景于一体的新零售业态创新发展，不断满足消费者的新需求。

（三）增加高品质产品和服务的有效供给

随着我国经济发展和居民收入水平的提高，越来越多的消费者开始转变消费观念，追求更高品质的生活成了新的消费趋势。传统的消费市场已无法满足消费用户群体的需求，为非实物商品以及服务体验增加支出正在成为人们更加认同的消费理念。要从供给端发力，深入推进供给侧结构性改革，探索供给模式变革，建立以新消费需求为导向的产业促进机制，通过推动科技成果转化应用，增加优质新型产品和生活服务的有效供给，不断满足居民个性化、多样化、品质化消费需求。

（四）推动农村消费市场发展

农村消费是扩大消费和投资的潜在强大动力，农业农村优先发展一系列政策的出台以及乡村振兴战略的深入实施，将极大促进强大国内市场的形成。农村居民的购买力亟待提高，农村的基本公共服务水平落后于城市，这些问题的解决也反映着农村消费市场潜在需求巨大，需要通过实施乡村振兴战略把潜在需求转变为有效需求。随着“三农”领域重点扶持政策及各项工作的推进，农村流通体系的健全，农民生活品质的提升，农村消费市场将为形成强大的国内市场作出新的贡献。

（五）坚定不移贯彻落实稳增长促投资各项政策措施

强化政策衔接协调，从促进投资增长、改善金融服务、落实完善相关财税政策、降低企业成本、改进综合管理服务措施、制定修改相关法律法规等方面抓好相关政策落实，提高政策实施的精准性和稳定性。要及时对政策开展评估工作，确保出台的政策能够持续激发投资活力。

第四节　以市场需求为导向优化投资结构

我国城乡、区域之间发展差距大，工业化、城市化任务仍没有完成，生态环境欠账较多。展望 2035 年，我国经济实力、科技实力、综合国力将大幅跃升，经济总量和城乡居民人均收入将再迈上新的大台阶，关键核心技术实现重大突破，进入创新型国家前列。基本实现新型工业化、信息化、城镇化、农业现代化，建成现代化经济体系，基本实现社会主义现代化。“十四五”时期正处于跨越“中等收入陷阱”的爬坡阶段，必须保持一定的投资强度。通过明确发展的主导产业和投资方向，找准促进投资和扩大消费的结合点。按照“十四五”规划建议的要求，拓展投资空间，优化投资结构，保持投资合理增长，发挥投资对优化供给结构的关键作用。推进新型基础设施、新型城镇化、交通水利等重大工程建设，支持有利于城乡区域协调发展的重大项目建设。实施一批强基础、增功能、利长远的重大项目建设。

一、以新型城镇化带动投资和消费需求

新型城镇化会带动投资需求和消费需求的极大提升，这是中国内需发展潜力所在。2019 年，我国城镇化率达到 60.6%，未来 15 年，城镇化率仍将保持每年 1% 左右的增长速度，每年新增 1000 万左右的城市人口。随着户籍、就业、教育、土地、财政、医保和住房等领域配套改革相继出台，城市功能全面提升，中小城市和特色小城镇加速发展，农业转移人口市民化速度明显加快，城市功能和宜居性不断提升，城市居住水平将不断改善。以人为本的城镇化能够有效地带动巨大的投资与消费需求。从消费支出规模来看，国内区域之间、城乡之间存在一定差距，区域协调发展和新型城镇化蕴藏的巨大市场潜力需要进一步释放。目前还存在城镇公共设施供给和人口规模不匹配等短板，推进新型城镇化应以补短板、强弱项为切入点，提升城镇综合承载能力。要着眼于满足群众改善生活品质的需求，加快推进城中村、棚户区、老旧小区改造，加大环保设施、社区公共服务、公共停车场等薄弱环节建设，提高城市发展质量。另外，加强城市群之间和大都市圈内的基础设施和公共服务设施建设，也将带动巨大的投资需求。

二、以全面推进乡村振兴加快农业农村现代化为契机，着重加大“三农”投资力度

从 2012 年起国家将脱贫作为战略重点，到 2020 年“十三五”收官之年，中国脱贫攻坚战取得了全面胜利。在迎来中国共产党成立 100 周年

的重要时刻，我国脱贫攻坚战取得了全面胜利，现行标准下9899万农村贫困人口全部脱贫，832个贫困县全部摘帽，12.8万个贫困村全部出列，区域性整体贫困得到解决，完成了消除绝对贫困的艰巨任务。进入“十四五”开局之年，国家更加重视“三农”，工作重心也顺势发生了历史性转移。2021年1月4日《中共中央国务院关于全面推进乡村振兴加快农业农村现代化的意见》（以下简称《意见》）正式发布，该《意见》明确今后的关键任务是要做好巩固拓展脱贫攻坚成果与乡村振兴的无缝衔接，并指出：“解决好发展不平衡不充分问题，重点难点在‘三农’，迫切需要补齐农业农村短板弱项，推动城乡协调发展。”未来要在提升粮食和重要农产品供给保障能力、打好种业翻身仗、强化现代农业科技和物质装备支撑、构建现代乡村产业体系、推进农业绿色发展、推进现代农业经营体系建设、加强乡村公共基础设施建设、实施农村人居环境整治提升、提升农村基本公共服务水平、全面促进农村消费等方面，在乡村振兴的衔接、现代农业和乡村产业发展以及乡村建设方面，着重加大投资力度，加快推进乡村振兴战略和实现农业农村现代化。

三、调动社会资本投资积极性

积极扩大有效投资，鼓励社会资本参与，持续激发全社会投资活力。社会投资对稳投资的地位和作用至关重要，要提高各类市场主体的积极性、创造性，通过吸引社会资本参与，发挥市场对资源配置的决定性作用。

针对重点领域，积极吸引社会投资参与建设。当前和今后一个时期的投资重点领域包括基础设施补短板、民生事业强弱项、服务消费提质量、创新科技增后劲，尤其要以改善民生为导向培育新的有效投资，鼓励社会资本参与教育、医疗、养老、体育健身、文化设施建设。支持社会资本投入国家重大战略及补短板领域项目，引导社会资本投实体项目、长远项目、重大项目、高新项目，让社会资本充分释放能量。鼓励和支持民营企业增加研发创新和关键技术攻关的投入力度，挖掘更多新的有效投资增长点，更大调动社会投资积极性。

在充分调动社会投资积极性的同时，有效发挥政府引导带动作用。要更好发挥政府投资引导放大效应，撬动更多社会资金投入。通过政府资金“四两拨千斤”的效应，提振市场主体信心，促进市场经济活动健康有序进行。政府还要通过制订行业规则、设施标准、产业规划布局等，推进市场有序运行。

优化营商环境，营造良好的投资氛围。继续在放管服改革上下工夫，不断优化政务服务，改善软环境，帮助企业解决实际问题。进一步梳理企业投资的堵点、难点，通过深化改革引导企业积极发挥市场主体作用。通过优化企业融资环境、降低企业运营成本、加大产权保护力度等激发社会投资活力，形成市场主导的投资内生增长机制。进一步降低市场准入门槛，让社会资本有公平、广泛参与各类项目的投资机会。

第五节　把增加居民收入作为扩大内需的重要举措

提高居民收入，特别是扩大中等收入群体，既是人民对美好生活的向往，也是保持经济社会活力的重要举措，更是实现共同富裕的根本要求。增加居民收入，扩大中等收入群体，能够推动实现全体人民共同富裕取得更为明显的实质性进展，有助于推进实施扩大内需战略。党的十九届五中全会通过的《建议》提出，在“十四五”时期“着力提高低收入群体收入，扩大中等收入群体”，到 2035 年“人均国内生产总值达到中等发达国家水平，中等收入群体显著扩大”。未来 5 年到 15 年，扩大中等收入群体将作为经济和民生工作重点，在调整产业结构、优化工资收入分配结构、落实减税降费政策、完善社保制度等方面多措并举，形成扩大中等收入群体的系统性方案。

一、把扩大中等收入群体规模作为重要政策目标

有效扩大中等收入群体。我国有4亿中等收入人口，绝对规模世界最大。针对如何进一步提高居民收入，“十四五”规划建议把优化工资收入分配结构、完善社保制度作为重要发力点，提出了具体措施，包括完善工资制度、健全工资合理增长机制、着力提高低收入群体收入、扩大中等收入群体等。有效扩大中等收入群体是把发展的目的和手段有机统一的重要要求，有助于把一系列与民生经济相关的改革举措协同起来同步推进。

依靠全面深化改革缩小收入差距。完善初次分配制度，坚持按劳分配为主体、多种分配方式并存，提高劳动报酬在初次分配中的比重，完善工资制度，健全工资合理增长机制，着力提高低收入群体收入，扩大中等收入群体。完善再分配机制，加大税收、社保、转移支付等调节力度和精准性。对中低收入群体，落实减税降费政策、就业创业支持政策、技能提升政策以及居民增收措施。对既有的中等收入群体，完善医疗保险、养老保险和失业保障等各种社会保障制度，加快教育、医疗和养老等方面的改革，通过降费稳定广大中等收入群体。

完善按要素分配政策制度，健全各类生产要素由市场决定报酬的机制。把按劳分配和按生产要素分配结合起来，健全知识、技术、管理、数据等生产要素由市场评价贡献、按贡献决定报酬的机制。探索宅基地所有权、资格权、使用权三权分置实现形式，保障进城落户农民土地承包权、宅基地使用权、集体收益分配权。探索通过土地、资本等要素使用权、收益权增加中低收入群体的财产性收入。

在发挥第三次分配作用、发展慈善事业、改善收入和财富分配格局等方面深化改革，使其朝着有利于增加居民收入的方向进行。提高基本公共服务均等化水平，减轻居民在住房、教育、医疗、养老、育幼等方

面的支出压力。

二、通过增加就业来增加中等收入群体收入

进一步稳定和扩大就业。就业是最大的民生，也是扩大中等收入群体之源。“十四五”时期要落实好强化就业优先政策，坚持经济发展就业导向，扩大就业容量，提升就业质量，促进充分就业，保障劳动者待遇和权益。

千方百计保护好市场主体，促进充分就业。习近平总书记在企业家座谈会上强调：“这些市场主体是我国经济活动的主要参与者、就业机会的主要提供者、技术进步的主要推动者，在国家发展中发挥着十分重要的作用。”[①] 市场主体是就业机会的主要提供者，要深化体制改革，优化市场环境，为市场主体创造更好的生存与发展机会，增强经济韧性和活力，保证充分就业。针对服务业吸纳就业能力强的特点，加大对批发零售、住宿餐饮、交通运输、建筑环卫、文体旅游、娱乐会展等劳动密集型企业的支持力度，进一步减轻其税费负担，降低其融资成本，发挥这些行业社会需求大、解决就业多的优势。

实现扩大就业，要依靠更多新增市场主体，让更多新市场主体成长起来，创造更多的用工需求和就业岗位。2020 年 7 月，国家发改委、中央网信办、工业和信息化部等多个部门联合下发了《关于支持新业态新模式健康发展激活消费市场带动扩大就业的意见》，意见提出积极培育新个体经济，努力开辟就业新空间。要支持微商电商、网络直播等多样化的自主就业、分时就业，引导互联网平台企业健康发展，吸引更多个体经营者线上经营创业。通过产业结构优化、创新创业支持等途径为劳动者提供更多稳定的就业机会。

---

① 习近平：《在企业家座谈会上的讲话》，《人民日报》2020 年 7 月 22 日。

三、千方百计增加农民收入

实现农民收入的稳定增长，关系到扩大国内需求和经济持续增长，是国民经济发展全局的一个重要问题。千方百计增加农民收入，是“三农”全部工作的出发点和落脚点，是以人民为中心的发展思想在“三农”领域的具体体现。解决农民收入问题，必须多措并举，既要从农业内部挖掘潜力，又要从农业外部寻找途径，既要立足当前，又要着眼长远，寻求解决农民增收问题的长效机制。

（一）加快农业劳动力向非农产业转移

通过农村剩余劳动力向非农领域和城镇转移，扩大农民的就业门路，拓宽农民增收渠道。外出务工是农村剩余劳动力向非农产业转移的一种就业方式。外出务工不仅解决了城市劳动力缺乏问题，加快了城市的经济发展，更重要的是增加农村居民的收入。要不断提高农民科学素质的培训教育体系，提高农民自我发展能力。鼓励农民工返乡创业，发展现代农业、农产品加工业、商贸流通业和乡村旅游业。鼓励和支持拥有工作技能和管理经验的农业劳动者，在农村发展乡镇企业或者自己创业，既解决了农村剩余劳动力就业问题，也活跃了农村市场经济。

（二）推动农村人口向城市转移

通过新型城镇化建设，转移农村人口，努力增加农民人均占有资源量，这是促进国民经济良性循环发展和社会协调发展的重大举措。我国正处在人类历史上最大规模的城市化过程中，大批农村剩余劳动力从农业转移到二三产业，大批人口从农村转移到城镇，这是历史趋势。我们的体制和政策应顺应和推动这一趋势而不是相反。2020 年，我国城镇化率超过 60%，在我国城镇化率达到 80% 这一发达国家平均水平前，人口的流动不可能停止。资源配置、基础设施建设、产业发展、公共服务等都要适应这一要求。取消或者降低农民工进城落户的限制，把农民工纳入城市保障房覆盖范围，包括共有产权房、新市民租赁房等，让进城落户的农民工和家属平等享受市民的公共服务。强化农业转移人口职业技能培训，使农业转移人口具备获取长期工作机会和提升收入水平的能力。

（三）在建立健全城乡融合发展进程中促进农民增收

党的十九大进一步提出实施乡村振兴战略，建立健全城乡融合发展的体制机制和政策体系，让广大农民平等参与现代化进程、共同分享现代化成果。建立城乡一体化的要素市场，促进各类生产要素在城乡之间双向自由流动，发挥市场对资源配置的决定性作用。适应城乡融合发展的需要，积极推动科技、教育、旅游业等领域与农业合作，发展生态农业、有机农业、教育农业、休闲农业、旅游农业等多样的经营模式，让农民受益。通过跳出农业发展农业，拓展农业发展的生产空间、规模空间、功能空间，实现农民新的创收空间。

（四）有序推进农村土地制度改革

提高农民的收入，从根本上说，要靠提高农业劳动生产率，而提高农业劳动生产率就必须扩大土地经营规模。破除农民在农用地、宅基地和房屋上获得收益的一系列障碍，保证农村土地经营权规范、有序流转，推进农业适度规模经营。在土地所有权归村集体的前提下，允许农户凭借承包权将经营权有偿转让，这样既可使农户获得财产性收入，又有利于发展土地规模化经营。

（五）增加农民经营性收入

统筹提高农业效益和增加农民经营性收入。在生产环节，通过科技创新把先进技术在农业上推广应用，着力引导农民以生产无公害、绿色、有机农产品为重点，积极发展优质高产高效种植业。提高农产品深加工水平和发展农产品保鲜、储运、销售等产业，延长农产品产业链，提高农业综合经济效益。以农业为核心，发展农村第二、三产业，使农民不仅从生产环节获益和创收，也要从加工和流通环节中获益和创收。要结合区域和产业特点，发挥比较优势，提高农产品国际竞争力，进一步开拓农产品的国际市场。通过大力发展现代特色农业，拓宽农业经营主体增收渠道。

（六）增加农民的转移性收入

履行好政府的再分配调节职能，加快建立和完善城乡统一的社会保障体系，促进农民转移性收入增加。积极推动二次分配向农业农村倾斜，加大对农村农民的财政转移支付力度、税收调节力度和对农机、农资的补贴力度。

第五章

坚持以供给侧结构性改革为主线

《建议》明确提出要“以深化供给侧结构性改革为主线”。这是以习近平同志为核心的党中央深刻把握国内国际经济社会发展规律和阶段性特征，着眼不断提升我国经济竞争力、发展力、持续力作出的重大战略决策。供给侧结构性改革自 2015 年首次提出，从强调“三去一降一补”，要求继续深化，到强调“破、立、降”，提出“巩固、增强、提升、畅通”，一直处于深化之中。《建议》重申这一主线，就是在更长的时间线上给我国经济领域改革划定了重点方位，必将为我国加快实现经济社会高质量发展、加速构建新发展格局提供强大动力，带来深远影响。

第一节　经济结构转换不断释放经济增长新动能

供给侧结构性改革，是重在用改革的办法推进经济结构调整，以实现要素资源的优化配置，提高供给体系的质量和效率。经济结构包括城乡结构，区域结构，一二三产业结构，投资消费的比例结构，土地、劳动力、资本、技术、数据等要素结构，同一产业或产品的内部结构等诸多方面。它们之间不是孤立的，而是相互关联、相互作用的一个系统。实践表明，经济结构转换蕴含着推动经济增长的巨大能量。我国经济之所以能够创造世界瞩目的奇迹，关键在于通过不断深化改革推动了经济结构的不断转换，从而释放出经济增长的新动能，促进了经济的持续快速健康发展。

党的十八大以前，我国主要经历了三次大的经济结构转换。第一次是在 20 世纪 80 年代，即国家“六五”“七五”计划时期。当时，人们的吃穿还成问题，日用消费品十分紧缺，所以改革初期是从解决短缺问题开始的，通过农村改革和大力发展乡镇企业，重点增加社会急需的农产品、轻纺产品和其他日用工业品的生产。这一时期发展的突出特征是农业和轻纺工业成为重要的增长点，带动了整个国民经济的腾飞。第二次是在 20 世纪 90 年代，即国家“八五”“九五”计划时期。党的十四大提出建立社会主义市场经济体制的改革目标；党的十四届三中全会通过的《中共中央关于建立社会主义市场经济体制若干问题的决定》，提出市场经济体制的框架体系，明确国有企业要建立现代企业制度。这是我国经济体制改革的重大突破，与此相应，“九五”计划提出振兴电子机械、石油化工、汽车制造和建筑业四大支柱产业，一批国有企业和民营企业在振兴支柱产业中迅速发展壮大。这一时期发展的突出特征是重工业的增长速度明显高于轻工业，重工业在工业中的比重迅速上升，工业产品的附加值和技术含量不断提高，在解决人们住行等问题的同时，带动了中国经济的持续增长。第三次是在21世纪的第一个10年，即国家“十五”计划和“十一五”规划时期。党的十六大提出要建成完善的社会主义市场经济体制和更具活力、更加开放的经济体系，党的十六届三中全会通过的《中共中央关于完善社会主义市场经济体制若干问题的决定》，进一步明确深化改革的社会主义市场经济方向，确立以经济结构的战略性调整为主线，使得经济活力进一步迸发。这个时期，我国通过发行长期债券，用10年时间使高铁网、高速公路网和信息网成为世界第一，农田水利、城乡电网改造、城市基础设施建设等投资力度加大，在拉动经济高速增长的同时，也为长远发展积聚了后劲。所以，进入21世纪之后我国经济出现了长达10年的黄金增长期。

党的十八大以来，我国开启了经济结构的第四次大转换。在21世纪的第二个10年，即国家“十二五”“十三五”时期，我国进入全面深化改革阶段。党的十八届三中全会通过的《中共中央关于全面深化改革若干重大问题的决定》，明确经济体制改革是全面深化改革的重点，核心问题是处理好政府和市场的关系，使市场在资源配置中起决定性作用和更好发挥政府作用，重要的着力点就在于推进经济结构的战略性调整。党的十九大报告强调我国经济已由高速增长阶段转向高质量发展阶段，正处在转变发展方式、优化经济结构、转换增长动力的攻关期，必须坚持质量第一、效益优先，以供给侧结构性改革为主线，推动经济发展质量变革、效率变革、动力变革。2020年颁布的《中共中央国务院关于新时代加快完善社会主义市场经济体制的意见》，进一步明确坚持以供给侧结构性改革为主线，更多采用改革的办法，更多运用市场化法治化手段，加大结构性改革力度，创新制度供给，不断增强经济创新力和竞争力。在一系列重大改革举措的推动下，我国经济结构调整取得突破性进展，经济增长由速度数量型加快向质量效益型转变。在投资与消费结构上，2019年最终消费支出对国内生产总值增长的贡献率达到57.8%，高于资本形成总额26.6个百分点，消费已经成为拉动经济增长的最大动力。在产业结构上，通过全面实行营改增以降低第三产业企业税负等措施，鼓励第三产业发展。2019 年第三产业占 GDP 的比重已经上升到 54.5%，产业结构进一步优化。在要素结构上，科技研发投入不断增加，技术成果开始成批涌现。据世界知识产权组织（WIPO）数据，2019 年我国专利申请高达 58990 项，数量首次跃居世界第一位。在创新驱动下，我国高技术制造业、战略性新兴产业和装备制造业都在快速崛起，2019 年三项增加值分别较上年增长 8.8%、8.4% 和 6.7%。以创新求发展已成为全社会的共识，技术进步对经济增长的贡献率不断提高。

由上可以看出，经济结构转换是以改革为根本动力的，我国的改革始终是坚持问题导向、目标导向的。改革开放后的相当长时期内，我国社会的主要矛盾是人民日益增长的物质文化需要同落后的社会生产之间的矛盾，这个时期首要的是解决有没有的问题，所以更多关注的是速度和数量。进入新时代，我国社会的主要矛盾已转变为人民日益增长的美好生活需要和不平衡不充分的发展之间的矛盾，必须坚持以人民为中心的发展思想，不断促进人的全面发展、全体人民共同富裕，这个阶段首要的是解决好不好、优不优的问题，所以更多关注的是质量和效益，推动高质量发展成为经济社会发展的主题。同时也要看到，推动经济结构转换的主要抓手在供给侧，不同时期经济结构调整的重点不同，其转换是一个梯次递进、不断优化的过程。

在新发展阶段加快构建新发展格局，标志着我国开启了第五次经济结构大转换。习近平总书记指出，“构建新发展格局的关键在于经济循环的畅通无阻。必须坚持深化供给侧结构性改革这条主线，继续完成‘三去一降一补’的重要任务，全面优化升级产业结构，提升创新能力、竞争力和综合实力，增强供给体系的韧性，形成更高效率和更高质量的投入产出关系，实现经济在高水平上的动态平衡。”[①] 这就为当前

① 习近平：《深入学习坚决贯彻党的十九届五中全会精神 确保全面建设社会主义现代化国家开好局》，《人民日报》2021 年 1 月 12 日。

和今后一个时期深化供给侧结构性改革，进一步推进经济结构优化调整指明了方向。当前影响经济循环畅通的主要矛盾在于，供给创造和引领需求、需求牵引供给的良性互动格局尚未形成。从供给侧结构性改革看，我国产业链早已融入全球化，既为全球制造提供中间产品，自身许多重要产品的生产也有赖于国际分工合作得以实现。但在产业分工的链条上，我国总体上还处在中低端。随着近几年国际上单边主义、保护主义、霸凌主义抬头，贸易战、科技战愈演愈烈，我国不少产业产品在关键核心部件上被“卡脖子”，生产体系内部循环不畅和供求关系脱节的问题凸显出来。供给侧结构性问题基本上都是中长期问题。增强供给侧与需求侧的适配性，推动总供给和总需求在更高水平上实现动态平衡，必须坚持各领域改革都向供给侧聚神聚力，同一领域改革都沿供给侧持续用力。

深化供给侧结构性改革必须坚持系统观念，善于抓住主要矛盾和矛盾的主要方面。在奔向 2035 的复兴之路上，抢抓新一轮科技革命和产业变革的历史性机遇，持续提升我国创新能力和竞争力，最优选择在于大力发展战略性新兴产业，最大潜能在于持续加大新型基础设施建设投资力度。增强国内有消费能力的需求，不断满足人们对美好生活的需要，最大动能将来自推进城乡结构调整、实施乡村振兴战略，最需补足的短板在于公共产品和公共服务供给。抓住这几个方面的主要矛盾，统筹施策、综合发力，就能为经济社会发展带来蓬勃生机、注入强大动力，就能够加快构建起新发展格局，确保社会主义现代化建设这艘巨轮动力十足地驶向复兴的光辉彼岸。

第二节　通过乡村振兴释放最大经济增长新动能

未来 30 年，是我国建设社会主义现代化强国的新发展阶段。国际经验表明，没有农业农村的现代化，就不会有整个国家的现代化。当前，我国经济社会发展中还存在地区差距、城乡差距、收入差距这几块难啃的“硬骨头”。这些都是在长期发展中积累形成的不平衡不充分的问题。其中，我国发展最大的不平衡是城乡发展不平衡，最大的不充分是农村发展不充分。《建议》提出全面实施乡村振兴战略，强化以工补农、以城带乡，推动形成工农互促、城乡互补、协调发展、共同繁荣的新型工农城乡关系，加快农业农村现代化。这预示着我国农民的收入水平将加快赶上城市人口的收入水平，农业劳动生产率将加快赶上社会平均劳动生产率，在带来我国历史性巨变的同时，必将释放出经济增长的强劲动力。

加快农业现代化建设孕育着经济增长新动能。近些年虽然我国农业取得长足发展，但总体上农业生产的专业化、标准化、集约化不够，有些农产品增产还以牺牲生态环境为代价；新型农业经营主体和服务主体发展还相对滞后，农业深加工不够，农产品的附加值还不高；农牧种业方面科技投入不足，洋种子还占据着高端蔬菜市场等。农业发展中的差距，一定程度上就是经济增长的潜力。加快推进农业现代化建设，在农产品方面，将大力发展绿色农业、品牌农业、质量农业，推进优质粮食工程。尤其在农牧种业方面，通过加大科技研发投入力度，实施种源“卡脖子”技术攻关、加强种源保护和利用，将进一步提高种业创新能力和良种化水平。在农业产业方面，将采用先进的科学技术和大型农业机械，推进规模化种养殖和深加工，着力延长产业链、提升价值链；将加快推进农业物联网、农村电商、共享农业等发展，着力畅通供应链、提升产品流通效率。在经营主体方面，农民合作社和家庭农场等新型农业经营主体会大量涌现，从而把小规模经营的农户引入专业化、社会化的生产体系，推动小农户与现代农业发展有机衔接。这个过程将激发大量农业机械、加工设备、农业设施和水利建设等投入，从而有力带动经济增长。

加快乡村建设孕育着经济增长新动能。长期以来，我国社会发展滞后于经济发展，主要表现在农村的公共服务和基础设施建设严重落后于城市，农村的人居环境比较差，生态环境压力加大。《建议》明确把实施乡村建设行动摆在社会主义现代化建设的重要位置，预示着未来15年，国家将集中各方面力量、调动各方面资源去大力补齐农村基础设施、人居环境、公共服务等方面的短板。乡村水、电、路、气、通信、广播电视、物流等基础设施将进一步完善，农村居民住房将进一步改善，生活垃圾和污水将得到进一步治理。在加快建设数字中国的大背景下，乡村的数字化建设也会同步展开，农村互联网建设力度将不断加大，农村居民生活数字化水平将得到极大提升。与此同时，乡村教育、医疗养老、文化建设、人才培育等方面的公共服务投入都会大幅提高。这里孕育着上万亿元的投资需求，将成为未来经济增长的重要拉动力量。

农村要素市场化改革孕育着经济增长新动能。导致城乡差距拉大的根本原因，是城乡市场发育程度不同。城市的各类生产要素都已经市场化了，农村却处在半市场化或非市场化状态。《建议》明确提出要健全城乡融合发展机制，推动城乡要素平等交换、双向流动；健全城乡统一的建设用地市场，积极探索实施农村集体经营性建设用地入市制度，探索宅基地所有权、资格权、使用权分置实现形式等。这抓住了制约农村发展的关键，今后一个时期重点是深化细化改革举措，推动这些政策措施落地见效。应加快建立城乡统一的全要素市场体系，发挥市场对城乡资源配置的决定性作用。加快改革农村土地制度，让农民凭借对农村土地的用益物权，可以通过抵押、担保、转让、入股等多种途径，获取财产性收入。加快建立资本下乡安全保障和互惠互利机制，不断完善资本、技术与农村土地、劳动力等要素有效结合的方式，创造条件把更多的城市资本、技术和人才吸引到乡村振兴中来。未来各种要素资源按照市场经济规律不断向乡村流动的过程，必将成为我国经济结构持续优化、经济增长新动能持续释放的过程。

加快县域经济发展孕育着经济增长新动能。推进乡村振兴，必须找准城乡融合的结合点，把城市经济和农村经济结合起来，形成优势互补。县域经济在承接产业转移、优化经济结构、吸纳农村剩余劳动力、辐射带动农村发展等方面发挥着重要作用，是推进乡村振兴最有力的抓手。我国东部地区与中西部、东北地区的发展实践也表明，凡是经济比较发达、城乡居民收入差距比较小的地方，基本都是县域经济发展比较充分的地方。当前，我国多数地区的县域经济中，普遍以中小微企业为主，产业缺乏竞争力。在新时代，支撑我国县域经济的外部条件、资源环境、产业结构、发展动力等都在发生重大变化，推动县域经济发展的思维理念、产业选择、目标定位等也要跟上时代步伐。发展县域经济必须树立“绿水青山就是金山银山”的发展理念，注重发挥区位、资源优势，主动拥抱科技创新、数字化发展，扬长避短、突出特色，不断提升产业发展的质量和水平。必须与发展特色小镇经济结合起来，发挥特色小镇凝聚要素资源、带动产业融合发展的积极作用。农民工市民化是大势所趋，要创造条件让县城和特色小镇成为农民进城落户创业的重要平台，通过劳动力要素资源的有序流动，双向提高城乡劳动生产率。

总之，如果说前 40 多年我国主要依靠工业化、城市化拉动了经济增长，今后一个时期，农业农村的现代化必将成为推动我国经济增长新的强大动能。一旦乡村振兴这个最大动能释放出来，人民群众的生产生活水平就一定会实现一个质的飞跃，一个现代化的充满蓬勃生机和活力的中国就会以昂然的姿态展现在世界面前。

第三节　扩大对公共产品和公共服务的投入

公共产品和公共服务，诸如教育、卫生、交通、供电、供水、生态环保、社会保障、国防、司法等，与每个人的生活都息息相关。一个国家公共产品与公共服务的供给能力和水平，直接关系着人民群众幸福指数的高低。长期以来，我国公共产品和公共服务的投资主要依靠政府，由于政府财力相比需求有较大缺口，带来公共产品和公共服务的供给严重不足，成为我国经济社会发展中的一块突出短板。《建议》提出“十四五”时期基本公共服务均等化水平明显提高的经济社会发展主要目标，到2035年基本公共服务实现均等化的远景目标。这就为我国供给侧结构性改革明确了一个重要的着力点。加快补上公共产品和公共服务长期供给不足的短板，既有利于扩大相关领域的投资需求从而拉动经济增长，也有利于让更多的群众敢于花钱，从而释放消费需求潜力，还有利于降低市场经营主体的运营成本，不断提升经济循环效率。

在财力有限的情况下，增加公共产品和公共服务的供给，需要统筹兼顾、突出重点。未来15年，我国经济社会发展中的突出矛盾将会集中反映在人口和环境上。从人口看，一是随着我国劳动年龄人口持续下降，适应经济社会高质量发展趋势，亟待推动传统劳动力资源向人力资本转型。这就需要加强对职业教育和高等教育的投入。二是我国人口出生率已远低于满足世代更替的总和生育率，不少年轻人出于对子女抚养成本的考虑，不敢生不愿生，亟待加强对幼儿园和义务教育的投入，最大限度地减轻年轻人对生育的后顾之忧。三是我国正加快进入老龄化社会。有数据显示，我国到2023年65岁以上的人口将占到14%，到2035年65岁以上的人口将超过20%。这将使我国进入深度老龄化和超高老龄化阶段。这个阶段对医疗、养老等公共产品和服务的供给提出更高要求。从环境看，一方面，过去以大量能源资源投入为代价的增长已对环境造成巨大破坏，为实现2030年碳达峰、2060年碳中和目标，环保要求还会越来越高；另一方面，随着人们越来越富裕，对空气、水、自然环境等方面的要求也在提高。这就需要加快解决废气排放、黑臭水体、垃圾处理、土地污染等问题。此外，突发公共卫生安全事件暴露出的医疗卫生领域公共产品短缺问题，当前农村公共产品和公共服务投入严重不足的问题，大城市轨道交通建设滞后、停车难问题等也都是需要重点关注解决的问题。

扩大教育、医疗、养老等领域公共产品和公共服务投入，既要更好发挥政府作用，又要充分发挥市场机制作用。从政府角度看，按照公共财政的要求，不断优化财政支出结构，增加对相关领域包括公共卫生安全领域基本公共服务的投入，扩大公共产品的有效投资。科学划分中央和地方政府间事权与支出责任，结合推进税制改革，健全省以下财政体制和收入来源，不断增强基层公共服务保障能力。不断加大转移支付力度，逐步增加对欠发达地区的财力支持，推进实现基本公共服务均等化。从市场角度看，公共服务类建设项目一般投资回收能力都比较差，可通过给予特许经营权，给予财政补贴、税收优惠、融资支持等办法引导更多社会资本进入。比如，城际高铁、城市轨道交通等资金需求量大的项目，可允许建设企业在沿线站点周围进行商业房地产开发，用商业收益弥补运营亏损。对于养老院、幼儿园等，可采取公建民营、民建公补等形式。只要给予一定政策，使投资得到合理回报，就能吸引大批社会资本进入，弥补公共财政投入不足的问题。

扩大生态环保领域公共产品和公共服务投入，既要发挥我们的制度优势，更要重视加快建立生态产品价值实现机制，完善市场化、多元化生态补偿。生态产品多数属于公共产品，单靠市场的力量，生态产品很难销售出去，产品的价值难以通过市场交换得以实现。因为出于理性，企业不会选择做亏本的买卖。只有把市场机制的作用同政府作用有机结合起来，使投资生态产品也能获得合理回报，才能形成把环保产业打造为支柱产业的有效机制。为此，对于不能通过市场交换实现其价值的公益性生态产品，可由政府制定统一的排放标准和环境标准，严密监测、严格监管。对已经形成的存量污染物的治理，可通过政府与企业合作加以解决。政府在科学评估基础上制定相应的补偿政策，通过招投标吸引国内外企业参与投资和治理。围绕实现碳中和目标，可通过实施功能性产业政策，鼓励供给侧结构性改革；围绕鼓励资源节约型消费方式，可开展绿色生活创建活动，在需求端形成对经济社会发展全面绿色转型的强大拉动力。

扩大农村领域公共产品和公共服务投入，关键在于加强城乡统筹，加大公共资源向农村倾斜力度。进一步健全农村基础设施投入长效机制，着力促进城乡基础设施互联互通、共建共享，推动城市教育、医疗、卫生、文化、社会保障等公共服务全方位向农村辐射。大力推动乡村建设与数字化社会建设结合起来，充分利用“互联网 +”等信息技术和手段，促进公共服务资源实现城乡共享。

第四节　加快战略性新兴产业发展

全球每一次科技上的重大突破都会催生大量新兴产业。战略性新兴产业具有科技含量高、带动性强、发展潜力大的特点，使其成为一个国家提升竞争力、发展力、持续力，抢占国际经济科技发展制高点的必然选择。《建议》明确提出发展战略性新兴产业，加快壮大新一代信息技术、生物技术、新能源、新材料、高端装备、新能源汽车、绿色环保以及航空航天、海洋装备等产业。推动互联网、大数据、人工智能等同各产业深度融合。明确要发挥投资对优化供给结构的关键作用，扩大战略性新兴产业投资。这为今后一个时期我国战略性新兴产业的发展指明了方向，给出了路径。

科技创新是推动战略性新兴产业腾飞的“金钥匙”。习近平总书记指出：“关键核心技术是要不来、买不来、讨不来的。只有把关键核心技术掌握在自己手中，才能从根本上保障国家经济安全、国防安全和其他安全。”[①] 近些年，我国在科学技术创新方面取得很大进步，如世界知识产权组织（WIPO）数据显示，在全球创新领域我国排名第 14 位，是

① 习近平：《在中国科学院第十九次院士大会、中国工程院第十四次院士大会上的讲话》，《人民日报》2018 年 5 月 29 日。

唯一进入全球创新指数前30名的中等收入经济体。但也要看到，我国在关键核心技术领域还存在突出短板。比如，我国5G技术虽然走在了世界前列，但支撑5G的高端芯片、集成电路主要还依赖进口；虽然大飞机制造已迈出可喜步伐，但大到航空发动机，小到飞机轮胎、起落架的轴承钢等自己都造不出来。再如，我们到许多制造业企业去考察，看到的生产线都很先进，但其使用的大型装备、数控机床等几乎都进口于德国、日本等。相比美欧日等，我国总体上基础研究还比较滞后、核心技术储备不足，关键材料、核心零部件、基础软件等多依赖进口，不少领域存在“卡脖子”风险。发展战略性新兴产业，必须坚持以供给侧结构性改革为主线，紧紧扭住科学技术创新这个根本，集中力量突破集成电路、核心电子元器件、基础软件等领域前沿技术和关键核心技术。如果我国能够补上这些短板，同时瞄准人工智能、量子信息、生命健康、脑科学、生物育种、空天科技、深地深海等前沿领域集中攻关，不仅能够打破一些国家对我国高科技领域的战略遏制和封锁，还会在一些领域实现并跑、领跑，使我国在全球竞争中赢得主动、抢占先机。

以科技创新推动战略性新兴产业发展，既要发挥我国新型举国体制优势，也要激发市场主体的积极性、主动性、创造性。要注重提升企业技术创新能力，强化企业创新主体地位，促进各类创新要素向企业集聚，对企业开展基础研发、关键核心技术攻关给予税收优惠和财政补贴。当前，我国金融对科技创新的供给还严重不足。“十四五”时期，应加快推进金融供给侧结构性改革，为科技型、创新型企业提供充足的资金支持。重点是要发挥政策性金融的杠杆效应，通过建立健全多层次广覆盖的政策性担保体系，鼓励和支持银行等金融机构介入高科技产业技术创新领域；加快推动国有商业银行深化改革，针对服务科技创新进行金融创新；大力发展多层次资本市场，既发展定位于高成长和高科技企业的创业板市场，为高新技术产业企业提供上市融资便利，又注重完善新三板、新四板等场外市场，适时推动市场内部分层；大力发展股权投资市场，构建以天使投资、风险投资、股权投资为主的投资链条，推动以较低的成本为创新型高技术企业在生命周期的各阶段提供连续服务。

集群式融合式发展是推进战略性新兴产业发展的重要途径。发展战略性新兴产业，离不开丰富的人力资源、先进的技术装备、多渠道资本支持体系、配套的数字及创新基础设施、富有效率的经济服务组织等。优先培育和大力发展一批战略性新兴产业集群，有利于构建起以大型科技型、创新型企业为龙头，上下游相关企业共同协作、良性互动的高效创新体系，形成一批各具特色、优势互补、结构合理的战略性新兴产业增长引擎；有利于通过集群的互补优势、溢出效应，加快补齐高端装备制造、数控机床、新材料、核心部件等方面的短板，加快培育新技术、新产品、新业态、新模式，构建起安全高效的战略性新兴产业供应链体系；也有利于集中获得有利的制度政策供给，从而降低生产经营成本，提高企业生产经营效率。新一代信息技术产业是战略性新兴产业发展的排头兵。应加快信息网络技术与制造业的深度融合，推动我国制造业质量变革、效率变革、动力变革；加快数字化、智能化技术与研发、设计、生产、流通、消费等经济运行中的各环节深度融合，以新一代信息技术为各行业发展赋能，不断提升我国经济运行的质量和效率。

应把高端装备制造业和高端芯片研发制造作为战略性新兴产业发展的突破口。航空航天、海洋工程、汽车制造、智能制造、先进轨道交通等高端装备制造，涉及门类广、产业链条长，对于我国加快打造现代产业体系起着决定性作用。目前，我国在汽车制造关键设备、精密数控机床等方面还落后于美日德等国家，成为制约我国产业跃升的重要瓶颈。推进深化供给侧结构性改革，在投资领域应重点向高端装备制造业倾斜，加大投入，加强研发，加快发展，努力抢占世界制高点、掌控技术话语权。发展高端装备制造业，应推动形成政府牵头，龙头企业、高等院校、科研院所共同参与的机制，推动建立装备制造业产业技术联盟，集中各方面力量合力攻关。对高端芯片研发制造，应加强顶层设计、统筹协调，依靠新型举国体制优势集中攻关，注重给国产芯片更多使用机会，推动国产芯片在使用中完善、迭代、创新。同时，也要防止各地一哄而上，盲目投资造成浪费。

第五节　增加新型基础设施建设投资

在新一轮科技革命推动下，人类社会正在由工业社会向数字社会转型。新型基础设施建设作为制造强国和网络强国的重要支撑，已成为我国实现高质量发展的重要基石。2018 年的中央经济工作会议，明确新型基础设施建设包括 5G 基建、特高压、城际高铁和城际轨道交通、新能源汽车充电桩、大数据中心、人工智能、工业互联网 7 个领域。2019 年 4 月，国家发改委进一步明确新型基础设施建设包括信息基础设施、融合基础设施、创新基础设施。其中，信息基础设施主要是指以 5G、物联网、工业互联网、卫星互联网为代表的通信网络基础设施，以人工智能、云计算、区块链等为代表的新技术基础设施，以数据中心、智能计算中心为代表的算力基础设施；融合基础设施主要是指智能交通、智慧能源、智慧电网等深度应用互联网、大数据、人工智能等技术，支撑传统基础设施转型升级的设施项目；创新基础设施主要是指支撑科学研究、技术开发、产品研制，具有公益性质的重大科技、科教、产业技术创新基础设施及国家重点实验室等。这三方面基础设施既是当前产业和科技创新的前沿，又是提升经济社会运行效率、确保抢占经济科技制高点的基础工程。

新型基础设施建设投资，正在为我国经济社会发展带来“三新一高”的巨大变化。一是为经济增长注入了新动能。新型基础设施建设投资是技术密集型、资本密集型投资，不仅有效扩大当期需求，还对未来发展产生巨大影响，积聚起经济增长新动能。据预测，未来 5 年我国的“新基建”投资额将高达 10.6 万亿元；未来 10 年仅大数据处理中心、物联网、5G 基站等投资额就会高达 10 万亿元的规模。这些投资还会带动相关领域更多的资金投入，从而有力拉动经济持续增长。二是为生产经营领域提供了新要素。党的十九届四中全会首次把“数据”作为与劳动力、资本、土地、知识、技术、管理并列的生产要素提出。现在如同全球知名咨询公司麦肯锡所讲的，“数据，已经渗透到当今每一个行业和业务职能领域，成为重要的生产因素。人们对于海量数据的挖掘和运用，预示着新一波生产率增长和消费者盈余浪潮的到来”。而海量数据的生成、存储、计算、运用等，都有赖于新型基础设施建设。三是为经济领域催生大量新业态。随着新一代信息技术的迅猛发展和新型基础设施建设的加快，线上办公、线上购物、线上教育、线上医疗，云课堂、云视频、云商贸、云签约、云医药、云游戏，智慧城市、智慧社区、智能家居、智慧物流等已经广泛走入人们的工作和生活。四是为生产领域带来了高效率。“新基建”正加速推进工业互联网、物联网、移动互联网等发展，这有利于制造业资源的高效协同和优化配置，既有效提高微观企业运营效率，又在更大范围产生协同效应，提升整个工业生产率。

同时也要看到，我国数字经济发展趋势总体上还处于发展初期，新一代信息技术融入实体经济、改造提升传统产业才起步，新型基础设施配置远远不够，与之相关的硬件产品制造能力和软件产品设计能力还亟待提升，所以新型基础设施建设投资才刚刚进入加速期。当前，各地都在把“新基建”作为投资的重点领域积极布局和推进，在这样一个时期，应把握好投资的方向、策略和来源。

在投资方向上，注重与数字经济发展的大趋势和推动经济社会高质量发展的需求结合起来。以 5G 为基础的大数据、云计算、人工智能、工业互联网，最大的特点就在于其与哪个行业结合就给哪个行业带来颠覆性变化，推动这个行业实现质的飞跃。应主动与做强优势领域相结合，在平台经济、共享经济等领域进一步加大研发投入，推动制定国际标准，加快相关基础设施建设，从而为数字经济发展助力；与生产领域特别是制造业相结合，构建以工业物联网为基础、以工业大数据为要素的工业互联网，推动形成新的工业生产制造和服务体系，赋能传统制造业，推动产业智能化转型；与改造传统基础设施相结合，通过加大公用设施、建筑、电网、地下管网等物联网应用和智能化改造投资，加快智慧城市建设，提高城市治理效能；与打造基于政务云的公共创新服务平台相结合，提升中小企业创新服务水平，探索基于区块链的跨境支付平台建设，为产业集群发展和产业链创新赋能；与生态环保和补齐民生短板相结合，助推绿色发展和民生改善，更好地满足人民对美好生活的需要。

在投资策略上，注重适度超前、加强统筹。新型基础设施投资规模大、建设周期长，只有先行一步，才能有效满足未来快速增长的市场需求。所以既要加快 5G 等新型基础设施建设，还要紧盯全球 6G 发展趋势，提前做好 5G 向 6G 升级的预案。在区域布局上，应加强统筹协调，注重结合区域发展定位和区域发展战略，找准新基建的优先投资领域，防止各地盲目投资、重复建设。

在投资来源上，注重积极打造多元投资主体。新型基础设施建设不能单纯依靠政府投资，应坚持政府主导、市场为主的原则，既充分发挥国有经济的作用，更注重发挥包括民营企业、外资企业在内的社会资本的作用，努力推动形成多元化投融资体系。应加快明确政府与社会资本合作形成的新型公共基础设施的产权归属，通过保障不同投资主体的合法权益充分调动民间资本投资的积极性。总之，投资新型基础设施建设就是投资中国经济的未来。抓住新一轮科技革命的历史性机遇，加快布局新型基础设施建设，为我国构建新发展格局、实现高质量发展奠定了坚实基础。

第六章

把科技自立自强作为国家发展的战略支撑

近年来，我国科技创新进入从量的积累向质的飞跃、从点的突破向系统能力提升的关键时期，众多领域实现了从跟跑到并跑甚至领跑的转变，创新成果即将迎来爆发式增长的新阶段。与此同时，创新在现代化建设全局中的核心地位更加凸显。

第一节　坚持创新在现代化建设全局中的核心地位

一、我国科技创新取得了显著成绩

过去的 5 年，我国全球创新指数排名从第 29 位上升至 2020 年的第 14 位，研发投入强度从 2.06% 增长到 2020 年的 2.4%，超过欧盟平均水平。国内发明专利授权量连续多年位居世界首位，PCT 国际专利申请量连续两年居世界首位，国际科技论文数量和高被引论文数量均位居世界第二位。中国科学院在衡量基础研究影响力的国际自然指数综合排名中连续 8 年位列全球第一。在基础研究和关键核心技术方面，量子信息、铁基超导、中微子、干细胞、脑科学等前沿领域取得一批标志性、引领性重大原创成果，载人航天与探月、全球卫星导航、大型客机、深地、深海等战略性领域攻克一批“卡脖子”关键核心技术，磁约束核聚变、散裂中子源、500 米口径球面射电望远镜等一批国之重器相继建成运行，国家科技实力得到显著增强。

（一）创新环境大幅提升

激励创新的法律环境、制度环境、市场环境、学风环境初步建立。《专利法》《证券法》《外商投资法》等法律完成修订，创新发展需求得到充分体现。《专利审查指南》两次修订，商业模式、人工智能、大数据等领域的专利申请规则得到完善。实施知识产权（专利）领域严重失信联合惩戒制度，公布严重失信联合惩戒对象名单。出台加强科研作风学风、科研诚信和科技伦理建设系列政策，20 个部门联合出台调查处理规则，43 个部门建立联合惩戒机制，严肃查处学术不端案件，建成覆盖全国的科研诚信信息系统。建立健全“让经费为人的创造性活动服务”的资金管理机制，出台优化科研管理、提升科研绩效的若干措施，改革完善财政科研项目资金管理，突出“松绑 + 激励”，简化预算编制，提高间接费用比例，加大人员绩效激励力度，科研管理“绿色通道”试点完成总结评估，自然科学基金经费使用试点“包干制”。项目评审、人才评价、机构评估改革系统推进，《国家科学技术奖励条例》颁布实施，出台破除“唯论文、唯职称、唯学历、唯奖项”和“SCI至上”的一系列改革举措。

（二）成果转化突破巨大

长期束缚科技成果转化的制度障碍得到破除，极大激发了科研人员的积极性、主动性和创造性。出台系列文件促进科技成果转化，明确由单位自主决定科技成果转化涉及的国有资产使用、处置、评估、收益等事项，鼓励采取股权、期权、分红等方式，使发明人或者设计人合理分享创新收益，很多地方出台政策，允许科技成果转化净收益用于个人奖励的比例达到 70% 甚至 80%，大幅增加了科研人员成果转化收益，实现了“科技成果转化加快、国有资产增值、社会财富增加”的多赢局面。简化国有无形资产管理程序，建立了符合科技成果转化规律的国有无形资产管理模式，科研人员职务科技成果所有权或长期使用权改革开始试点。在符合条件的国有科技型企业实行股权和分红激励政策，对承担关键核心技术攻关任务的国有企业实施突破工资总额限制等一揽子激励措施。全国技术交易市场 2020 年技术合同成交额超过 2.8 万亿元，比上年增长 26.1%。2016 年至 2018 年，单笔技术合同金额过亿元的超过 45 项。

（三）科研体系更加高效

遵循规律、激励相容的科研制度体系加速形成。强化对基础科学的长期稳定支持，建立自由探索的基础研究和国家目标导向基础研究的衔接机制，对国家自然科学基金实行系统性改革，2019 年基础研究占全社会研发投入比例首次达到 6%。实施关键核心技术攻关“713”工程，对项目形成机制和组织实施机制进行了集中性、大幅度的改革，以结果为导向签订“军令状”，实行“里程碑”式过程管理。教育部将中央高校基本科研业务费作为高校基本拨款，有效缓解了高校科研人员特别是青年科研人员长期以来缺乏稳定自主科研经费支持、经费竞争压力过大的困境。持续扩大高校和科研院所科研自主权，在落实科研经费“包干制”、优化科研仪器设备采购流程、科研单位自主设岗等方面形成了一批措施有力、操作性强的先进经验。2000 余家面向市场、机制灵活、投资多元的新型研发机构在全国各地蓬勃发展，仅浙江宁波就已建成产业技术研究院 69 家。

（四）人才资源量质齐升

规模宏大、结构合理、素质优良的创新型科技人才队伍初步形成。2019 年，我国研发人员全时当量达到 461 万人年，稳居世界首位，人才结构进一步优化。2020 年全球 6000 多名“高被引用科学家”中，我国科学家比例达到 12%。对科研人员实行分类管理，制定科研事业单位领导人员管理暂行规定，加大科研项目绩效和成果转化奖励力度，对高层次人才实施更加灵活的收入分配制度。全面落实院士退休制度。实现外籍高端人才签证、工作许可、永久居留等机制转换衔接，开展外国高端人才服务一卡通试点，截至 2020 年 10 月发放外国人才来华工作许可证 72 万多张。2019 年，中共中央、国务院印发了《关于深化教育教学改革全面提高义务教育质量的意见》，更加注重启发式、互动式、探究式教学。创新高等教育人才培养体系，加快推进“双一流”建设，优化学科专业结构，深化新工科、新医科、新农科、新医科建设，出台研究生教育改革发展意见，构建专业学位研究生双导师制。

二、坚持创新在现代化建设全局中的核心地位

（一）坚持创新核心地位是适应科技进步的必然要求

进入 21 世纪，科学技术发展更加迅猛，学科交叉融合加快，新兴学科不断涌现，技术更新和成果转化的周期缩短，推动了全球产业结构的快速升级和调整。未来的重大科技创新将更多地出现在学科交叉

领域，各类技术之间的相互融合也将更加频繁，新技术改造传统产业的步伐会进一步加快，将会产生新的技术系统变革、重大学科突破以及新一轮的科技革命及产业革命。在科学技术的引领和推动下，人类正经历着从工业社会向知识社会的演进，科学技术不断创造出新的经济增长点，在解决人类可持续发展的一系列重大问题上发挥着日益重要的作用，已成为经济社会发展的基本驱动力和人类财富形成的主要源泉。

谁能掌握新一轮科技革命的原始创新，谁就能在新一轮国际竞争中获得经济科技优势。当代科技发展给我们提出的最大挑战是，原始创新和关键技术的突破将带动新一轮产业革命。自 20 世纪以来，导致人类经济和社会发生翻天覆地变化的新兴产业都与科学技术的重要突破紧密相关。量子理论的诞生，促进了集成电路和激光器的发展；相对论及原子核裂变原理的问世，导致核技术的形成，带动了原子能的应用；DNA 双螺旋结构的阐明，奠定了全新的生物工程技术的基石。每一个原始创新都催生了新的产业方向和新的经济增长点。科技对经济发展的影响，值得特别关注的是，原始创新重大突破有可能颠覆性地替代旧产业。重大科学发现和技术发明具有在原理、技术、方法等方面实现重大变革的突破性特征，能够广泛带动经济结构调整和产业形态重大变革。发达国家的工业化历史反复证明，科技革命的基本特征就是“创造性的毁灭”。重大原始创新往往会摧毁现有产业体系，转换竞争优势，孕育着新的重大发展机遇，培育出新的产业群与经济增长点。

（二）坚持创新核心地位是支撑高质量发展的根本力量

经过改革开放 40 多年来的长足发展，中国已进入高质量发展的新阶段。伴随着经济总量不断攀升和经济社会结构变化，我国产业发展已经进入了工业化中期后段，许多工业化进程中无法回避的问题正逐渐暴露出来。同时，由于国际竞争格局和全球发展环境的变化，若干发展中影响因素变得更加突出，我国未来发展面临更加严峻的挑战。经济增长已接近资源能源约束边界，工业发展的环境代价日益高昂，环境形势更加严峻，劳动者利益和权益保障需求更加迫切，劳动力成本等优势逐渐弱化，我国已进入发展方式转变的关键阶段。

当前，世界经济正处在以信息、生物、新材料、新能源为代表的新一轮产业革命的前夜。尤其是在国际金融危机的大背景下，各主要发达国家加快对新兴技术和产业的部署，力争通过发展新技术、培育新产业、创造新经济增长点，率先走出危机，抢占新一轮经济增长的战略制高点。同时，我国正处于发展和改革、全面建设社会主义现代化国家的新阶段，经济社会发展面临着前所未有的困难和挑战，也面临着一次难得的实现结构转型、增长模式转变的机遇。为应对竞争和挑战，抓住机遇，我们需要果断决策，抓紧各项工作的部署和执行，切实提高自主创新能力，实现科学技术的跨越式发展，积极培育引领未来的战略性新兴产业，为经济社会发展提供源源不断的强大动力。

（三）坚持创新核心地位是破解我国经济发展中各种瓶颈问题的关键所在

我国传统的增长模式难以为继，加快转变经济发展方式，必须依靠和发挥科技的力量，提升核心技术自主创新能力，实现经济发展从要素驱动向创新驱动转变。实施创新驱动发展战略要抓住重大历史机遇。新一轮产业变革与我国加快转变经济发展方式形成的历史交汇，对我国既是重大挑战，也是重大机遇，机会稍纵即逝，不能等待、不能观望、不能懈怠，要审时度势、全盘考虑、抓紧谋划、扎实推进，紧紧抓住和用好新一轮产业革命的历史机遇，实施创新驱动发展战略。实施创新驱动发展战略要构建四维创新体系，创新资源、创新主体、创新机制和创新环境是建设创新体系的四大要素，创新资源是创新活动的基础，创新主体是创新活动的行为主体，创新机制是创新体系有效运转的保证，创新环境是维系和促进创新的保障。实施创新驱动发展战略必须优化科技资源配置，我国科技成果管理体制落后，科技投入分散，开放共享程度低，资源使用效率低，这些问题是科技体制改革中的“硬骨头”。新形势下，实施好创新驱动发展战略，就要围绕优化科技资源配置中的突出问题深化改革。

世界发展的经验和我国改革开放以来的经验表明，只有依靠科技创新，才能有效解决我国发展面临的多方面问题。未来中国的科技发展，必须直面我国在推动经济高质量发展和走新型工业化道路过程中的一系列重大战略需求，必须有力地促进整个国民经济保持高速、稳定的增长，必须为有效地并从根本上解决我国经济社会发展中的瓶颈性约束提供强大的支撑，必须通过加快科技进步，实现我国发展方式转变和经济结构的战略性调整，必须为确保国防安全及公共安全提供有效的科技供给。可以说，中国科技创新对经济社会发展的意义从来没有像今天这样凸显。

第二节　科技创新要坚持“四个面向”

2020 年 9 月 11 日，习近平总书记在科学家座谈会上指出：“坚持面向世界科技前沿、面向经济主战场、面向国家重大需求、面向人民生命健康，不断向科学技术广度和深度进军。”[①] 习近平总书记的重要讲话为深化科技体制改革、推动科技创新发展指明了方向。

一、我国科技创新在“四个面向”方面存在的主要问题

我国科技创新虽然取得了突出的成绩，但对照习近平总书记提出的要求，还有较大差距，包括创新进展不平衡、任务落实不到位、障碍破除不彻底、政策配套不协同、机制构建不完善等方面。

（一）创新体系效能有待进一步提高

科技资源配置效率水平不高，科技创新系统集成能力不强，科研投

---

① 习近平：《在科学家座谈会上的讲话》，《人民日报》2020 年 9 月 12 日。

入水平较低，未能实现《国家中长期科学和技术发展规划纲要（2006—2020 年）》中“到 2020 年，全社会研究开发投入占国内生产总值的比重提高到 2.5% 以上”的目标。

一是国家战略科技力量建设不足。面对日趋激烈的国际斗争，科技领域战略研判、风险防控、斗争准备等方面的薄弱环节日益凸显，科技体系的抗压能力、应变能力、对冲能力和反制能力不足，缺乏召之能战、战之则胜的强大的国家战略科技资源，各类科研机构力量较为分散，资金缺乏整合，国有科研单位国家使命、公益属性弱化，科技力量不聚焦，动员机制不健全，技术储备不充足，一些重大创新领域核心技术受制于人的被动局面尚未根本改变。

二是产业创新能力尚需提高。面向产业链的共性技术平台布局尚不健全，高端产业中缺乏创新型领军企业，民营企业整体创新能力不强，大量中小企业研发能力薄弱，对科技型中小企业缺乏精准的创新政策支持。企业在国家科技创新决策中的参与度和话语权不足，民营企业承担国家科技任务的机会仍然较少，国有企业在研发投入、创新容错等方面缺乏更加有效的制度设计和政策激励。

三是基础研究的支撑作用亟待加强。基础研究的引领作用发挥不充分，基础研究投入经费偏低且渠道单一，主要依靠中央财政投入，地方、企业、社会资本投入积极性不高，缺乏鼓励企业和社会支持基础研究的有效政策。基础研究占全社会研发投入比例距发达国家普遍 15% 以上的水平还有较大差距。

四是项目管理和资金使用还存在问题。科研机构经费大量来自竞争性支持，科研人员收入与项目经费高度挂钩，科研人员“跑项目”“追资源”现象尚未得到根本改变，大量精力消耗在申请项目上，影响了科研精力的潜心投入。经费管理和使用上“重物轻人”观念仍然严重，科研项目经费中绩效比例偏低，科研经费使用报销手续烦琐、耗时过多问题还未得到根本扭转，科研人员“为发票发愁”的现象仍然广泛存在。

（二）创新政策协同有待进一步完善

部分科技创新改革同其他领域政策衔接和配套不足，甚至存在相互抵牾，实践中落实困难。激励和约束机制建立不够平衡，容错机制有待进一步完善，容易导致畏首畏尾、驻足观望。

一是科技创新政策和产业政策协调不足。适应新技术、新业态、新场景发展的包容审慎监管机制和政策环境尚需完善。首台（套）重大技术装备应用难的问题还未得到有效解决，政府采购创新产品和服务的政策功能有待强化。成果转化中关键的中试环节缺乏有力的政策引导和资金支撑，尚未形成成熟高效的发展模式。

二是科技创新政策和监督检查政策标准不一。一些部门对科技领域改革政策了解不足，特别是审计、巡视等现行政策体系尚未做到与国家创新政策完全同步吻合，不同层次、不同部门的审计、巡视对政策掌握的尺度、标准也不尽一致，导致很多做法“中央政策允许，部门制度不允许”，使得科技工作者裹足不前。

三是军民融合创新领域政策对接不畅。军民科技体制分隔问题仍然比较突出，军民创新机制融而未合，“军是军，民是民”的现象依然存在。国防专利尚未建立切实可行的解密和转化机制。

（三）创新改革举措有待进一步落地

很多改革政策在各地区、各单位落实不平衡，特别是一些关键举措存在执行不到位的问题，激励效果被打折扣。

一是科技成果产权改革力度与科研人员期望仍有一定差距。科技成果转化激励在一些环节上还存在障碍，科技成果转化效率不高的问题仍然没有很好解决。一些部门、地方缺乏可落地的细化规定，使得基层落实困难重重、压力巨大；一些单位怕出“风险”、怕担责任，对国家已下放的科技成果转化自主权不敢接、不敢用。具有行政职务的科研机构领导难以享受股权激励和收入分红。科研人员科技成果转让个人所得税优惠和缓缴政策范围过窄，仅限于专利等“有证成果”，不包括专有技术、专利申请等“无证成果”，同时也未涵盖科研人员获得成果所有权的情况。

二是现有编制工资等管理规定对政策执行构成明显障碍。科研院所仍按事业单位进行管理，行政化、简单化问题依然存在，科研单位和人员积极性未能充分激发。属于公益一类事业单位的科研机构按照现有事业单位管理制度，不允许进行成果转化等经营行为。国企和事业单位实行的工资总额和绩效工资总量管理，使科研绩效奖励政策难以充分兑现。

三是改革政策在国有企业难以直接落地。国有企业特别是国有军工企业所属事业编制科研机构身份特殊，涉及国有资产管理、事业单位管理、军品采购机制、保密制度等诸多因素，加上现有国资监管制度框架在成果转化、股权激励等方面缺乏操作性和灵活性，改革政策落地困难较多。

四是放权改革依然任重道远。中央文件明确规定的劳务费预算和开支不设比例限制、以市场委托方式取得的横向经费可按合同约定自主管理使用等改革举措多年后在相当多单位尚未实现。

（四）创新环境优化有待进一步加强

以人为本的价值导向、激励创新的保障机制、风清气正的良好环境尚未充分建立。

一是科研立项机制不尽科学。在项目立项过程中，知名专家话语权过重，对原创性、颠覆性、非共识创新项目等未形成常态化支持机制，难以适应我国在大量领域成为“领跑者”、进入“无人区”后的新需要。

二是科研评价体系存在偏差。改革总体上“破的多，立的少”，新的科学有效的评价体系尚未形成，许多科研单位仍以 SCI 论文、项目数、奖励情况等作为主要考核指标，“四唯”问题未得到根本性扭转。“人才帽子”多的现象仍较为突出，且与物质利益、资源分配过度挂钩。

科技评审过程中好人主义、“圈子”文化依然存在。

三是科研诚信环境需要净化。科研诚信建设体系化推进不够，科研失信长效防范机制尚未建立，失信惩戒机制缺乏应有力度。少数科研人员名利思想过重，浮夸浮躁、急功近利、弄虚作假等违背科学精神的现象时有发生。

四是中介服务机构保障不足。科技创新创业服务机构的专业化能力和水平不高，高层次技术转移人才缺乏，面向技术转移人才的培训教育体系、职称评价体系尚未建立。

二、切实把“四个面向”作为我国科技创新的根本方向

未来做好我国科技创新工作，必须紧紧把牢“四个面向”的根本方向，以“面向世界科技前沿”作为基础前提，把“面向经济主战场”作为核心原则，把“面向国家重大需求”作为关键任务，把“面向人民生命健康”作为现实需求；坚持问题导向、需求导向，进一步突出创新在现代化建设全局中的核心地位，推动科技创新体制机制改革向纵深发展，构建更加系统、完备、高效的国家创新体系，为建设科技强国提供有力制度保障。

（一）以基础研究为重点，切实增强国家战略科技力量

充分发挥国家作为重大科技创新组织者的作用，加强国家战略科技力量的系统谋划和顶层设计，聚焦国家战略目标，坚持战略性需求导向，确定科技创新方向和重点，健全科技安全风险防控体系，着力解决制约国家发展和安全的重大难题。加快研究制订《基础研究十年行动方案（2021—2030）》，把加强基础研究和应用基础研究摆在更加重要的位置。尊重科学研究规律，改革基础研究任务形成机制，完善基础研究支持体系和组织方式，探索面向世界科学前沿的原创性科学问题发现和提出机制，建立对非共识项目和颠覆性技术的支持和管理模式。进一步优化基础研究投入结构，布局一批基础学科研究中心，加大对冷门

学科、基础学科和交叉学科的长期稳定支持，确保基础研究财政投入持续增长，完善联合基金资助机制。完善重大科技基础设施布局，建立大型科研仪器设备研制、示范应用和开放共享衔接机制。尽快明确国家实验室的组织模式和管理机制，既发挥体制改革的创新活力，又避免对现有科研体系构成较大冲击。加快推进国家重点实验室优化重组。

（二）以自立自强为目标，加快构建新型举国体制

加快构建和完善市场经济条件下关键核心技术攻关的新型举国体制，加强对各类科技资源的分类指导和统筹协调，发挥好“国家队”“地方队”的各自优势，强化跨部门、跨学科、跨军民、跨央地的资源整合机制，形成科技创新合力，使科技创新体系的运行更加高效，功能更加强大。开展以国家使命和创新绩效为导向的现代科研院所改革，构建符合科研事业单位特点的管理模式。构建科技计划、项目和经费管理新机制，建立联席会议制度，加强部门间的统筹和协同，完善科研项目“揭榜挂帅”“军令状”“里程碑式考核”等管理方式。突出创新政策的基础性地位，建立其他各项政策与创新政策的协同调整机制。

（三）以自主可控为核心，不断增强产业创新能力

聚焦产业发展的关键环节、关键领域、关键产品，加大对产业发展共性技术的支持力度，加快突破产业重大技术瓶颈制约，提升产业链供应链科技支撑能力。加大国家重大创新基地和共性技术平台在企业布局力度，支持领军企业牵头组建重大创新联合体、牵头组织实施国家重大科技任务，集成高校、科研院所的科技成果，统筹行业上下游的创新资源，形成体系化、任务型的协同创新模式。提高民营企业在应用导向型科技项目的编制、实施等方面的参与度，对民营企业在承担国家实验室、技术创新中心等重大科研平台建设任务方面给予同等待遇。组建国家级工业基础研究平台，提供关键共性技术创新服务。对发改部门设立的企业技术中心、科技部门设立的工程技术研究中心、工信部门设立的重点实验室进行适当整合。尽快制定符合世界贸易规则的自主创新产品政府采购政策规则，推动实行首台（套）创新产品和创新服务政府首购，建立对采购首台（套）产品的企业的补贴奖励和风险补偿机制。将科技型中小企业研发费用加计扣除比例提高到 100%，增加企业对科研机构进行资金捐赠的免税额度。尽快统一统计、科技、税务部门研发费用统计口径。

（四）以收入分配为基础，充分激发科技人才创新活力

实施高校、科研院所薪酬制度改革，提高科研人员基本收入水平，建立更具保障性和普惠性的薪酬制度。加快实施职务科技成果所有权或长期使用权改革试点。持续推进减轻科研人员负担行动，扩大科研自主权，赋予创新领军人才更大技术路线决定权和经费使用权，加快推进项目经费使用“包干制”改革，开展基于信任的科学家负责制试点。科研经费管理和使用更加重视人的价值和发挥人的积极性，促进经费使用向人倾斜，进一步提高科研项目特别是智力密集型的纯理论研究项目、社会科学类项目的间接费比例，取消事业编制正式人员不能领取劳务费的限制。对科技成果转化收益、科研经费绩效支出、横向科研项目所获收入分配不再纳入各类绩效工资总量。参照粤港澳大湾区做法，将地方给予高端人才的个人所得税补贴予以免税的政策，扩展到境内人才和其他地区。整合构建新型科技人才计划体系，改革人才计划资助模式，解决“标签”和“帽子”问题。规范人才流动秩序，出台政策支持基础研究、公益研究领域以及中西部地区的人才引进和稳定工作。

（五）以优化环境为导向，加快构建符合创新规律的体制机制

建立完善科技创新纠错、容错、免责机制，压实基层单位落实科技创新政策的主体责任。以更加开明开放的政策赋予科研机构更多的自主权，允许其在编制总量内自主设置内设机构、自主招聘工作人员，扩大科研机构预算管理的灵活性和自主权。改变目前公益类科研机构参照公务员管理的方式，给予其更灵活的管理权限，允许其对高层次人才在编制、薪酬等方面进行突破。从科技成果的特殊属性出发，探索对职务科技成果不再实行国有资产清单管理，不再进行清产核资，彻底解决成果转化的制度障碍。在高校所属企业改革中统筹考虑高校对科技成果管理、转移、持股平台的现实需要，为其独立设立相关专业化公司留下适当空间。尽快在高校开设技术转移专业，建立技术转移社会化教育培训体系。建立以创新能力、质量、实效、贡献为导向的科技人才评价体系，强化国家目标、学术贡献、创新价值，探索实行长周期评价，避免评价结果与物质利益、政府资源分配过度挂钩。进一步优化科研诚信制度体系，坚持激励惩处并举，对论文造假等学术不端案件强化惩戒和公开曝光。加快建设我国的世界一流科技期刊，引导科研人员把高质量成果在国内刊发。鼓励和支持地方发扬首创精神、开展各具特色的科技体制改革探索和试点，对好的经验及时总结推广。

第三节　强化国家战略科技力量

当前国内外形势复杂多变，各种风险挑战叠加，建设社会主义现代化强国、改善民生福祉和保障国家安全对科技支撑的要求比历史上任何时候都更加迫切。我国科技发展已跻身创新型国家前列和建设世界科技强国的新阶段，科技体制改革需要从立框架、建制度向提升体系化能力、增强体制应变能力转变，任务更加艰巨。为此，必须以改善民生福祉和保障国家安全为导向，围绕形成更加系统、完备、高效的国家创新体系，根据新形势新要求谋划和推动新的改革举措，调整完善科技发展模式，全面提升科技创新治理能力，有效支撑世界科技强国和社会主义现代化强国建设。

一、加快补齐科技创新体系化能力短板

当前国际竞争很大程度上是国家创新体系的比拼，要坚持以科技强国支撑现代化强国建设的理念，在国家安全、经济发展、民生改善的目

标实现过程中更加依靠科技创新。加快构建顶层设计引领、重大科技创新项目带动、基础能力支撑的国家科技创新体系结构。面向国计民生重点领域尽快组建首批国家实验室，重组优化国家重点实验室并建立严格的淘汰机制，形成国家战略科技力量体系化布局，打造我国攻克重大科技难题的突击队、引领科技创新发展的主力军。统筹科技资源配置，明确政府和市场的分工定位，加大对产业发展共性技术的支持力度，融合军民创新资源，使科技创新体系的运行更加高效，功能更加强大。加大国家重大创新平台在企业布局的力度，大幅度提升我国企业的创新能力。总结推广科研院所和高校科研相关自主权改革试点经验，开展以国家使命和创新绩效为导向的现代科研院所改革，建立符合科研事业单位特点的绩效工资制度，研究科研机构立法，系统提升高校人才培养、学科建设、科技研发“三位一体”的创新水平。深化国家医学科研机构改革，加快建设国家医学科技创新体系的核心基地，强化疾病防控应用研究战略力量建设。培育和发展技术要素市场，发挥市场对技术研发方向、路线选择、要素价格和创新要素配置的导向作用，提升科技成果转化效率。深入开展职务科技成果所有权或长期使用权试点，推动修改专利法、公司法、国有资产评估等相关法律法规。系统规划、组织科学普及工作，持续提升全民科学素质。提高科技创新、产业政策和政府治理之间的协调性，发挥科技咨询委员会和科技伦理委员会作用，完善前沿技术伦理治理，加强科技智库能力建设，提升政府科技创新治理的科学化水平。

二、加快完善市场经济条件下关键核心技术攻关的新型举国体制

形成符合攻关和应急需要的强有力政府科技管理系统，以统一、统筹、强耦合的组织体系，协同科技力量和集中各方面优势资源突破“卡脖子”瓶颈，保证攻坚攻得下、应急用得上。在推进关键核心技术攻关中，围绕决策指挥、组织管理、人才激励、市场环境等方面展开体

制机制的探索和优化。建立决策高效、响应快速的扁平化管理体制，提高统筹协调效率和落实效率，强化跨部门、跨学科、跨军民、跨央地整合力量和资源。进一步深化科技计划、项目和经费管理改革，聚焦国家战略需求完善项目、资金、人才、基地、设施协同配置机制，构建科技、产业、金融、社会、知识产权保护等方面的政策协调机制，形成产学研用融合的产业技术创新生态。强化国家安全战略必争领域布局，加快生物安全、网络安全、太空安全、海洋安全等重大领域的科研力量建设，健全科技安全风险防控体系。完善科技与民生结合的规划计划和组织实施机制，加强公共卫生、重大灾害等方面的科研攻关体系和能力建设，坚持平战结合，强化对战略性科研任务的长周期部署，对重点机构、优秀团队持续稳定支持。

三、系统完善强化基础研究的体制机制

当前我国一方面存在“卡脖子”问题，另一方面也有一些领域进入“无人区”。长远解决“卡脖子”“无人区”问题，关键在于厚实基础研究、构建体制保障。要进一步加强基础研究顶层设计和系统布局。持续推进国家自然科学基金系统性改革，完善“负责任、讲信誉、计贡献”的评审机制，加快实施原创探索计划，全面升级人才资助体系。探索面向世界科学前沿的原创性科学问题发现和提出机制，构建从国家安全、产业发展、民生改善的实践中凝练基础科学问题的机制。进一步优化财政科技投入结构，确保基础研究财政投入持续增长，完善联合基金资助机制，研究对企业投入和社会捐赠支持基础研究加大税收抵扣力度，对地方特别是发达地区提出加大基础研究力度的要求。完善自由探索基础研究的长期支持机制，在国家自然科学基金和重点研发计划中加大青年人才稳定支持力度，专门支持一批科学家和团队长期从事基础学科、冷门学科研究和基础性科技工作，引导社会力量设立面向病毒学、传染病学等冷门学科的科技奖励基金。

第四节　提升企业技术创新能力

创新是企业发展的最持久动力和竞争的最坚实基础。当前，我国企业主导的产业技术创新体制基本建立，覆盖企业全生命周期的创新政策体系初步建成。规模以上工业企业研发投入占主营业务收入的比例由2012年的0.77%提高到2019年的1.32%。企业承担的重大国家科技任务明显增加，国家重点研发计划中企业参与实施的占75%，其中牵头的占25%。企业研发费用加计扣除比例由50%提高到75%，国有企业研发投入视同利润考核，首台（套）重大技术装备保险补偿开始试点，国家高新技术企业认定管理办法修改完善，高新技术企业增加到22.5万家，科技型中小企业达到15.23万家。广覆盖、低门槛、便利化的科技创新创业服务体系基本形成，各类科技企业孵化器达到1.2万家。科技资源开放共享机制不断优化，建成重大科研基础设施和大型科研仪器设备国家网络管理平台，4000余家单位的10.1万台（套）大科学仪器和86个重大科研基础设施向社会开放服务，国家科学数据管理办法出台，组建20个国家科学数据中心。

未来我国需要进一步夯实企业创新主体地位，不断提升企业技术创新能力。

一、进一步发挥企业的创新主导作用

把国家科技资源向关系国家综合实力的先进制造业重点领域和重点企业集中，扩大重大科技专项、重点产业化项目等以企业为项目承担主体的比例。提高国家工程院院士来自企业的院士比例，特别是向先进制造业装备研制和产业化作出突出贡献的企业研发人员倾斜。修改现行土地、金融、税收和人才等相关政策中不利于企业创新的内容，采取措施切实鼓励企业创新，特别是要鼓励企业以联盟型、集团型、基地型等形式开展以产业链整体发展为目标、产学研结合的大型创新活动。

二、加快创新成果的产业转化

加强统筹协调和政策扶持，完善有利于产学研结合的政策环境，重点解决好产学研各方在合作中的利益共享与风险共担机制问题。完善高校、科研机构的评价考核体系，促使其积极围绕企业技术创新需求提供研发服务。鼓励和支持产学研合作模式的创新，解决好产学研结合各方由于价值取向不同、利益与风险不平衡等问题，实现产学研结合的多赢、共赢。给予高校和科研机构更多的科技成果转让的自主权，完善科技成果的管理理念和管理方式。

三、加强行业共性技术的攻关研发

充分发挥政府的支持引导和组织协调作用，加强制造业基础性创新体系和创新能力建设。对制造业的关键技术、基础材料、核心零部件，要整合支持渠道，给予长周期、大力度的资金支持，尽快改变相关技术和产品大量依赖进口、严重受制于人的状况。建立和完善国家层次、面向全行业的技术研发平台和测试平台。

四、加大企业创新人才的培养选拔

加快搭建创新创业人才服务平台，鼓励高校、研究机构的高层次人才创办企业或到企业兼职，鼓励企业、研究机构与高校以多种方式联合培养人才。加快建立完善以企业为主体、职业院校为基础，学校教育与企业培养紧密联系，政府推动与社会支持相结合的制造业高级技术人才培训体系。以国家科技计划和重大工程为平台，以产业技术创新战略联盟和产学研合作项目为纽带，依托大型骨干企业、重点职业院校和培训机构，建设一批工程技术人才培训基地。

第五节　完善科技创新体制机制

加快实现把科技自立自强作为国家发展的战略支撑，需要不断优化完善我国科技创新的体制机制，充分释放创新活力。

一、把创新组织模式作为完善科技创新体制机制的重要内容

（一）以新机制提升创新效率

借鉴高铁创新的成功经验，优化制造业创新发展的组织模式。打破行业原有的条块分割，充分利用行业内外一切可以利用的创新资源，引导大学、科研院所等的创新资源向企业集聚、为企业服务。在制造业重大装备的引进过程中，充分发挥我国的体制优势，整合国内企业订单，对外形成谈判合力，争取国外最大程度的技术转让，并在引进之后切实做好消化吸收再创新。

（二）以新平台整合社会资源

鼓励各部门、各地方探索建立不同层次、不同类型，涵盖创新研发、资源共享、成果转化等方面服务的创新平台，拓宽为制造业提供技术服务的渠道，支持制造业优化升级。进一步发展各类企业孵化器、大学科技园等创新平台，完善运行机制，增强创新活力。引导地方和社会加大投入，在产业集聚地区建设区域性制造业技术服务平台。

（三）以新机构探索研发新路

各地涌现出的各类新型研发机构往往具有机制灵活、贴近企业的特点，在服务产业创新中探索出了很多成功的经验。为此，要大力发展新型研发机构，将新型研发机构作为新兴创新主体纳入国家创新体系，使其享受与传统科研机构同等待遇，给予其更多承担国家重大科技项目的机会。

二、把优化创新环境作为完善科技创新体制机制的根本保障

（一）优化创新管理体制

加大科技计划管理、研发资金配置、科研项目评审、科技成果奖励等方面的改革力度。正确界定政府和企业的角色，完善符合科学研究规律和科技工作特点的科技经费管理模式，建立中央、地方、企业共同推进重大科研项目实施的合作机制，探索财政资金通过贷款贴息、风险投资等途径支持科技创新的新方式。完善科研项目立项及预算评估制度，建立健全专家咨询、政府决策的立项机制，提高科研项目立项及预算的科学性和规范性。健全国家科技评价体系和奖励制度，提高科技评价过程和结果的公开性和透明度，使科技评价更加客观、公正。

（二）完善创新激励机制

健全科技人员收入分配制度，更好调动科技人员的积极性、创造性。对研发人员和高技能人才实行专项补贴和奖励制度，让有突出贡献的人员享受特殊优厚待遇。放宽科研成果作价入股的限制，提高职务成果转化收益中科研人员的分配比例。完善知识产权保护制度。

（三）加大金融对科技创新的支持力度

深化金融体制改革，创新多元化科技创新投融资机制。引导银行资金、风险投资向科技创新领域流动，推动高新技术产业发展，形成金融参与科技投入新机制。探索股权与债权相结合的融资方式，拓宽社会资本参与科技创新的渠道，逐步形成多元化科技研发融资体系。创新科技企业信用担保方式，允许企业以技术专利等知识产权获取抵押贷款。

三、把培育吸引人才队伍作为完善科技创新体制机制的动力源泉

（一）创新人才使用制度

人才是创新的根本和关键所在。要加快完善有利于培养、吸引和用好人才的体制机制，努力做到用事业造就人才、用发展凝聚人才、用环

境激励人才、用法制保障人才。一是深化选人用人制度改革。形成有利于人才脱颖而出、充分施展才能的选拔任用机制。优化人才评价发现机制，解决目前存在的人才评价标准、评价方式和评价渠道等方面不尽科学的问题。尽快完善事关科研人员切身利益的职称评审制度，形成公平公正的专业技术人才评价机制。二是促进人才合理流动。破除人才流动中的身份、户籍等限制以及档案管理、社会保险接续等障碍，探索建立政府、商界、学术界人才相互流动的良好机制，建立政府、企业、研究机构（含智库）和大学之间人才流动的旋转门。完善人才市场的服务职能，充分发挥市场的调节作用，形成有利于人才合理流动和高效配置的人才市场体系。创新激励机制，引导人才向高新技术产业、现代服务业等重点行业以及农村、基层、中西部地区和边远地区流动，促进产业和区域间人才的合理分布。三是完善人才管理模式。弱化人才管理中的行政化色彩和官本位倾向，合理界定人才管理职责，变“管理人才”为“服务人才”，推动人才管理向创造环境、提供服务转变。

（二）优化人才发展环境

人才的发展具有很强的环境选择性，人才竞争的背后实际是人才环境的竞争。发展人才事业，必须把加强人才环境建设作为一项重要任务。一是营造良好社会氛围。充分尊重人才的禀性和个性，大力营造鼓励独立思考、宽容失误失败的良好环境，在全社会形成尊重人才、尊重知识、尊重创造的社会氛围，使各类人才创业有机会、干事有舞台、发展有空间。二是完善人才培养模式。解决好目前存在的人才培养与使用相互脱节的现象，在各类教育培训机构建立起以国家需要和社会需求为导向的人才培养动态调节机制。三是加大福利保障水平。在现有条件下，妥善解决好各类人才所面临的住房、医疗、养老、子女教育等方面的后顾之忧，为其安心工作提供良好的保障。

（三）加强海外人才引进

我国滞留国外的留学生超过百万，其中很多人已经成为所在领域的研究骨干，吸引其中的一人回国，就可能突破一项关键技术、培育一个全新产业。要进一步完善相关特殊政策，拓宽人才引进范围，有计划地引进一批能够突破关键技术、发展新兴产业、带动新兴学科、培养创新人才的高层次人才。对引进的海外高层次人才，要充分尊重、积极支持、放手使用，把他们放到关键岗位，让他们参与专业决策、领衔重大项目，使他们引得进、留得住、用得好，迸发创新智慧，涌现创业活力。

第七章

深入实施教育强国、人才强国战略

党的十九届五中全会通过的《建议》明确提出，深入实施科教兴国战略、人才强国战略。为实现这一目标，必须深刻把握教育强国和人才强国的辩证关系，充分认识教育强国在实现社会主义现代化中的基础性地位，通过教育体制改革大力培养创新型人才与技能型人才，努力激发人才创新活力，择全球人才而用之，为我国高质量发展提供有力人才支撑。

第一节　建设教育强国是实现社会主义现代化的前提

党的十九大报告指出："建设教育强国是中华民族伟大复兴的基础工程，必须把教育事业放在优先位置，深化教育改革，加快教育现代化，办好人民满意的教育。"这一基础工程既是实现社会主义现代化的重要内容，更是实现社会主义现代化的重要基础。习近平总书记强调："教育是提高人民综合素质、促进人的全面发展的重要途径，是民族振兴、社会进步的重要基石，是对中华民族伟大复兴具有决定性意义的事业。"①

一、建设教育强国是国家发展的一般性规律

从近现代世界史来看，国家发展离不开强大的教育。现代意义上的全民教育和大学体系起源于欧洲，对于推动现代欧洲国家的发展起到了非常重要的作用。美国在建国前便开始移植欧洲的教育体系，后续长期高度重视加强教育投入，对美国 18 世纪至 20 世纪乃至今天的发展影响深远。回过头来看亚洲，日本在近现代史上的崛起始于明治维新。当时日本有感于欧美的强大，因此派出岩仓使团考察美欧等的先进发展经验，开始全面向欧美学习，其中一个重要的学习内容便是发展教育。日本后来引进了西方从小学到大学成套的教育体系，为国家发展培养有知识的人才。这在日本后来的发展过程中扮演了重要的角色。

改革开放以来，我国持续高度重视教育强国建设。发展教育一方面被视为国家经济社会发展的重要内容，另一方面被当作推动国家经济社会发展的重要手段。教育发展与国家发展之间相互促进，形成了

① 习近平：《做党和人民满意的好老师——同北京师范大学师生代表座谈时的讲话》，《人民日报》2014 年 9 月 10 日。

良性互动，取得了积极成效。党的十八大以来，我国在教育事业方面的投入不断增加，我国教育支出占国民生产总值的比例持续提高。2012—2019年，国家财政性教育经费支出占GDP的比重连续保持在4%以上。[①] 从教育经费的总投入来看，党的十八大以来，更是长期保持在GDP的5%以上，明显超过此前的比重（见图7–1）。

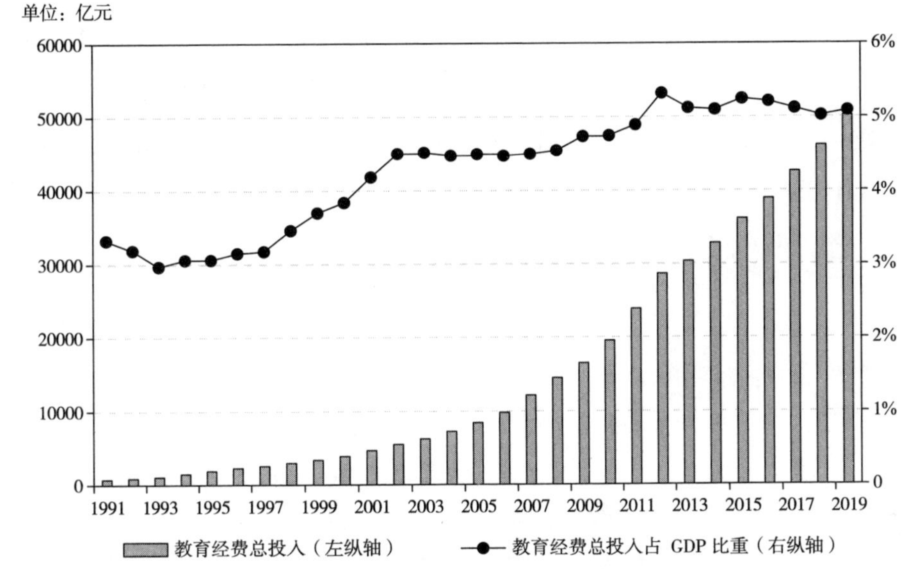

图7–1　1991—2019年教育经费总投入及占GDP比重情况

数据来源：国家统计局。

二、建设教育强国是培养社会主义现代化建设者的必然要求

教育兴则人才兴，人才强则国家强。习近平总书记指出，时代越是向前，知识和人才的重要性就愈发突出，教育的地位和作用就愈发凸显。我国正处于历史上发展最好的时期，但要实现“两个一百年”奋

① 刘诗瑶、余建斌、丁雅诵：《国家财政性教育经费支出占GDP比例连续8年逾4%》，《人民日报》2021年2月14日。

斗目标"、实现中华民族伟大复兴的中国梦，必须更加重视教育，努力培养出更多更好能够满足党、国家、人民、时代需要的人才。

从具体数据来看，相比新中国成立初期，我国人口的质量已有大幅提高。截至 2020 年，我国人口的文盲率从新中国成立初期的 80% 以上下降至不到 4%，并且识字人口中有超过 95% 的比例使用规范汉字[①]，义务教育阶段辍学学生降至千人以下，各级教育的普及程度已经赶超中高收入国家平均水平。[②]国家统计局的数据显示，2019 年底我国研究生培养机构和普通高等学校分别达到 828 个和 2688 个，其中普通高等学校校均 11260 人。2012 年，我国专科层次以上的高等教育毕业生数量超过 600 万人，2019 年超过 800 万人（见图 7–2），这为我国的社会主义现代化建设培育了丰沛的人力资源。

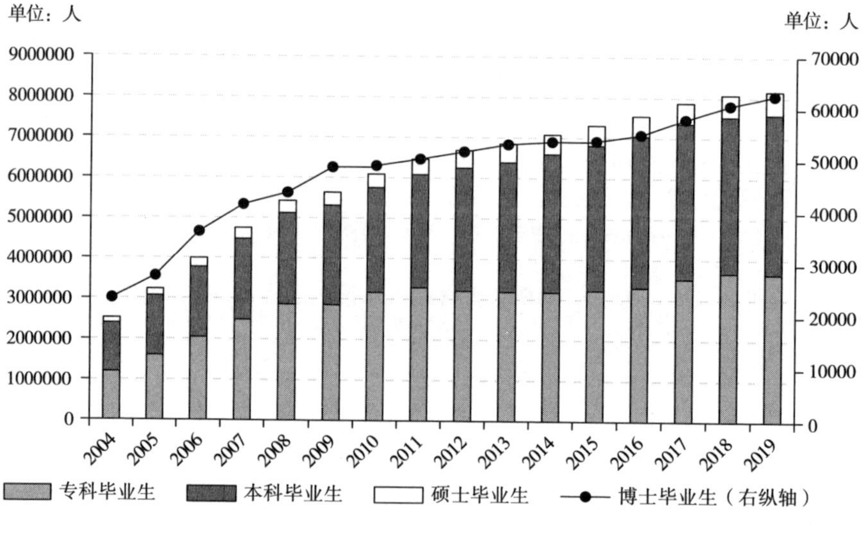

图 7–2　2004—2019 年我国高等教育毕业生数量

数据来源：国家统计局。

---

① 赵婀娜、吴月：《筑牢国家发展的语言文字基石》，《人民日报》2020 年 10 月 13 日。
② 刘诗瑶、余建斌、丁雅诵：《国家财政性教育经费支出占 GDP 比例连续 8 年逾 4%》，《人民日报》2021 年 2 月 14 日。

但是也要看到，和实现社会主义现代化建设的要求相比，特别是在培养大量高水平和创新型人才方面，我国的教育事业和美国等发达国家相比，仍有不小的提升空间。[①] 例如，根据 QS、英国《泰晤士报》、USNews 等的综合评估，在 2021 年世界大学排名中，中国仍旧没有一所高校进入全球前 10 位，美欧等的大学依然维持着较大的竞争优势。为了培养更多优秀的社会主义现代化建设者，实现中华民族的伟大复兴，我国需要在教育强国方面做出持续的努力。

三、建设教育强国是提升国家软实力的重要抓手

实现社会主义现代化意味着我国硬实力和软实力的双提升。国家软实力是一种相对于他国的非强制性与非金钱性质的吸引力，主要依赖的是一个国家文化与价值的吸引力。[②] 建设教育强国正是提升我国文化吸引力的重要基础。

从中文的影响力看，截至 2019 年末，世界其他国家学习和使用中文的人数大概有 1.1 亿人，全球有 60 多个国家、8 万多所学校开展中文教育。[③] 在教育“引进来”方面，在华留学生数量在 2019 年已经高达 30 万人，并且留学生人数近年来一直呈明显的增长态势（见图 7–3）。在教育“走出去”方面，厦门大学 2016 年在马来西亚设立分校，是中国第一个走出去开办分校的高校。2021 年 2 月，国家有关部门明确宣布支持复旦大学在匈牙利设立分校，这是我国高校第一次探索在欧洲地区设立分校。建设教育强国，有利于进一步提升我国的软实力，持续推进社会主义现代化建设。

---

① 郑新立、盛思鑫：《美国西海岸高水平创新型大学调研报告》，《全球化》2016 年第 6 期。
② 〔美〕约瑟夫·奈著，马娟娟译：《软实力》，中信出版社 2013 年版，第 10—11 页。
③ 赵婀娜、吴月：《筑牢国家发展的语言文字基石》，《人民日报》2020 年 10 月 13 日。

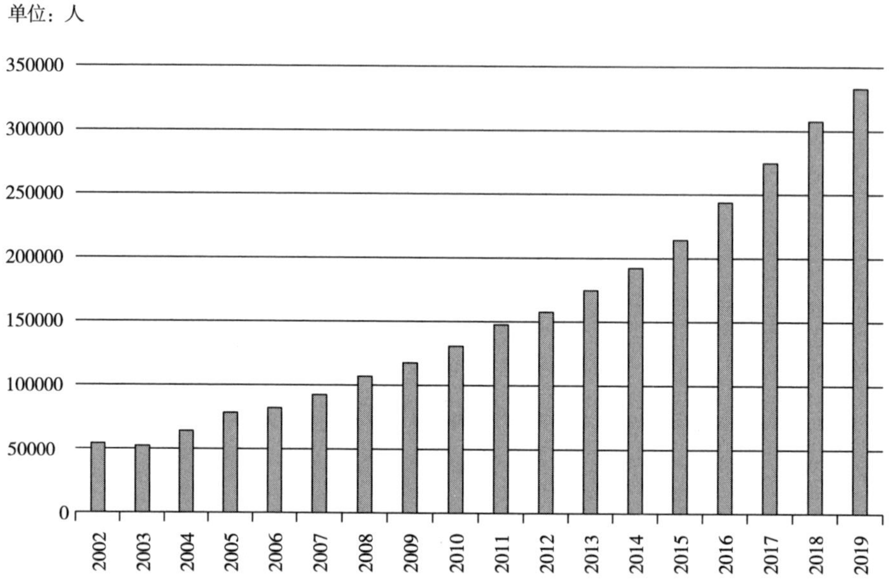

图 7-3　2002—2019 年在华留学生数量变化

数据来源：国家统计局。

第二节　培养创新型人才是教育体制改革的重要任务

《建议》提出："坚持创新在我国现代化建设全局中的核心地位。"《建议》展望 2035 年，我国关键核心技术实现重大突破，进入创新型国家前列。为了实现这一目标，必须加快建设世界一流大学和一流学科，加强教育体制改革，持续加大研发投入，大力培养创新型人才。

一、加快建设世界一流大学和一流学科

党的十九大报告强调："加快一流大学和一流学科建设，实现高等教育内涵式发展。"根据国务院 2015 年印发的《统筹推进世界一流大学和一流学科建设总体方案》，我国 2030 年的远景目标是："到 2030 年，更多的大学和学科进入世界一流行列，若干所大学进入世界

一流大学前列，一批学科进入世界一流学科前列，高等教育整体实力显著提升；到本世纪中叶，一流大学和一流学科的数量和实力进入世界前列，基本建成高等教育强国。”2017 年教育部等三部委公布《统筹推进世界一流大学和一流学科建设实施办法（暂行）》，并于同年公布了我国建设世界一流大学和一流学科的名单，其中一流大学建设高校 42 所，一流学科建设高校 95 所。《建议》指出：“提高高等教育质量，分类建设一流大学和一流学科。”

党的十八大以来，我国高等教育发展进入一个新阶段，我国大学在全球的排名快速上升。以英国《泰晤士报》发布的世界一流大学排名为例，2012 年该榜单我国仅有约 12 所大学进入全球 500 强，2021 年增长至 22 所大学，而过去 10 年中我国位列世界前 50 强的大学只有 2 所，即清华大学和北京大学（见图 7–4）。为加快世界一流大学和一流学科建设，必须转变发展观念，具备全球眼光，将高等教育放在特别优先发展的战略位置来考虑，充分吸收借鉴欧美日等高水平、创新型大学的办学和发展经验，继续加大投入，以吸引全球顶尖人才和培育全球创新型人才为核心，努力提升我国在创新人才培养、前沿学科发展、科技创新等方面的国际竞争力，不断增强我国高等教育的综合实力。

二、坚决破除培养创新型人才的教育体制机制障碍

习近平总书记在 2018 年全国教育大会上指出：“要深化教育体制改革，健全立德树人落实机制，扭转不科学的教育评价导向，坚决克服唯分数、唯升学、唯文凭、唯论文、唯帽子的顽瘴痼疾，从根本上解决教育评价指挥棒问题。要深化办学体制和教育管理改革，充分激发教育事业发展生机活力。”[①] 按照习近平总书记讲话精神，在具体落实上需要

① 习近平：《坚持中国特色社会主义教育发展道路 培养德智体美劳全面发展的社会主义建设者和接班人》，《人民日报》2018 年 9 月 11 日。

在学校治理、办学理念、教师管理、学生培养、科研评价等方面持续深化体制机制改革，坚决破除各种制约和障碍。

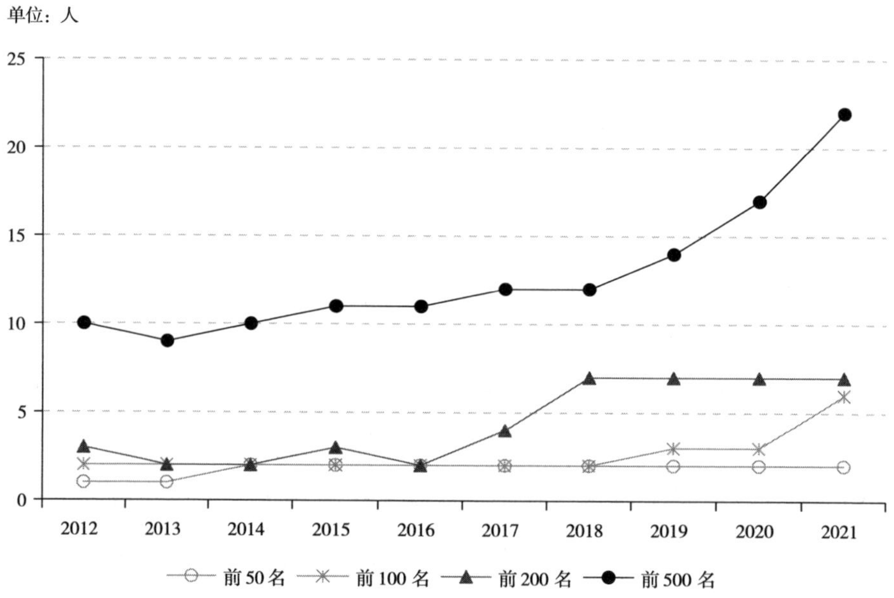

图 7–4　2012 —2021 年泰晤士大学排名前 500 名我国大学数量变化情况

注：2012 —2015 年世界大学排名只统计到前 400 名。

在学校治理方面，坚决反对将坚持党的领导和学校的独立自主及个性化发展对立起来看待。党对教育事业的领导主要体现在把握政治方向、审议重大事项和进行纪律审查，在此前提下应充分尊重教育规律特别是培养创新型人才的需要，坚持专家治校的基本原则，持续推进学校的去行政化管理。在办学理念方面，鼓励各类型各层次学校博采全球教育制度的优势和发展经验，结合学校本地的发展实际并着眼于全国的发展情况，不搞“大而全”“清一色”，突出教育质量和创新特色，真正突破唯分数、唯升学、唯文凭、唯论文、唯帽子的“教育成败观”。在教师管理机制方面，要拓宽用人视野，面向全球选拔高素质人才进入教师队伍，要打破年龄资历限制，以教学科研水平为主要业绩标准，要根据不同层次不同类型学校的特点，广泛采取多种评价方式，打破唯论文发表数量和论文发表刊物档次的评价方法，科学合理地制定教师聘任、考核与晋升办法。在学生培养方面，要以培养社会主义现代化的建设者和接班人为目标，突出学生的历史使命感和社会责任感教育，重视学生生源的国际化以及学生教育的国际化，突破阻碍创新型人才培养的传统观念和本土意识，大力培养富有创新精神和实践能力的复合型人才。在科研评价方面，要平衡好基础性的学术研究与科技成果的应用转化间的关系，既要为长期性的具有重大科学创新的基础性研究提供空间，又要鼓励科学成果转化为先进生产力，同时也要防止由于过度商业化使得大量科研人员失去继续从事研究教学工作的动力。①

三、持续加大研发投入，完善科技创新体制机制

培养创新型人才需要持续加大研发投入，不断完善科技创新体制机制。2013—2019 年，我国研发（R&D）经费支出从 1.18 万亿元增至 2.21 万亿元②，首次超过 2 万亿元大关。经济合作与发展组织（OECD）的数据显示，2012 年至 2019 年，我国的研发经费投入增长非常快，长期稳居世界第二，并且与研发经费投入位于全球第一的美国，差距越来越小。根据联合国世界知识产权组织（WIPO）发布的全球创新指数报告，我国的创新能力和创新表现从 2015 年的第 29 位跃升至 2020 年的第 14 位（见表 7–1）。但从研发投入占 GDP 的比重来看，世界银行的数据显示，2018 年我国的数值是 2.19%，低于美国（2.84%）、德国（3.09%）、日本（3.26%）、韩国（4.81%）和以色列（4.95%）等。

---

① 对于这些方面的体制机制改革，更详尽的分析参见郑新立、盛思鑫：《美国西海岸高水平创新型大学调研报告》，《全球化》2016 年第 6 期。

② 刘诗瑶、余建斌、丁雅诵：《国家财政性教育经费支出占 GDP 比例连续 8 年逾 4%》，《人民日报》2021 年 2 月 14 日。

这说明我国在加大研发投入方面仍有不小的追赶空间。

表 7–1　2015—2020 年中国在全球创新指数中的排名情况

年份	排名
2015 年	29 位
2016 年	25 位
2017 年	22 位
2018 年	17 位
2019 年	14 位
2020 年	14 位

数据来源：世界知识产权组织。

持续完善高等院校与科研院所的科技创新体制机制，扩大科研自主权，加强知识产权保护，改进基础前沿研究项目和新技术应用科研项目的管理办法及激励机制，创新教学科研人员的分类考核和管理办法，不断激发人才的创新活力。多渠道完善金融支持创新体系，鼓励科技成果应用和转化，持续提升我国在全球范围内的创新要素集聚能力，促进产教学研用一体化，培养大批“智本家”和创新型的企业家，更好推动我国产业转型升级与经济高质量发展。

第三节　培养技能型人才是教育强国、人才强国的重要内容

习近平总书记在全国职业教育工作会议等场合多次作出指示，强调必须高度重视和加快发展职业教育，创新各层次各类型职业教育模式，大力培养技能型人才。从经济高质量发展的现实需要来看，需要加快推动我国职业教育的高质量发展，培养大量技能型人才，同时努力营造尊重技能型人才的社会氛围。

一、经济高质量发展需要大量技能型人才

《建议》强调:“加强创新型、应用型、技能型人才培养，实施知识更新工程、技能提升行动，壮大高水平工程师和高技能人才队伍。”要充分认识技能型人才对于经济高质量发展的重要作用，围绕我国产业转型发展与战略性新兴产业的发展需求，采取有效措施培养大量技能型人才，加快解决近年来技能型人才的“用工荒”问题，在促进就业创业和改善营商环境的同时，通过激发新的技能型人才红利为经济高质量发展提供强大动力。

当前，随着新一轮科技革命和产业变革的发展，我国经济高质量发展过程中的结构性失业现象较为严重，技能型人才缺乏的问题比较突出。根据教育部等部门联合发布的《制造业人才发展规划指南》，信息技术产业、高档数控机床和机器人、航空航天装备、海洋工程装备及高技术船舶、先进轨道交通装备、节能与新能源汽车、电力装备、农机装备、新材料、生物医药等十大重点领域 2020 年人才缺口约为 2000 万人，到 2025 年人才缺口将扩大至 3000 万人左右。此外，从高质量推进“一带一路”建设和国际产能合作的角度来看，也需要推动我国的职业教育“走出去”，与境外企业合作培养大量技能型人才。

二、加快推动我国职业教育的高质量发展

党的十九大报告指出:“完善职业教育和培训体系，深化产教融合、校企合作。”《建议》要求:“加大人力资本投入，增强职业技术教育适应性，深化职普融通、产教融合、校企合作，探索中国特色学徒制，大力培养技术技能人才。”根据教育部发布的《2019 年全国教育事业发展统计公报》，2019 年我国中等职业学校 1.01 万所，中等职业教育招生 600.37 万人，中等职业教育在校生 1576.47 万人，中等职业教育毕业生 493.47 万人。我国高职（专科）院校 1423 所，在校生超过 1100 万人。

尽管我国职业教育相比过去已有长足进步，但是职业教育供给与产业需求脱节的问题仍旧存在，推进职业教育高质量发展的任务仍然比较繁重。

近年来，国务院先后印发了《关于加快发展现代职业教育的决定》《国家职业教育改革实施方案》等重要文件，强调职业教育的职业需求导向和应用实践能力培养的重要性，指出职业教育的发展应该更好服务建设现代化经济体系与实现更高质量及更充分就业的需要。2018 年国务院设置了职业教育工作部际联席会议制度，2019 —2020 年，教育部等部委先后印发了《深化新时代职业教育“双师型”教师队伍建设改革实施方案》《职业教育提质培优行动计划（2020 —2023 年）》等重要文件，从组织协调、职业教育体系、教师队伍建设、专业设置等多个角度加强我国职业教育的发展。结合我国高质量发展的需要，职业教育一方面要加快培养“一带一路”建设和国际产能合作领域急需的技术技能人才，另一方面也要引进德国、日本等国的优质职业教育资源，努力提升我国职业教育的层次和水平。

三、营造尊重技能型人才的社会氛围

要下大力气破除技能型人才社会认可度低的现实困境，真正创造尊重技能型人才的社会氛围。在职业教育体系内，进一步完善中等职业教育、高等职业教育、应用型的专业学位研究生教育以及职业培训一体化的职业教育人才培养体系，并为职业院校毕业生提供多种升学和成才的制度性通道，增强职业教育的吸引力。要加强“双师型”教师队伍建设，培养高质量的职业教育教师，通过职称评定、考核评价、激励机制等方面的改革，不断提升职业教育教师的社会地位。在就业体系内，要加快完善职业技能资格认定、人才职业技能等级评价、技能型人才专业技术职称评定、职业技能大赛等制度体系，着力提高技能型人才的社会认可度。在社会宣传方面，要加大力度推广和宣传东部发达地区有关技能型人才的引进和落户政策以及对于高层次技能型人才的荣誉表彰与奖励制度，在各地树立若干技能型人才典型，在全社会营造有利于技能型人才发展的良好社会氛围。

第四节　激发人才创新活力，择全球人才而用之

党的十八届三中全会提出："建立集聚人才体制机制……让人人都有成长成才、脱颖而出的通道，让各类人才都有施展才华的广阔天地。"党的十九大报告指出："要坚持党管人才原则，聚天下英才而用之，加快建设人才强国。"《建议》强调："构建充分体现知识、技术等创新要素价值的收益分配机制……支持发展高水平研究型大学，加强基础研究人才培养。实行更加开放的人才政策，构筑集聚国内外优秀人才的科研创新高地。"

一、构建充分体现创新要素价值的收益分配机制

我国体制内的科研人员（如高等院校与各类科研院所的研究人员）数量巨大，并且承担着众多关系国计民生的重大研究和创新任务，是我国高级人才的重要集聚地。根据国家统计局发布的数据，2018 年仅我国高等学校教学与科研人员合计约有 115 万人。尽管大学与科研院所科技成果转化的收益分配机制近年来已有所改善，但体制内年青科研人员的收入水平无法很好地满足对城市美好生活的向往，这种现象在房价和生活成本居高不下的一二线城市特别突出。此外，体制内科研人员的收入水平和市场化的薪酬相比也有不小的差距，因此容易被市场化的机构"挖走"。2020 年中科院合肥物质科学研究院所 90 多人集体离职便是一个很有代表性的案例。

近年来还有不少关于"学历贬值"的舆论话题引发社会关注，如清华、北大以及国外名校毕业的博士去深圳当小学老师，7 万名硕士

和 21 万名学士在送外卖，等等。其中既有学历扩招带来的“供过于求”的问题，也有职业的收益分配机制未能充分体现创新要素价值的问题，实际上构成了新的“脑体倒挂”现象。要激发人才创新活力，就迫切需要加强收入分配机制改革，充分体现创新要素的价值，一方面更好引导人才从事创新创业创造活动，另一方面更好地将人才留在创新创业创造的岗位上，充分发挥人才作用。

二、实行更加开放的人才政策

习近平总书记指出：“我们必须把创新作为引领发展的第一动力，把人才作为支撑发展的第一资源。”① 党的十九大报告强调，实行更加开放的人才政策，把党内和党外、国内和国外各方面优秀人才集聚到党和人民的伟大奋斗中来，让各类人才的创造活力竞相迸发、聪明才智充分涌流。

实行更加开放的人才政策，核心就是要促进人才合理有序流动，提高优秀人才的集聚能力。一是要打破国内不同所有制之间的人才流动壁垒，推动各类人才的“旋转门”制度建设；二是要破除妨碍人才流动的各种体制机制障碍，坚决反对人才领域的“排外主义”与“近亲繁殖”；三是要鼓励引导不同类型和不同层次的人才向特定区域和特定行业流动，充分发挥人才的比较优势，推动形成人人尽展其才的良好局面；四是要继续使用和引进境外人才及留学归国人才，研究贯通国内外人才的认定标准、职业资格等级和专业技术职称等制度性办法，并为人才出入境和停居留创造便利和开放的环境。

三、择全球人才而用之

“十四五”期间并展望 2035 年，中国既面临着发展的重大历史

① 习近平：《在党的十八届五中全会第二次全体会议上的讲话（节选）》，《求是》2016 年第 1 期。

机遇，也面临着前所未有的国际竞争，特别是中美之间的战略对抗和人才竞争将会长期存在。党的十九大报告指出：“人才是实现民族振兴、赢得国际竞争主动的战略资源。”为了2035年基本实现社会主义现代化的远景目标，必须牢固树立“择全球人才而用之”的人才观。

在国家层面，要从提高国际竞争力的角度认识利用国际化人才的重要性。很长一段时间，中国对美国都维持着贸易顺差，但中国对美国却长期维持着严重的“人才逆差”问题。[①]美国不仅能够利用中国的优秀人才，而且能够利用全世界的优秀人才。我们与之相比存在明显的人才竞争劣势，因而导致我们在与美国开展科技领域的竞争和对抗时处于较不利的位势。

在企业层面，要从全球发现和使用人才以保证基业长青。华为的成功便是一个很好的例证。华为现拥有国内八大研究所、十余个全球研发中心、几十个全球联合创新中心，这些机构集聚了全球各地的优秀人才为华为服务，确保了华为在其业务领域的领先地位。我们需要培养更多任正非式的企业家和华为式的中国企业，这些企业家有着科学的全球人才观，努力在全球范围内搜罗人才，并为这些人才创造良好工作条件。

在体制机制层面，要打造国内外优秀人才协同工作的创新高地。促进国内外优秀人才交流协作，充分发挥国内外优秀人才各自的比较优势，推动实现“1+1大于2”的人才集聚效应。当前，导致国内外人才创新活力不足的一个普遍原因是，科研机构的“官僚化”导向使得对科研人员的服务意识不强，完善以科研人员和科研创新为核心的各类体制机制改革也还不到位，从而无法为人才提供良好的发展平台与环境，最终导致人才浪费和人才流失。

---

① 王辉耀：《以开放的人才政策支撑中国可持续发展》，《中国科学院院刊》2014年第4期。

第八章

以城乡融合发展推进乡村全面振兴

党的十九届五中全会指出，坚持把解决好“三农”问题作为全党工作重中之重，走中国特色社会主义乡村振兴道路，全面实施乡村振兴战略，强化以工补农、以城带乡，推动形成工农互促、城乡互补、协调发展、共同繁荣的新型工农城乡关系，加快农业农村现代化。在随后召开的中央农村工作会议上，习近平总书记强调，今后15年是破除城乡二元结构、健全城乡融合发展体制机制的窗口期。全面推进乡村振兴战略，本质上是对工农关系、城乡关系的重塑，必须跳出“三农”抓“三农”、站位全局谋振兴。

第一节　城乡关系一定程度上决定着现代化的成败

党的十九届五中全会按照“两步走”战略部署，制定了到 2035 年基本实现新型工业化、信息化、城镇化、农业现代化的远景目标。其中，最艰巨最繁重的任务在农村，最广泛最深厚的基础在农村，最大的潜力和后劲也在农村。面向社会主义现代化新征程，全面实施乡村振兴战略，必须从全局和战略高度把握和处理工农关系、城乡关系，推动形成工农互促、城乡互补、协调发展、共同繁荣的新型工农城乡关系，开启城乡融合发展和现代化建设新局面。

一、解决好发展不平衡不充分问题，重点难点在“三农”，迫切需要补齐农业农村短板弱项，推动城乡协调发展

党的十九大明确提出，我国社会主要矛盾已经转化为人民日益增长的美好生活需要和不平衡不充分的发展之间的矛盾。而发展不平衡，在城乡表现得最为明显；发展不充分，在农村表现得最为突出。随着脱贫攻坚战收官，我国取得了现行标准下贫困人口全部脱贫、贫困村全部退出、贫困县全部摘帽的历史性成就，但由于“三农”固有的属性，整体发展水平仍然较低，自我发展能力仍然较弱。从农业看，粮食作物多而不优，农民辛辛苦苦种一年地，不如外出打几天工挣钱多；农副产品杂而不特，绿色食品、有机农产品产量规模小；农产品加工大而不强，精深加工附加值低。从农村看，村庄空心化、农户空巢化、农民老龄化，村庄缺人气、缺活力、缺生机，留在农村的大多是“386199 部队”，即留守的妇女、儿童和老人。一些村庄没规划、没秩序、没特色，有新房没新村，有新村没新貌，农村办喜事大操大办、高额彩礼、铺张浪费等陈规陋习屡禁不止。从农民看，“十三五”期间，我国农村居民人均可支配收入虽从 11422 元增至 17131 元，城乡收入之比

由 2.73 ：1 缩小为 2.56 ：1，但绝对值由 19773 元扩大为 26703 元。尽管全国建档立卡贫困户基本生活有了保障，但要看到相当一部分脱贫户收入水平仍然不高，脱贫基础还比较脆弱，稍不注意就可能重新陷入贫困。在接续奋进的历史征程中，让农民群众过上更加美好的生活，一起走上共同富裕道路，始终是我们党践行初心使命的关键所在。当前已进入重塑工农关系、城乡关系的重大关口，我们一定要准确把握新时代农业农村发展的新趋势，巩固拓展脱贫攻坚成果，全面实施乡村振兴战略，不断提高农村发展水平，改善农民生产生活条件，让广大农民有更多获得感、幸福感、安全感，过上和城里人一样的好日子。

二、构建新发展格局，潜力后劲在“三农”，迫切需要扩大农村需求，畅通城乡经济循环

城乡经济循环是构建新发展格局、畅通国内大循环的重要方面。党的十九届五中全会要求全面推进乡村振兴，这既是统筹解决“三农”问题的客观要求，也是基于构建新发展格局、盘活农业农村内需潜力、用好农村这个广阔回旋空间的战略考量。从客观要求看，即便我国将来城镇化率达到 70% 以上，全国还会有 4 亿人生活在农村。不管工业化、城镇化进展到哪一步，乡村都不会消亡，城乡将长期共生并存，这是我们的国情决定的，也是客观规律。拉美国家掉入发展“陷阱”的警示以及日本、韩国乡村振兴的成功都昭示我们，缺少农业农村的现代化是不可能成功的。从战略考量看，按照国际经验，当城镇化率达到 50%—70%，经济社会发展即进入城乡融合阶段，乡村价值将实现从“生产主义”到“多功能乡村”的历史性转变，居民对生态、文化产品和服务等方面需求将快速增长，农业农村多种功能将得以发掘，乡村产业在国民经济中的比重将不断提高。当前，农村基础设施欠账多、面貌落后，不仅有交通、水利、物流、电网、通信等大量农村基础设施补短板的投资需求，而且有上千万农村人口的巨量改善性需求、每年上百万农民工市民化的巨量提升性需求，以及“逆城市化”带动的巨量体验式需求。根据国家统计局发布的数据，2014 年以来，我国乡村消费市场的平均增速快于城镇近 1.2 个百分点，2019 年全国乡村消费品零售额达到 60332 亿元，增长 9%，比城镇消费品零售额增速提高了 1.1 个百分点。2020 年尽管受到新冠肺炎疫情冲击，但乡村消费市场表现出较强韧性，全年乡村消费品零售额为 52862 亿元，部分地区增速由负转正，助力全国消费稳步复苏。我们必须用好战略窗口期，积极融入新发展格局，用好乡村建设这个空间，这样既可以更好发挥投资的关键作用，又能促进城乡要素流动，还能显著改善民生，可谓一举多得。在新发展格局下，就是要发挥农业对经济社会稳定发展的“压舱石”和后疫情时代经济增长的强大“推进器”作用，全面实施乡村振兴战略，弥补基础设施和公共服务短板，激发农业农村发展内生活力，推动农业全面升级、农村全面进步、农民全面发展。

三、应对国内外各种风险挑战，基础支撑在“三农”，迫切需要稳住农业基本盘，守好“三农”基础

“五谷者，万民之命，国之重宝。”抗击新冠肺炎疫情是一场基本农产品供应的大考。世界粮食计划署一再预警，受疫情冲击全球濒临近 50 年来最严重的粮食危机，而我国却做到了重要农副产品稳定供应，这使我们更加看清了农业的基础地位和特殊作用。党的十九届五中全会把统筹发展和安全上升到重大战略高度，强调保障粮食等重要农产品供给安全，是“三农”工作的头等大事，要确保“中国人的饭碗牢牢端在自己手中”。从总量上看，在粮食问题上我们要特别清醒。虽然我国粮食产量连续 6 年稳定在 1.3 万亿斤以上，但粮食安全基础仍不稳固、形势依然严峻。2003 年全国有 13 个粮食净调出省，2008 年减少到 8 个，到 2017 年仅剩下河南、黑龙江、内蒙古、吉林、安徽 5 个省（区），“1942 大饥荒”、三年自然灾害殷鉴不远，一定要警钟长鸣。从质量上看，适应城乡居民消费需求正从“吃饱”向“吃好、吃得安全、吃得营养健康”的新趋势转变，为国人提供更多的放心粮、优质粮，为国人提供稳定可靠、绿色安全的农副产品，这是最具竞争力的供给方向。手中有粮就能为应对复杂国际形势争取战略主动，粮食丰产就能为经济社会大局稳定提供有力支撑。我们要深刻认识新发展阶段“三农”安天下、稳民心的战略性作用，加快农业农村现代化、实现“四化”同步发展。必须发挥新型工业化的推动作用，在工业化提供强大物质积累的同时，以工业化理念发展农业，推动农业由单一种植向一二三产业融合发展转变，提高农业质量效益和竞争力；必须发挥城镇化的带动作用，在吸纳集聚农村劳动力到城市就业、加快农民工市民化的同时，推动城市基础设施向农村延伸、城市公共服务向农村覆盖，走好城乡融合发展之路；必须发挥信息化的引领作用，积极促进新业态、新模式全方位大规模向农村渗透，着力培育乡村振兴新动能。只有这样，“稳”才有根基，“进”才有底气，才能把维护粮食安全的重任扛稳扛牢，有效抵御各种风险考验，实现更高质量、更有效率、更加开放、更可持续、更为安全的发展。

第二节　城乡融合发展的核心是要素平等交换、双向流动

习近平总书记指出，如果乡村人才、土地、资金等要素一直单向流向城市，长期处于“失血”“贫血”状态，乡村振兴就是一句空话。党的十九届五中全会就深化农村改革进行了具体部署。我们要按照全会要求，抓住“人、地、钱”等关键环节，深化农村改革，加快建立健全城乡融合发展机制，增强农业农村发展活力。

一、紧紧聚焦“人”这一核心，强化乡村振兴人才支撑

乡村振兴，人才为要。据测算，按每户两个劳动力、每人外出打工

月收入 3000 元、每亩种粮年收益 700 元计算，每户需要 100 亩耕地才能和打工收入相当，这样 20 户的小村就可以管理 2000 亩的耕地，大致相当于现在 1600 人的村庄规模。由此可见，未来相当长一段时期，人口从农村流向城市的趋势不可逆转，同时还应有走有回，千方百计引才引智、推动年轻人下乡，为乡村振兴提供坚实支撑。我们要创新乡村人才工作体制机制，推动人口在城乡之间双向流动。一是畅通农民进城通道。2019 年我国城镇化率为 60.6%，如果达到 70%，全国至少还需要再吸纳近 1.5 亿人。调研表明，愿意进城工作、生活、居住的农民，选择所在地县级城市的比例达一半以上，县级城市吸纳转移人口有着广阔的空间。要把县域城镇化作为吸纳农村转移人口的主阵地和主渠道，着力做强县城这个引擎，做实中心镇这个节点，强化教育、医疗等基本公共服务保障，大力提升集聚产业和人口的水平。二是打造返乡创业平台。这几年，很多农民工、大中专毕业生、退役军人和科技人员、退休干部职工等从农村走出来的人，有的经过多年打拼有所积累有意返乡创业，有的学业有成、事业有成有意回报桑梓。要顺应这一趋势，把返乡创业作为一项关键性、根本性重大举措抓紧抓好，打好“乡情牌”“事业牌”，大力促进各路人才“上山下乡”投身乡村振兴，变离乡“民工潮”为返乡“创业潮”。引得来还要留得住，要靠感情留人、服务留人，积极帮助协调解决实际困难；还要靠环境留人、条件留人，改善乡村生活条件和工作条件；更要靠产业留人、机会留人，让那些返乡人才能够在乡村振兴中大展身手、发家致富。三是抓好高素质农民培育。放眼全球，高素质农民是靠教育和培训出来的，日本通过更新改进教育方法、培训模式，开设各种符合农民需求的课程补习班，提高农民的专业知识、综合素养。要发挥好职业学校和涉农教育培训优势、创新形式，面向乡村发展实际需求，加强涉农专业和课程设置，大力实施青年农场主培养计划、新型农业经营主体带头人轮训计划和农业职业经理人培育计划，加快培育一批“土专家”“田秀才”、产业发展带头人和农村电商人才，打造一支有文化、懂技术、善经营、会管理的高素质农民队伍。

二、紧紧围绕“地”这一主线，优化乡村振兴资源配置

土地者，民之本也。我们党从领导土地改革到建立合作社再到实行家庭联产承包责任制，都是围绕土地进行解放和发展生产力的探索。处理好农民和土地的关系，当前仍然是深化农村改革的主线。一是巩固和完善农村基本经营制度。落实第二轮土地承包到期后再延长30年政策，完善农村承包地“三权分置”制度，在依法保护集体土地所有权和农户承包权前提下，加强土地经营权流转服务，重点搞活土地经营权，形成农村承包地“三权”层次分明、结构合理、平等保护的格局，让农户放心流转土地，使农业经营主体安心生产经营。我国小农生产有几千年的历史，小规模家庭经营是农业的本源性制度。在发展适度规模经营时，要注意处理好培育新型农业经营主体和扶持小农生产的关系，坚持宜大则大、宜小则小，不搞强迫命令。二是稳慎推进农村宅基地改革。加快房地一体的农村宅基地及住房确权登记发证，建立依法公平取得、节约集约使用、自愿有偿退出的农村宅基地制度，探索宅基地所有权、资格权、使用权“三权分置”；落实宅基地集体所有权，保障宅基地农户资格权和农民房屋财产权，适度放活宅基地和农民房屋使用权。在保障农民住有所居的前期下，稳步推进宅基地有偿使用。创新政策举措，积极盘活利用闲置宅基地和房屋。用足用好城乡建设用地增减挂钩政策，完善宅基地复垦券制度，有序推进空闲宅基地复垦。三是探索农村集体经营性建设用地入市。积极推进农村集体经营性建设用地确权。建立城乡一体化基准地价体系，为入市交易提供价格参考。探索建立同权同价、同等入市、流转顺畅、收益共享的农村集体经营性建设用地入市制度，加快建立城乡统一的建设用地市场。实施乡村土地综合

整治，开展乡村闲置校舍、厂房、废弃地等整治，允许市县在符合土地利用总体规划前提下，通过村土地利用规划，调整优化村庄用地布局，盘活农村零星分散的存量建设用地。四是稳步提高土地出让收入用于农业农村比例。中共中央办公厅、国务院办公厅印发的《关于调整完善土地出让收入使用范围优先支持乡村振兴的意见》明确要求："到'十四五'期末，以省（自治区、直辖市）为单位核算，土地出让收益用于农业农村比例达到 50% 以上。"要用好土地出让收入统筹使用、增减挂钩结余指标调剂等政策，集中支持乡村振兴重点任务。

三、紧紧抓住"钱"这一关键，构建乡村振兴多元投入格局

对乡村振兴来说，钱从哪里来是个大问题。必须政府主导和市场机制同向发力，推动形成资金资本向"三农"流动的良好态势。一靠财政优先保障。农业是弱势产业，农村是发展短板，要坚持把农业农村作为财政支出优先保障领域，多层次多形式推进涉农资金整合，提高财政资金使用效率，确保财政投入与乡村振兴目标任务相适应。要发挥好财政资金"四两拨千斤"作用，带动更多资金投入，逐步解决"三农"欠账较多问题。二靠工商资本投入。工商资本下乡，乡村有需求，资本有动力，发挥作用有空间。当前关键是要优化环境，稳定政策预期，加强规划引导，降低工商资本进入农业的额外成本，保护好工商资本下乡的积极性。同时，要明确政策边界，设立"防火墙"，防止"跑马圈地"，防止侵犯农民利益。三靠发展普惠金融。围绕更好满足乡村振兴多样化金融需求，建立健全适合农业农村特点的农村金融服务体系，建立金融机构服务乡村振兴的考核评估机制，推动农村金融机构回归本源。河南兰考县探索出以数字普惠金融为核心，以普惠授信、信用信息、金融服务、风险防控体系为基本内容的"一平台四体系"模式，2020 年全县各项贷款 210.7 亿元，余额存贷比、农户获贷率分别达

77.7%、40.9%，较试验前分别提高14.5个、34.8个百分点。四靠开发集体资产。村集体经济是乡村治理、村务活动的重要保障。农村集体所有的资产资源数量庞大，但由于产权归属不清、集体组织缺位、经营管理方式落后等因素，很多还处于“沉睡”状态。要以推进农村集体产权制度改革为突破口，在摸清集体家底的前提下，加快推进农村集体资产股份合作制改革，发展新型农村集体经济，推动资源变资产、资金变股金、农民变股东，实现集体资产保值增值、农民持续受益。河南济源市抓住全国集体产权制度改革试点机遇，探索建立“归属清晰、权责明确、保护严格、流转顺畅”的现代农村产权制度，97%的村有集体经济收入，59个建档立卡贫困村集体经济年收益均超过15万元。

第三节　城乡融合发展的重点是公共服务均等化

相比城市而言，农村基础设施和公共服务落后，仍然是乡村振兴的突出短板。党的十九届五中全会作出了实施乡村建设行动的战略部署。要坚持把实施乡村建设行动作为“十四五”时期乡村全面振兴的最有力抓手，将人力、物力、财力和政策统筹投放到乡村建设这个大平台上，加快补齐农业农村发展短板，建立城乡发展一体化机制，推动城市基础设施向农村延伸，社会事业向农村覆盖，让农村美起来。

一、科学推进乡村规划建设

规划是建设的蓝图，乡村建设必须坚持规划引领、有序推进。2021年中央一号文件提出，要加快推进村庄规划工作，年底前基本完成县级国土空间规划编制，明确村庄布局分类。当前和今后一个时期，乡村形态正在加快演变，有的村庄会聚集更多的人口和产业，有的会逐步同城镇融合，有的会逐渐衰落。要把乡村规划放在更加突出的位置，树立城乡融合、一体设计、多规合一理念，以县域为基本单元，统筹县域城镇和村庄规划建设，综合考虑土地利用、产业发展、居民点布局、生态保护和历史文化传承等因素，分类制定实用性村庄规划，促进县域内整体提升和均衡发展，形成现代县城与特色城镇、田园乡村交相辉映的城乡融合发展格局。县城规划要根据产业基础、交通区位等差异，科学设计发展目标和规划；乡镇规划要借鉴德国、美国以及我国浙江省特色小镇的经验，结合实际发展农业田园类、现代服务类等特色小镇；村庄规划要坚决不搞大拆大建，留住自然生态，提升古色新意，彰显环境之美、乡风之美，让村与村之间各美其美、美美与共。

二、大力推进城乡基础设施建设

乡村水、电、路、气、通信、广播电视、物流等各类基础设施建设，事关城乡要素顺畅流动和乡村产业发展、民生改善，必须把公共基础设施建设重点放在乡村，坚持先建机制、后建工程，实现城乡基础设施统一规划、统一建设、统一管护。要适应农业现代化和绿色发展需要，以高标准农田、水利设施、智慧农业装备等建设为重点，着力推进农业基础设施现代化，加大农村面源污染防治力度，夯实国家粮食安全基础。要适应推进农村现代化的需要，以交通、电力、给排水、通信和农产品冷链物流建设等为重点，着力推进农村基础设施网络化，推动具备条件的县（市）将城镇供水、污水处理、管道燃气等基础设施向农村延伸，逐步形成布局合理、城乡互通的基础设施体系。要适应农民群众日益增长的美好生活需要，以乡村学校、医院、图书馆、超市等建设为重点，着力推进农民生活设施便利化，不断改善农村居住环境。要总结推广浙江“千村示范万村整治”经验，实施农村人居环境整体提升五年行动，深度推进以村容村貌整治、厕所革命、农村生活垃圾污水处理、农业生产废弃物资源化利用为重点的农村人居环境整治，支持农民群众开展村庄清洁和绿化行动，推进“美丽乡村”“美丽庭院”建设。

三、积极推动城乡基本公共服务均等化

城乡公共服务不仅存在制度差异，也存在较大水平差距，低保、社会救助、优抚安置等制度在很多地方仍然是城乡分割，农村义务教育条件总体上比较薄弱，居民基本养老保险、医疗保险虽然已实现城乡制度并轨，但农村居民的保障水平明显低于城镇居民，农村人口老龄化程度高于城市，但养老服务体系建设大大滞后于城市。基本公共服务事关人民切身利益和社会公平正义，实现城乡基本公共服务标准统一、制度并轨是大方向，要把社会事业重点放在农村，持续提升农村教育、医疗卫生、社会保障、养老、文化体育等公共服务水平，完善农村基本公共服务标准，推进城乡基本公共服务普惠共享。县城要强化综合服务能力，积极探索与知名院校、医院建立合作模式，提高县城医疗卫生、教育等综合服务水平。乡镇要强化乡镇政府公共服务职能，建设成为服务农民的区域中心，为农民提供较完备的生产生活服务。村级要加强服务能力建设，为农民提供就近便捷服务，提供“一门式办理”“一站式服务”，构建线上线下相结合的乡村便民服务体系。

四、着力提升乡村治理水平

社会治理的基础在基层、薄弱环节在乡村，乡村治理事关党和国家大政方针的落实，事关农民主观能动性的调动和切身利益的保障，根本要求是建立党组织领导的自治、法治、德治相结合的乡村治理体系。“农村富不富，关键看支部；支部强不强，关键看头羊。”要突出政治引领，大力实施党支部“堡垒工程”、村党组织书记“头雁工程”、党员队伍质量提升行动，培养造就越来越多的优秀村党组织书记和村“两委”成员，把阵地牢牢地掌握在党的手中。要坚持党建引领基层治理，以“自治”夯实群众基础、以“法治”加强制度保障、以“德治”强化价值引领，完善和落实基层矛盾调解化解制度，持续推进

移风易俗，营造文明乡风、良好家风、淳朴民风，打造充满活力、和谐有序的善治乡村。

第四节　城乡融合发展的根本是增加农民收入

“三农”问题的核心是农民问题，农民问题的核心是收入问题，提高粮食比较效益、壮大乡村产业、推动一二三产业融合发展是根本之策。党的十九届五中全会在全面推进乡村振兴中，第一项就是“提高农业质量效益和竞争力”。要坚持基在农业、惠在农村、利在农民，把乡村产业振兴和县域经济发展有机结合起来，深化农业供给侧结构性改革，探索建立新产业新业态培育、农村文化保护利用、生态产品价值实现等机制，推动乡村经济多元化和农业全产业链发展。

一、坚定不移抓好粮食生产

习近平总书记强调：“粮食生产根本在耕地，命脉在水利，出路在科技，动力在政策。”[①] 面向“十四五”，要坚持藏粮于地、藏粮于技，牢牢抓住耕地、水利、科技、政策4个着力点，加快规模化、组织化、智能化、专业化、品牌化发展。守住耕地红线稳粮保供。土地是粮食生产的命根子。必须严守18亿亩耕地红线，像保护大熊猫一样保护耕地，确保“农地姓农、农地农用”。在此基础上，制定实施高标准农田建设规划，突出节约高效利用水土资源，把更多的“望天田”变成“高产田”。美国、加拿大、澳大利亚等粮食生产大国和主要出口国，依据生态条件、种植品种、产品质量和加工用途等将粮食进行分类，美国生产的小麦分为硬红冬、硬红春、软红冬、硬白麦、软白

① 习近平：《深化改革发挥优势创新思路统筹兼顾 确保经济持续健康发展社会和谐稳定》，《人民日报》2014年5月11日。

麦和杜伦麦 6 种，加拿大小麦分为 9 种。要借鉴发达国家经验，加快培育粮食品牌，提升质量稳定性，增强市场竞争力。构建科技创新体系提质增效。聚焦制约粮食产业高质量发展的“卡脖子”问题，协同研发、加快推广具有突破性的优良新品种、丰产高效绿色栽培技术新模式、智能化现代农技新装备、延链增值的新加工产品和知名品牌。种子是农业的“芯片”，通过实施种业工程，加强国家生物育种产业创新中心建设，构建现代种业全产业链。数字化智能化是现代农业的翅膀，要大力发展数字农业，加快物联网、大数据、人工智能等技术在农业领域的应用，提高生产效率、提升农产品质量。农机装备水平是农业现代化的决定性力量，德国农业机械化水平非常高，从播种到收获全程机械化，是世界最大的农机出口国。我国农机装备总体存在小马力、中低端机具多，大马力、高品质机具少；单项农机作业的技术多，集成配套的农机作业技术较少等问题，要加快规划建设具有国际竞争力的现代农机装备产业基地，深入开展主要农作物生产全程机械化推进行动，全面提升作业机械动力、作业效率和质量标准。建设现代农业经营体系培育主力军。培育新型农业经营主体是建设现代农业的前进方向和必由之路。要下更大气力培育新型经营主体，实施农民合作社质量提升整县推进行动，提升农业生产的规模化、集约化、现代化水平；实施家庭农场培训计划，把农业规模经营户培育成有活力的家庭农场。支持市场主体建设专业化社会化服务组织，将先进适用的品种、投入品、技术、装备导入小农户。完善粮食主产区利益补偿机制、健全城乡融合发展机制、建立农村低收入人口和欠发达地区帮扶机制等，强化政策支持保护种粮积极性。

二、持之以恒壮大乡村产业

以“粮头食尾”“农头工尾”为抓手，延长产业链、提升价值链、完善利益链，推动农村一二三产业融合发展，持续提升农业产业化水平。以龙头企业带动产业链。龙头企业是农业产业化的核心力量和引领者，是小农户与现代农业有机衔接的重要载体，在很大程度上决定着整个产业链的竞争力、供应链的协调性和价值链的高度。要进一步发挥龙头企业带动作用，引导企业采取兼并重组、股份合作、资产转让等形式，建立大型农业企业集团，打造知名企业品牌；鼓励企业不断创新业态模式，探索利益联结机制，通过“公司 + 基地 + 农户”，带动更多新型经营主体和农民分享一二三产业融合发展收益；防范化解企业风险，成立涉农风险投资基金，引导涉农金融机构加大支持力度，构建多层次金融助农体系。河南牧原集团面对非洲猪瘟和新冠肺炎疫情双重夹击，坚持危中寻机，构建集饲料、养猪、屠宰、加工等为一体的全产业链，逆势而上发展成为全国最大的生猪养殖企业和市值最高的农牧行业上市公司，仅在南阳内乡县就带动形成了年 600 万头的生猪屠宰加工产业集群和百亿级农牧装备产业集群，带动全县 1.6 万贫困户每户每年稳定增收 3200 元。以电商物流串起供应链，随着“互联网 +”在农业领域的深度应用，农村电商蓬勃发展，使得广大农村地区获得了与国际国内大市场联通的新途径，迎来了农产品标准化、规模化、品牌化发展的新机遇。与此同时，农村电商也面临基础设施不完善、人才缺乏、同质化竞争严重等问题。要以农村电商为“切口”谋划大文章，依托产业深度开发产品，走品牌化、规模化、系列化、电商化的路子，为电商发展提供强大的产品支撑；打造专业电商人才队伍，持续开展电商培训，加快普及掌握新技术新模式；建立现代商贸物流体系，持续提速降费，增强体验感，提升满意度。作为全国第一批电商进农村综合示范县的河南光山县，通过抓政府服务、人才支撑、品牌培育、利益联结、直播带货等，大力探索“电商平台 + 产业基地 + 配套物流 + 人才培训”模式，发展网店 2 万余家，从业人员超 5 万人，建成“光山十宝”生产基地 30 个，打造出“光山十宝”“光山羽绒”等网货品牌，2020 年网销额突破 43 亿元。以产品品牌提升价值链，乡村特色产品涵盖特色种养、特色食品、特色手工业和特色文化等，近年来已成为农民就业增收的支撑力量和乡村产业的重要增长极，要加强产业引导，注重挖掘品种特色、地域特色、环境特色、人文特色，形成“一村一品”“一县一业”乡村特色产业格局；积极发展特色食品、制造、手工业等业态，做强产品加工、做活商贸物流，构建特色产业全产业链；唱响乡村特色知名品牌，依托特定自然生态环境、历史人文因素，开发一批地域特色突出、功能属性独特的区域公用品牌，挖掘一批技艺精湛、工艺独特的能工巧匠，创响一批“珍稀牌”“工艺牌”“文化牌”乡土品牌。以农旅融合创造新热点。随着体验农事、亲近自然等“逆城市化”渐成趋势，近年来乡村旅游已成为新的热点，为乡村发展开辟了广阔新天地。但也不同程度存在遍地开花、盲目发展、恶性竞争、亏本经营等现象。农旅融合迫切需要迎合消费者需求，运用新的理念，实现产业突破，要强化规划引领，制定规划既要有区域宏观指导作用，又要涵盖重点版块和微观设计，逐步推动乡村旅游从单体的景区景点向旅游中心及旅游目的地转变；开展专业化运营，采取与专业运营团队共建共营、资产入股等经营模式，提升管理水平和可持续性；注重体验升级，坚持个性化、特色化发展方向，健全标准体系，完善配套设施，规范管理服务，全面提升游客体验。坚持把现代农业产业园打造成为“三链同构”的载体平台。现代农业产业园是优化空间布局、集聚生产要素、促进“三链”同构、实现产业融合的重要载体。要围绕提高农业产业体系、生产体系、经营体系现代化水平，持续推进国家、省市县农业产业园体系创建，通过政策集成、要素集聚、企业集中、功能集合，强化科技研发、融资担保、检验检测等服务，完善仓储物流、功能供热、废污处理等设施，打造一批产加销贯通、贸工农一体、一二三产业融合发展的农产品加工园区。

第五节　城乡融合发展关键要抓牢县域这个平台

县域是实施乡村振兴战略的基本单元。县域既是“以工补农、以城带乡”的桥梁纽带，又是“四化”发展的交汇所在，更是乡村社会稳定的关键所在，最能体现城乡融合发展的程度与水平。这迫切需要立足新发展阶段、贯彻新发展理念、构建新发展格局，精准把握趋势方向、研究细化实施路径，探索走出各具特色的县域高质量发展路子。只有县域这个龙头抬起来、舞起来，才能更好地推动城乡融合落地见效。

一、深化县域改革创新

县域作为推动城乡融合发展的主阵地和最前沿，要加快打破制约城乡融合发展的体制机制和政策障碍，打通城乡要素平等交换、双向流动的制度性通道，推动县域各项改革全面深化、系统集成、协同高效。要深化扩权强县改革，按照能放尽放原则推进权力下放，赋予县级更大的自主权和决策权，推动自由贸易区、综合保税区等功能向县域拓展，有效促进县域内资源和资金等合理调配，充分调动县域发展的积极性。要持续为基层减负增能，探索推动人权事权下沉基层一线，赋予基层更多定岗用人、综合执法等自主权，落实基层津补贴、职务职级等措施，激励一线干部担当作为。

二、打造县域营商环境

良好的县域营商环境是吸引要素集聚的重要因素。要加快补齐营商环境短板，对标营商环境评价指标体系，开展县域营商环境评价，把“软指标”变成“硬约束”，倒逼营商环境持续改善。要深化“放管服”改革，推进“最多跑一次”“互联网 +”为抓手，加快审批服务事项权力清单和监管清单“一单规范”管理，提升“一网通办”服务水平，加快提升行政效能。要加快社会信用体系建设，政府带头重信践诺，严格兑现招商政策，坚决杜绝新官不理旧账，推动县域发展环境不断优化。县委县政府要充分发挥县级领导、乡镇领导“关键少数”作用，建立完善县级、乡镇领导干部联系企业家、企业工作日等制度，坚持在产业生产第一线解决企业实际问题，帮助企业扩大融资、开拓市场等，增强企业发展信心。

三、构建县域工作机制

县委是“一线指挥部”，县委书记是“一线总指挥”，强有力的指挥和推进机制十分重要。要强化党对“三农”工作的领导，健全“五级书记抓乡村振兴”的组织机制、推进机制、工作标准和考核体系，实施以县域为单位的量化考核体系和动态评价体系，强化监督考核和奖惩激励。县委书记要担起主体责任、靠前指挥，把主要精力放在以推动城乡融合发展为重点的乡村振兴上，真正把城乡融合工作全面统筹起来，切实抓好项目安排、部门分工、资金使用、监督管理等各项工作，尽心尽力把这件大事办好。要采取学习考察、现场观摩、考核讲评等多种形式学习借鉴先进经验，引导广大县域积极探索、大胆创新，走稳走实走好城乡融合发展之路。

第九章

推进以人为核心的新型城镇化

新型城镇化是我国社会主义现代化的必由之路。我国《国家新型城镇化规划（2014—2020年）》已实施6年，总体完成了规划目标任务。《建议》提出，我国2035年“基本实现新型工业化、信息化、城镇化、农业现代化，建成现代化经济体系”。当前，我国正在完善新型城镇化战略，推进以人为核心的新型城镇化，国家发改委正在研究编制《国家新型城镇化规划（2021—2035年）》。笔者认为，2035年新型城镇化战略应当是：全面贯彻“创新、协调、绿色、开放、共享”新发展理念，围绕2035年基本实现社会主义现代化这一总体目标，借助全球信息科技革命机遇，以新发展格局释放城镇化新动能，完成城市向高质量发展全面转型，保持城镇化持续推进的良好势头，2035年城镇化率达到75%左右。“十四五”时期是城镇化持续健康发展的关键时期，继续推进新型城镇化需要聚焦以人为核心、空间重塑、科技驱动、治理创新、改革推动五大战略。

第一节　我国新型城镇化面临的挑战与机遇

城市化是人类社会发展的自然历史过程，当前世界正经历着城市化格局突变，我国城镇化要学习借鉴发达国家的经验，各国城市化发展模式不同，我国受人多地少这一基本国情影响，应当研究借鉴日本、德国和北欧等国家的城市化模式。

一、全球城市化浪潮中的中国新型城镇化

城镇化成为 21 世纪人类社会最大的变革趋势之一。到 2050 年，全球城市化人口将会翻一番。未来 10 年，根据联合国人居署最新发布的《2020 年世界城市报告》，世界城市人口占全球人口比例将从目前的 56.2% 达到 2030 年的 60.4%，96% 的城市人口增长将发生在东亚、南亚和非洲的欠发达地区，其中印度、中国和尼日利亚三国，将占 2018 —2050 年全球新增城市人口的 35%。城市化的价值应对所有生活在城市中的社会群体具有包容性，根据联合国 2016 年第三次住房和城市可持续发展大会通过《新城市议程》，让城市和人类住区变得更加包容、安全、韧性、永续。

中国的城镇化将成为 21 世纪全球最为重要的历史事件，对全人类可持续发展具有重大意义。一是我国城市人口增长将具有世界代表性，按照我国 2050 年城镇化率达到 85%—90% 估算，还将有超过 3.5 亿人口进入城市生活，将会超过全球新增城市人口的 10%。二是我国城镇化发展模式将具有世界代表性，以美国为代表的发达国家城镇化采取了市场主导模式，德国、日本和北欧等国家采取了市场和政府共同主导模式，我国将伴随着数字化革命建立市场、政府和社会协同城镇化模式。三是我国城镇化的投融资模式将具有世界代表性，将经历从银行体系间接融资模式主导向资本市场直接融资模式主导的

历史转换，可持续发展投融资体系的建立将引导发展中国家城市化投融资体系。

二、我国城镇化面临四大严峻挑战

未来 10—15 年这一关键转型期，我国新型城镇化将面临三大严峻挑战。第一，社会总体风险加剧的传统挑战。从全球传统城市化挑战来看，城镇化率为 50%—70%，正是社会观念、生产消费体系重塑的关键阶段，社会矛盾和社会意识分化加剧，社会总体风险增加。第二，应对气候变化实现“碳中和”的能源系统转型挑战。未来实现人和自然的协调发展，避免因为人类过度发展危及地球生存，我国城镇化必将转向资源节约型城镇化发展模式。第三，城市体系结构和空间布局的新挑战。城市空间布局是更加集中还是更加分散，城乡边界是更加明显还是更加模糊？第四，城市就业结构向人—机协同体系变迁的新挑战。未来，一少部分人从事生产就可以满足全部人类生存必需品需要，社会结构性失业将更加严峻；人类的生存、发展和创造需要与机器和数据等信息化要素结合，人—机系统体系将面临安全挑战。在 2020—2035 年这 15 年，人类社会正处于从“物质—人类”二元世界向“物质—数据—人类”三元世界的过渡关键阶段，人类社会将会发生与以往城乡格局不同的新变化，这是我国城镇化面临的最大不确定性。

三、我国城镇化面临五大历史性机遇

第一，我国人口数量和结构变化带来社会需求多样化发展的历史机遇。我国人口总量转折点预计出现在 2020—2030 年，总人口达到峰值并进入负增长。我国人口结构将出现一系列新变化，进入老龄化社会，社会受教育人口将覆盖全生命周期，社会收入结构进入中等收入人群快速增长期，这些人口结构性变化将带来需求多样化，需要我们进行前瞻性分析。

第二，我国空间结构重塑的历史机遇。我国将会成为世界上第一个拥有完整高铁网络的国家，据统计，高铁“八纵八横”规划总里程约 4.56 万公里，目前已建设完成近七成，预计 2026 年左右基本建成。2020 年建成的北斗卫星导航系统，是我国自主建设运行的全球卫星导航系统，是为全球用户提供全天候、全天时、高精度的定位、导航和授时服务的国家重要时空基础设施。我国城镇化发展形成的国土空间大格局，产业、人口向东部沿海和沿江领域集聚，但是基础设施和公共服务需要全国均衡布局，城镇地区快速发展，广大乡村地区投资机会明显增多，这种资源和空间格局的市场化匹配将释放巨大社会生产力。

第三，我国城镇化带来科技应用场景迅速发展的历史机遇。由于数据元世界（赛博空间）的出现，我国新型城镇化发展催生了巨大科技创新需求，这为我国创造以数据要素市场重塑人类生活生产生态带来了巨大历史机遇，这些新场景及其科技发展，已经对发达国家和发展中国家产生巨大吸引力。

第四，我国城镇化发展模式面临历史性重塑机遇。在“物质—数据—人”三元世界新格局下，利用市场、政府和计算三种调节手段，我国新型城镇化将会产生市场—政府—社会协同的城市治理体系和技术标准，在此基础上形成新的发展模式。

第五，市场和政府作用结构性改革的历史机遇。我国上一轮城镇化取得快速发展，但是仍存在一些制度性约束因素，如城市体系行政化制度、城乡户籍土地制度、土地财政制度、市场行政区域分割等，需在形成全国统一大市场的新发展格局下，大力推进新型城镇化制度改革。

第二节　科学确定我国新型城镇化战略目标

在完成《国家新型城镇化规划（2014—2020年）》的主要目标后，党中央明确提出了2035年基本实现"四化同步"的新型城镇化战略任务。其中，推进以人为核心的新型城镇化应作为未来一个时期我国城镇化的战略目标。

一、我国新型城镇化战略的提出与现状

党的十八大以来，中央城镇化工作会议于2013年12月召开，提出走中国特色、科学发展的新型城镇化道路，明确了城镇化工作的主要任务；中共中央、国务院于2014年3月印发的《国家新型城镇化规划（2014—2020年）》，是一个指导全国新型城镇化健康发展的宏观性、战略性、基础性规划；中央城市工作会议于2015年12月召开，提出尊重城市发展规律，统筹空间、规模、产业三大结构，统筹规划、建设、管理三大环节，统筹改革、科技、文化三大动力，统筹生产、生活、生态三大布局，统筹政府、社会、市民三大主体，不断开创城市发展新局面。

我国新型城镇化取得历史性成就，截至2019年末我国常住人口城镇化率达到60.6%，城镇已成为承载人口和高质量发展的主要载体。"十三五"期间，我国新型城镇化总体完成了4项主要任务：第一，推进农业转移人口市民化，全国超过1亿人口在城市落户，基本公共服务总体覆盖城镇常住人口。第二，以城市群为主体形态优化城镇化空间布局，我国19个城市群已成为城市化的主体形态，促进大中小城市和小城镇、特色小镇协调发展，为建立"1小时通勤圈"基础上的特色产业、高品质生活的现代化都市圈，奠定了坚实基础。第三，城市发展理念和发展方式取得明显转变，以全生命周期理念为指引，城市硬件、软件和治理现代化取得了实质性发展。第四，城乡体制机制改革探索取

得积极成效，城乡要素互动正在综合改革试验区内进行实验。

二、如何正确制定我国新型城镇化战略目标

制定 2035 年我国新型城镇化战略目标，应当考虑在基本实现社会主义现代化这一总目标下，研究制定包括人口、空间、科技、融资和治理模式五个影响因素下的高质量城镇化发展指标体系。这里，我们设定了两种情景的新型城镇化发展目标。

第一种情景，不触及安全底线的新型城镇化可持续发展目标。我国人口政策、空间政策和融资模式得到改善，全面贯彻“创新、协调、绿色、开放、共享”新发展理念，在全国统一大市场下劳动、土地、资本三大要素均发挥其潜力的基础上，把经济生态系统、生产总值和人类发展指数等指标导入新型城镇化考核体系，城镇化率平均每年提升 0.8 个百分点，2035 年达到 72% 左右，我国将能够彻底避免落入“中等收入陷阱”风险。

第二种情景，创新驱动模式下新型城镇化高质量发展目标。充分利用高铁网、北斗导航和 5G 通信等新型基础设施系统支持，实现科技与治理体系创新支持新型城镇化，将形成“市场主导、政府引导、社会协同”新型城镇化发展模式，新型城镇化的共享度、集约度和物质密集度大幅提高，城镇化率达到 80% 左右，为构建国内大循环为主体、国内国际双循环相互促进的新发展格局奠定坚实基石。

第三节　我国新型城镇化需要解决的主要问题

我国新型城镇化的高质量发展，需要从深刻认识我国基本国情入手，找出当前制约城镇化高质量发展的主要问题。

一、我国新型城镇化的特殊性

从总规模国际比较来看，我国新型城镇化是世界上规模最大、速度最快的一次城镇化。我国总人口已超过 14 亿人，现在已有 8.4 亿人实现了城镇化，这个规模大约是欧盟和美国的人口总和；而我国从 2011 年城市人口超过 50% 到现在不到 10 年，平均每年超 1500 万人进入城市就业生活，其速度与发达国家高速城镇化时期相比是最快的。从发展模式创新国际比较来看，我国作为世界上最大市场，是唯一高铁成网运行的国家，是拥有北斗导航系统时空基础设施的国家，新型城镇化发展模式将不同于世界任何其他国家。尽管在快速城镇化过程中出现了一些问题，如农民工和土地财政等，但是我国更有跨过“中等收入陷阱”的速度和规模优势，截至 2020 年末，我国已有 24 个城市地区生产总值超过了 1 万亿元，已有 10 多个城市人均国内生产总值超过 2 万美元，包括深圳、无锡、苏州、南京、北京、上海、广州、杭州、武汉和宁波等。与印度、巴西、墨西哥等国家相比，我们成功地避免了城市大量存在的贫民窟的通病，这不能不说是中国特色社会主义制度发挥了重要作用。我国的城市化是在工业化的基础上形成的，是由工业化拉动的，进城农民都能找到工作，开阔了眼界，学到了技术和经营知识，有比在农村更高的收入，因此在几亿人口的历史性大流动中总体保持了社会的稳定。我国城镇化进程基本上是健康有序的，有力地推动了经济发展和社会进步。

二、我国新型城镇化面临的主要制约因素

我国建立起社会主义市场经济体制，成为新型城镇化的制度基础，但是传统计划体制的影响仍然存在，严重制约了我国新型城镇化高质量发展。概括起来，主要是计划体制下政府配置资源和城乡、区域之间的行政壁垒、政策藩篱制约了全国统一大市场的形成，阻碍了

人口、土地、资本等要素的合理流动。40多年来，生产要素大量地由农村流向城市、由内地流向沿海，形成单向流动的趋势。粗略估算，40多年来由农村流入城市的劳动力、资本、土地三大要素，价值高达几十万亿元，支持了城市的繁荣。而由于种种过时的僵化的体制和规定，严重阻碍了要素的回流，削弱了城市对农村、沿海对内地的辐射带动效应，这是导致城乡差距不断拉大的根本原因。韩国在工业化、城市化过程中没有出现这种现象，城乡经济同步发展，城乡居民收入始终同步增长，主要在于早在20世纪70年代，他们就制订实施了新村建设计划，在财政支持下，鼓励要素由城市流向农村。韩国的经验值得学习借鉴。2005年党的十六届五中全会在制定“十一五”规划《建议》中，提出了建设社会主义新农村的目标，取得了很大成就，但是由于城乡隔离机制没有突破，农村发展滞后的状态没有根本改变。

第四节 “十四五”时期推进新型城镇化的战略任务

我国新型城镇化将确保可持续发展，实现2035年高质量发展目标。“十四五”期间，我国推进以人为核心新型城镇化，需要牢牢抓住人类社会向“物质—信息—人”三元世界过渡的历史机遇，在基本实现社会主义现代化总目标下，通过创新、改革和开放等重大战略措施，积极应对城镇化挑战，聚焦五方面战略任务。

一、积极推进以人为核心的新型城镇化

我国新型城镇化必须体现以人民为中心的指导思想，把农业转移人口市民化作为新型城镇化的重要任务。“十三五”时期，国家发改委、公安部等部门采取了一系列措施，包括提出确保重点人群便捷落户、提升农业转移人口就业能力、优化“人地钱挂钩”操作细则、户籍制度改革和建立居住证制度等，基本完成了1亿非户籍人口在城

市落户的规划目标。但是，根据 2019 年的统计数据，我国常住人口城镇化率为 60.6%，户籍人口城镇化率为 44.38%，相差 16.22 个百分点，说明尚有 2.3 亿城镇常住人口没有获得城镇户籍，如果加上他们留在农村的子女和老人，期望获得城镇户籍的人口数量会远远超过 2.3 亿人。

面对 2035 年约 10 亿人生活在城市的预期目标，需要认真反思人口城镇化存在的制度性约束问题。第一，城市居民基本公共服务最低成本如何界定，目前我国政府按照户籍提供基本公共服务，还承担大量非基本公共服务投资。第二，城市居民居住权利需要落实，以土地出让金为城市建设筹资的办法，强化了城市高价卖地发展商业性住宅的意愿。第三，城市居民享受基本公共服务的权利存在着不平等问题，包括教育医疗、社会保障等权利需要实现平等化。第四，根据联合国关于城市人口规模的界定，数量达到 2 万人，我国现存很多居民区已经达到小城市标准，但未能统计在城市人口中，也未能按城市居民提供公共服务。

“十四五”期间推进以人为核心的新型城镇化，建议把加快构建全国统一的全要素的大市场和国家保障基本公共服务作为两大战略性措施。现在全国性产品市场、金融市场基本建立起来了，全国性土地使用权市场需要尽快建立。要把为农民工提供养老、医疗、工伤、住房、子女入学入托等基本公共服务作为农民工所在城市政府必须完成的一项重要任务。重庆市作为西部城市，在多年以前已经做到了。其他城市特别是沿海城市，财力比重庆雄厚得多，应当能够做到。杭州市启动的新市民保障房建设计划，把为农民工提供住房纳入城市建设计划，值得借鉴推广。实践证明，允许农民工就地落户，为农民工提供公共服务，成为破解招工难问题，增强城市可持续发展能力的重要举措。

二、发展城市群都市圈，推进空间重塑的新型城镇化

我国新型城镇化提出“优化城镇化布局和形态”的战略任务，党的十九大进一步提出“以城市群为主体构建大中小城市和小城镇协调发展的城镇格局”；党的十九届五中全会强调“优化国土空间布局，推进区域协调发展和新型城镇化”重大任务，提出逐步形成城市化地区、农产品主产区和生态功能区三大空间格局，协同推进区域协调发展和新型城镇化。国家发改委根据《国家新型城镇化规划（2014—2020 年）》和“十三五”规划，提出建设长三角、珠三角、京津冀、山东半岛、海峡两岸、哈长、辽中南、华中、长江中游、成渝、宁夏沿黄、天山北坡、关中平原、北部湾、兰州—西宁、山西中部、呼包鄂榆、滇中 19 个城市群，在全国 25% 的土地集聚了 75% 的人口，创造超过 88% 的国民生产总值。2019 年 2 月，国家发改委印发《关于培育发展现代化都市圈的指导意见》，明确在城市群内培育发展以超大特大城市或辐射带动功能强的大城市为中心、以 1 小时通勤圈为基本范围的都市圈，通过大数据识别，都市圈以全国 4.5% 的国土面积承载了 32.1% 的常住人口，创造约 51.6% 的国民生产总值，城镇化经济密度和发展效率突出，发挥了支持国民经济和社会发展的核心骨干作用。

推进新型城镇化空间重塑，将成为我国建立国内大循环为主体、国内国际双循环相互促进的新发展格局面临的重大任务。首先，城市群或都市圈建设，是我国“十四五”时期绿色转型发展的主要场景，蕴含了我国经济增长百分之七八十的新发展动能，将成为我国新型城镇化发展的巨大潜力所在。其次，实现动力机制转换的关键是发挥市场主导力量和政府引导力量，这在城市群和都市圈中更容易实现。浙江省推进特色小镇和未来社区的建设与发展，就明显体现出了发展动力机制从政府向市场转型、发展场景从实体空间向赛博空间迁移的成功经验，值得认真研究。

面向2035年城镇化空间形态优化发展目标，国家城市群和现代都市圈建设面临着艰巨任务。第一，完善规划编制和制度建设任务。我国需要探索建立包括中心城市、卫星城市和特色小城市、特色小镇互相联系的新都市圈城镇空间体系，政府需要发挥积极的引导作用。2015年至2020年1月，国家共批准了13个城市群发展规划，有的城市群或都市圈建立起党政联席会议或同城化领导小组等机制。第二，逐步消除行政壁垒，让市场发挥资源配置决定性作用。依靠市场力量促进城市群或城市圈的分工与合作，城市群或都市圈需要建立城市内部网络化联系机制，核心内容包括交通设施一体化、市场一体化、公共服务一体化和数据服务一体化等。第三，实施碳排放达峰和实现碳中和目标共同行动。我国提出2030年前实现碳排放达峰、2060年前实现碳中和的目标。城市是碳排放的重点区域，占全球碳排放的70%以上，根据国际能源署的统计，建筑行业是全球最大的能源终端用户，产生了全球近40%的碳排放量。我国城镇区域特别是城市群或都市圈，是我国开展碳减排的重点区域，途径是建立起人—产业—交通—社会—环境复杂系统的协同发展的新发展模式。第四，利用新技术和新信息优化城市群和都市圈。我国正在建设高铁网和5G通信网络，北斗导航可以提供位置服务功能，在这些新型基础设施支持下，智能手机提供了位置和流量新信息，这为城市群和都市圈服务提供了新工具，将有利于城市群和都市圈的培育和发展。

三、实施科技教育创新，推进创新驱动的新型城镇化

我国新型城镇化高度重视城市创新工作，“十三五”期间城市创新工作取得重大发展。科技部成果转化与区域创新司开展了创新型城市工作，在全国筛选了78个创新型城市，这些城市发挥了城市创新主阵地作用，占全国10%的土地、30%的人口，汇集了全国80%的研发经费投入和地方财政科技投入，产生了全国80%以上的有效发明专利

和高新技术企业。国家发改委创新和高技术司牵头开展了智慧城市建设工作，2016 年，国家发改委、中央网信办联合教育部、科技部、工信部等部门建立了“新型智慧城市建设部际协调工作组”，负责研究解决智慧城市跨部门、跨行业的重大问题，制定一系列政策文件和智慧城市国家标准。住建部建筑节能与科技司开展了城市基础设施创新工作，围绕“民生导向、系统建设、安全底线”，开展了城市水系统、垃圾分类处理、综合管廊建设和智能建筑等科技创新工作。

城市创新是一个系统性、创新性和复杂性都很强的工作，也是决定我国未来城市发展新模式的关键因素。反思“十三五”时期城市科技创新工作，相关部门需要改变主要从自己职责角度来推进城市创新的工作方法，大力发挥城市主体的集成创新的积极性和系统创新能力，形成一种上下协同合力，研究遵守城市创新发展规律，全面、系统推进我国城市创新工作。城市创新有其发展规律可循，根据研究发现城市创新有如下规律：只有 7%—8% 的发明专利得到转化；中小企业 3 年开工营业率最高不超过 35%；高等教育投入同产业创新效率没有关系，引进人才有助于特定领域创新；公立研究部门研发只推进知识创新，企业研发同产业创新相关；地方高校同地方产业间的创新呈强联系；创新效率最高的市场环境是有限垄断；创意人才达到 6%，社会集体就会进入连续创新自发展状态。

“十四五”时期推进我国城市创新工作，需要利益相关方各负其责并形成力量协同的城市集成创新共享新局面。第一，发挥创新城市的主体和决定性作用，建议国家选择一批创新城市推进城市集成创新工作，并建议教育部授权这些城市建立面向本地的高等教育机构，把经济生态系统生产总值和人类发展指数等指标导入新型城镇化考核体系。第二，国家相关部门集成研究城市创新的国家标准，充分利用国家科技人才和信息优势，前瞻性研究确定城市集成创新国家标准体系，发挥我国市场规模效益的关键优势。第三，创新城市与相关部门就解决不涉及国家安全的个别性问题形成的相关解决措施，需要做到公开透明，建立城市创新大数据库，在全国范围内共享相关成果，面向国际统一行使知识产权。

四、完善治理体系创新，推进主体协同的新型城镇化

城市治理体系创新，是世界城市创新的一个难题，也是我国新型城镇化的一个新课题。在人类社会面向"人—信息—物质"三元世界过渡的关键时期，城市治理体系创新将是一个科技创新的重要应用场景，欧洲的德国、英国、瑞典、芬兰等国，以及北美洲的美国，亚洲的日本、韩国、新加坡等国，都在大力推进以城市信息模型为核心的城市治理创新。我国浙江省杭州市推进城市大脑创新工作走在了世界前列。杭州城市大脑起步于 2016 年，目标包括公共交通、城市管理、卫生健康、基层治理等 11 个大系统 48 个应用场景，日均协同数据 1.2 亿条；以我国研究人员为核心的城市大脑全球标准研究组成立，研究提出了《城市大脑全球标准研究报告 2020》，提出了城市大脑的顶层建设规范、整体技术架构、云反射弧机制、运行安全、城市神经元的种类划分、识别编码、空间位置编码、功能结构和关系确定等系统性标准体系。

党中央高度重视城市治理创新工作。2018 年 11 月，习近平总书记在上海考察时指出："一流城市要有一流治理，要注重在科学化、精细化、智能化上下功夫。"[①]2020 年 3 月，习近平总书记在湖北考察时指出："城市是生命体、有机体，要敬畏城市、善待城市，树立'全周期管理'意识，努力探索超大城市现代化治理新路子。"[②]2020 年 3 月，习近平总书记在考察杭州城市大脑运营指挥中心时指出："推进国家治理体系和治理能力现代化，必须抓好城市治理体系和治理能力现代化。

---

① 习近平：《坚定改革开放再出发信心和决心 加快提升城市能级和核心竞争力》，《人民日报》2018 年 11 月 8 日。

② 习近平：《在湖北省考察新冠肺炎疫情防控工作时的讲话》，《求是》2020 年第 7 期。

运用大数据、云计算、区块链、人工智能等前沿技术推动城市管理手段、管理模式、管理理念创新……让城市更聪明一些、更智慧一些，是推动城市治理体系和治理能力现代化的必由之路，前景广阔。”① 我国目前正在研究编制《国家新型城镇化规划（2021—2035 年）》，建议将完善治理体系创新、推进主体协同的新型城镇化，真正建立起“市场主导、政府引导、社会协同”的城市治理模式，作为新型城镇化的关键创新内容进行重点攻关。

五、实施重大改革行动，推进改革引领的新型城镇化

我国推进新型城镇化，正面临着一个从“物质—人”二元世界向“物质—信息—人”三元世界过渡的重大机遇期，只有大力推进改革才能形成以人为核心新型城镇化的新系统。为了能够实现 2035 年高质量城镇化率 72% 的高发展目标，“十四五”时期，应实施推进新型城镇化改革五大行动。

（一）农业转移人口成本补偿计划

我国农业转移人口数量超过了 3 亿人，为城镇化建设作出了巨大贡献。按照成本测算，农业转移人口到城市居住需要解决安家、住房、就业、教育、养老等多项支出进行加总，一次性解决我国农业转移人口成本补偿问题。建议国家发行 15 年期特别国债，由个人、中央政府和落户城市按照 10%、40% 和 50% 的比例承担偿还债务义务。这样快速补偿农业转移人口成本，可以收到三个成果：一是解决历史成本补偿问题，二是提高城市消费，三是为我国新发展格局奠定基础。

（二）城市体系重建改革计划

我国现行的行政管理主导的城市体系带来不少管理问题，造成城

① 《习近平在浙江考察时强调：统筹推进疫情防控和经济社会发展工作 奋力实现今年经济社会发展目标任务》，《人民日报》2020 年 4 月 2 日。

市数量不能满足我国新型城镇化发展需要。据统计，我国有14亿人口，目前有8.5亿人居住在城市，经国务院批准设立的城市仅684个；美国3.3亿人城市有1万多个，意大利6000多万人城市有8000多个，日本1.26亿人城市有800多个，韩国5200万人城市有80多个。发达国家设立城市的标准主要基于居住人口数量，美国3000人社区可投票申请设市，欧洲国家一般0.5万—1万人可以设立城市，日本、韩国5万人可以设市，3万人可以设城镇。联合国建议城市人口的下限标准是2万人。我国需要实施城市体系重建改革计划，把5万人以上社区设立为城市，把2万—5万人社区设立城镇，将大大扩充我国中小城市的数量。研究城市体系管理职责划分，赋予城市管理权限，将城市管理机构设施扁平化改造，把经济生态系统生产总值和人类发展指数等指标导入新型城镇化考核体系，将会促进我国新型城镇化实现以人为核心的高质量发展。

（三）国家城乡（资产数据）要素交易中心

我国积累了大量城市资产和乡村资产，伴随着数字化发展，城乡风貌也开始发生趋同性变化。为了建立城乡统一的要素市场，建议设立国家城乡（资产数据）要素交易中心，利用区块链技术实行非标准化资产的个性化交易，这将不仅激活我国城乡资源的最大效益，也会促使各类市场主体和各级行政主体按照资源禀赋优化全国资源配置，让交易者承担自己应该承担的风险，也让投资者找到更好的投资机会，让管理者提供更好的大市场服务。

（四）国家城市科技治理创新工程

我国新型城镇化面对着利用新一轮科技革命，创新城市治理的新机遇、新挑战。我们需要发挥相关利益主体的协同作用，让一部分有意愿、有条件的城市进行协同创新，这是规划不出来的，需要市场力量竞争优胜劣汰。

（五）城市碳中和国际合作

我国实现应对气候变化的碳达峰、碳中和目标，需要加大城市碳中和发展力度，需要与欧盟等国家加强合作，以我国大市场优势，主动吸引国际合作伙伴共同开发城市碳中和市场，把经济生态系统生产总值和人类发展指数等指标导入新型城镇化考核体系，形成国际标准体系，提高我国在碳中和竞争中的国际话语权。

第十章

加快发展现代产业体系

加快发展现代产业体系是建设现代化经济体系、推动高质量发展的必然要求，也是重塑我国产业竞争优势、构建新发展格局的重大举措。加快发展现代产业体系必须强化数字化引领，突出现代性特征，推动各领域数字化优化升级，着力提升全产业链水平，塑造新的竞争优势。

第一节　加快发展现代产业体系势在必行

在当前国际分工变化、产业竞争加剧的背景下，加快发展现代产业体系具有突出的重要现实意义。

一、产业体系亟待提升：从中低水平向更高水平跃升

现代产业体系是一个动态概念，从产业体系演进的历史进程看，产业体系的形成是工业化的结果。先行工业化国家比较早地形成较为完整的产业体系，并以殖民的方式把产业体系推广到世界。此后，一些快速工业化国家采取贸易保护政策等，积极参与到国际分工中来，不仅建立起自己的产业体系，更是通过国际分工形成其产业体系优势，并在国际分工中长期占据中高端，处于比较优势地位。而后发国家则在产业体系中处于低端，处于比较劣势地位，长期努力于后发赶超。到了 20 世纪中后期，国际产业分工的开放性增强，推动形成产业梯度转移模式，也就是一般性加工制造业从领先国家向后发国家转移，从纺织、钢铁、造船到计算机，基本上循着产品从简单到复杂、从低级到高级、从消费品到资本品逐次升级。这推动形成领先国家产业体系的扩张，而后发国家在这种差异化分工中也加快形成自己的产业体系。①

我国产业体系是在自给自足的基础上，通过加入国际分工体系发展起来的。改革开放之初，更多是通过加工贸易方式，从事由跨国公司外包的某些生产环节的生产活动。我们凭借资源和劳动力等要素成本优势，加上国外提供的原材料、中间品和机器设备，逐步形成产业规模优势。虽然在客观上导致我国产业体系对外依存度居高不下，但却为我国产业成长和产业体系构建提供了机会。正是由此起步，制造业率先在

① 余永定:《准确理解“双循环”背后的发展战略调整》(下)，《财经》2021 年第 1 期。

东南沿海地区成长起来，实现了成本优势—速度优势—规模优势的叠加升级，推动产业跨越式发展。

但是，我国产业总体上仍处于国际产业链、价值链的中低端，出口产品中拥有自主品牌的不足20%，关键核心技术受制于人的局面未根本改变，创造新产业、引领未来发展的科技储备远远不够。其中一个重要原因，是我国产业体系是在特定历史背景和特殊发展条件下建立形成的，所以产业体系先天不足，缺乏完整性，总体水平仍与发达经济体存在落差，尤其是核心技术领域受制于人的问题比较突出，对产业体系的安全发展影响较为明显。其中，在集成电路领域最为明显，产业规模仅占全球约7%，而每年消费量约占世界33%，导致80%的集成电路依赖进口。①2019年进口芯片规模达3055亿美元，这暴露出我国产业体系缺乏核心竞争力的软肋，并对产业整体发展产生直接影响。

产业体系的落差不仅导致大量利益流失，也对我国建立在劳动力成本低廉优势以及发达国家劳动密集型产业向外转移机会基础上的外向型发展模式提出挑战，传统的加工贸易模式不能重演，规模制造出口导向模式也难以持续。与此同时，我国劳动力等生产要素成本上升较快，东盟等新兴经济体及其他发展中国家，凭借劳动力成本和自然资源比较优势，积极参与国际产业分工，促使产业和订单向我国周边国家转移趋势明显，导致我国出口竞争加剧。根据国际劳工组织的数据，2017年中国从业人员平均月收入为847美元，大约相当于柬埔寨、印度尼西亚、斯里兰卡、坦桑尼亚等发展中国家的4倍以上。即使考虑到在工人素质、基础设施、产业配套、生产效率方面的优势，我国的劳动密集型产业综合成本已经渐失优势。所以，必须加快产业转型和产业体系的重构，通过发展现代产业体系，重塑竞争新优势，这样才能在参与国际产业分工中，再造发展新优势，掌握发展的主动权。

---

① 江金权：《把握构建国内大循环的着力点》，《学习时报》2021年1月25日。

二、产业竞争持续深化：从规模化竞争到体系化竞争

当今世界正经历百年未有之大变局，主要国家之间的力量对比成为最大的变量，并且主要聚焦于中国和美国之间。随着我国经济规模扩大并逐渐接近美国，遂成为其重点被打压的对象。美国为了维护其世界霸主地位，不择手段地打压、遏制中国，其涉及领域越来越广，遏制的手段越来越多样化。从早期的光伏产品扩大到通信设备、智能终端，现在又扩大到数字产业、人工智能等领域。从早期的军用和军民两用技术的出口限制、反补贴反倾销、绿色贸易壁垒等，扩大到投资并购限制、高科技中间产品出口限制、市场准入限制、高等教育和科技交流的限制等全方位的遏制。而且美国还拉拢其盟国一起对中国从技术、市场等方面进行合围封锁，从而进一步加剧产业竞争，恶化产业发展环境。美国等少数国家凭借其掌控的产业链上的优势，以此来强化竞争优势，促使产业链分工向产业链竞争转变。这对于我国产业链建设和产业体系发展构成新的挑战。

在产业链分工背景下，我国抓住产业链转移机会，从 1995 年至 2015 年的 20 年间，获取日本、美国和德国的制造业份额，使中国在全球制造业增加值中所占比重由 1995 年的 4.4% 持续扩大至 2015 年的 24.5%，增加 20 个百分点，居于全球首位。但是，随着产业链竞争加剧，美国等国推出“产业回归计划”和“供应链多元化”，政府资助跨国企业将生产线从中国回归本土或转移到其他国家，以实现生产基地多元化。美国提出“供应链独立”和“制造业独立”，而且还采取一系列刻意的“断链”甚至“毁链”行为，不仅对全球产业链带来干扰，也直接影响我国产业链安全。由此也更清晰地透视了我国产业链和供应链的整体状态。一方面显现我国产业链和供应链整体布局能力提高，影响力扩大，特别是在中间制造领域形成明显优势。在我国长三角和珠三角，业已形成的加工制造优势，成为产业链供应链中不可或缺的关键

环节，在稳链、控链、强链中发挥重要作用。另一方面也暴露出在产业链高端竞争力不足，关键领域受制于人的情况还比较明显。

为此，要更好应对竞争并在竞争中赢得主动，必须更强调自主创新，全面加强对科技创新的部署，集合优势资源，重点向产业创新领域倾斜，改善我国生产要素质量和配置水平，全面优化升级产业结构，推动我国产业整体转型升级。以重大科技创新为引领，加快科技创新成果向现实生产力转化，加快构建产业新体系。特别是要着力提升企业技术创新能力，强化企业创新主体地位，促进各类创新要素向企业集聚，提升创新能力、竞争力和综合实力。从世界经验看，100 多年来，技术创新绝大部分来源于企业，发达国家 80% 的科研工作是在企业中完成的。我国深圳，90% 以上的研发机构设在企业，研发经费的 90% 来自企业，90% 的专利由企业申请。同时，发挥大企业引领支撑作用，支持创新型中小微企业成为创新重要发源地。鼓励大企业向中小企业开放创新研发等资源。调查显示，2018 年我国规模以上工业企业中，有 43% 企业有技术创新，其中大型工业企业创新最为活跃，技术创新企业所占比重达 82.5%，高于中型企业 64.7%，是小微企业的 1.2 倍。通过推动产业链上中下游、大中小企业融通创新，从而为加快发展现代产业体系提供强有力的动力支撑。

我国已经进入高质量发展阶段，正在经历从量变到质变的过程，其特点是：增长速度要从高速转向中高速，发展方式要从规模速度型转向质量效率型，经济结构调整要从增量扩能为主转向调整存量、做优增量并举，发展动力要从主要依靠资源和低成本劳动力等要素投入转向创新驱动。这些变化，是我国经济向形态更高级、分工更优化、结构更合理的阶段演进的必经过程。同时，也要求加快发展现代产业体系与之相适应。产业体系现代化是实现“质量变革、效率变革、动力变革”的基本条件，也是提高全要素生产率，显著增强我国经济质量优势的根本路径。

第二节　提高产业基础能力和产业链水平

发展现代产业体系以“产业基础高级化、产业链现代化”为核心支撑，着眼于提高经济质量效益和核心竞争力。首先，要全面提高产业基础能力，构建系统完备、高效实用、智能绿色、安全可靠的现代基础设施体系。其次，推动全产业链优化升级，形成具有更强创新力、更高附加值、更安全可靠的产业链、供应链。由此，形成发展现代产业体系的强大优势。

一、提高产业基础能力

产业基础能力提升是数字化转型的着力点，也是发展现代产业体系的基础支撑。产业基础能力涵盖底层技术、基础零部件和材料、基础设施、质量标准、产业环境和人才队伍。总体来看，我国产业基础能力还不高，产业基础结构参差不齐，产业新度系数较低。随着产业数字化推进，凸显基础设施短板制约，这种结构性不对称既制约数字化发展，也制约产业链配套升级。有资料显示，我国核心基础元器件、关键基础材料、先进基础工艺、产业技术基础水平等对外技术依存度在 50% 以上，与发达国家平均 30% 以下、美德日 5% 以下有很大的距离。因此，我国产业基础能力还有很大提升空间，支撑现代产业体系建设能力还需进一步加强。所以，必须加大力度全面提升产业基础能力，为发展现代产业体系提供坚实的基础保障。

提升产业基础能力重在基础设施建设，当前要实施产业基础再造工程，重点是要加强基础设施体系建设进而优化产业基础结构。对此，国家已经作出统筹谋划和战略安排，整体布局基础设施体系建设。《建议》明确要求：“构建系统完备、高效实用、智能绿色、安全可靠的现代化基础设施体系。”一是推进第五代移动通信、工业互联网、大数据中心等新型基础设施系统布局和加快建设，为数字经济、智能制造等新经济发展提供保障；二是聚焦综合运输大通道、综合交通枢纽和物流网络，城市群和都市圈轨道交通网络化，农村和边境地区交通通达深度等3个重点，加快推进交通强国建设；三是以油气电为重点，完善勘探开发和产运储供销体系，推进能源革命；四是加强水利基础设施建设，提升水资源优化配置和水旱灾害防御能力。

这既是产业基础能力提升的重要内容，也是发展现代产业体系的重要组成部分，必然会有力促进现代产业体系发展，提升产业体系的竞争力。

二、提升产业链现代化水平

产业链现代化是经济全球化和数字化的必然现象，也是发展现代产业体系的重要环节。

（一）产业链现代化的动力

主要源自两个方面的推动：一是源自企业创新的推动，产业链是以企业为主体构建的，企业创新不断推动产业链创新。特别是企业数字化创新，打破创新流程各个环节的界限，促进时间和空间上的重叠，使得企业创新流程能够有效实现快速迭代。随着互联网技术从PC互联到移动互联再到万物互联，催生新技术、新业态、新场景不断更新换代，通过对人、机、物的全面互联，拓宽产业新空间，推动产业链全面创新。

二是产业格局变化的影响。现有产业链是建立在传统分工基础上的，适应了工业化的需要，形成固有格局。随着经济数字化发展，推动产业链发生格局性变化，形成全要素、全产业链、全价值链全面连接的新型生产制造和服务体系。网络化使得信息实时交互，供求精准对接，资源自由流动，不仅提高资源的利用效率，也重新匹配资源，从而从更深层次和更广维度推动产业链现代化进程。

（二）产业链现代化的重点

产业链现代化既要围绕制造业优势领域锻造产业链长板，也要围绕服务业等相对落后领域补齐产业链短板。

第一，锻造产业链长板。着力“打造新兴产业链”，加快提升产业链现代化水平。主要在以下方面展开：一是要巩固壮大实体经济根基，夯实产业链现代化的基础，更好发挥制造业优势，保持制造业比重基本稳定，强化产业链现代化的基础支撑。二是立足我国产业规模优势、配套优势和部分领域的先发优势，推动形成产业链整体发展优势。三是推动传统产业高端化、智能化、绿色化，推进产业链供应链创新。四是提高产业链质量水平，深入开展质量提升行动，全面提高产业链竞争力和发展水平。五是优化区域产业链布局，以促进产业在国内有序转移为导引，促进区域产业链合理布局和持续优化，推动形成区域协调发展新优势。

第二，补齐产业链短板。当前，重点要加大补短板的力度，促进产业体系功能性提升、完整性发展。全面推进产业链供应链数字化创新，提升产业链供应链现代化水平。

一是推动产业链供应链多元化。推进产业基础再造与创新发展相结合，传统产业与新兴产业发展相结合，加大重要产品和关键核心技术攻关力度，发展先进适用技术和产业，促进多产业、多业态融合。

二是加快新服务发展，进一步放大产业链的功能，增强产业链的活力。《建议》明确提出，要“加快发展现代服务业”。“推动生产性服务业向专业化和价值链高端延伸，推动各类市场主体参与服务供给，加快发展研发设计、现代物流、法律服务等服务业，推动现代服务业同先进制造业、现代农业深度融合，加快推进服务业数字化。”同时，发展新服务要突出创新引领，加快推进服务业数字化，促进供给和需求精准对接，推动多方面参与和多业态融合，加强生产性服务和生活服务业跨界融通发展，尤其强调生产性服务业要向价值链高端延伸，形成服务链与产业链合理匹配。

三是推进新场景开发。新场景改变了需求取向，重构资源配置方向，从更深层次推进传统产业链的重组和再造。目前，新场景引领新消费势头迅猛，导致产业化跟进发展速度超常。随着人们思维方式和消费习惯的适应性改变，还会进一步扩大数字化需求，营造数字化应用新场景，培育数字化新业态，从而进一步推进产业链拓展和产业体系完善。

（三）推进产业链数字化

数字化打破固有的产业流程和界限，实现跨时空链接和快速迭代。在此基础上促进数字经济和实体经济融合，共建数字产业链。核心是强化共生协同效能，减少中间环节、简化业务流程、优化关联组织、节约交易成本，形成具有更强创新力、更高附加值、更安全可靠的产业链。同时，数字产业链具有极强的联通性和串联性，贯通产业链各环节，带动上中下游共同发展。

（四）打造数字供应链

通过数据业务化、业务数据化，构建线上线下、全流程、一体化的供应链体系。其特点是以需求为导向、反向供应链的产业组织方式，注重数据驱动、实时链接、智能配对和利益共享。以数字供应链为依托，推动订单、产能、渠道等信息要素共享，实现产业供需调配的精准对接。

第三节　数字化赋能现代产业体系发展

以数字化重构产业体系，赋予现代产业体系新内涵。联合国《2019年数字经济报告》指出，数字化正在以不同的方式改造价值链，并为增值和更广泛的结构变革开辟新的渠道。“全球企业加速进入数字时代”，数字密集型、轻资产商业模式备受推崇，“数字化就是当前这个世纪进程的下一个篇章”。[①]

① 《美媒：“新冠像台时间机器”迫使全球企业加速进入数字时代》，参考消息网2020年12月29日。

一、发展现代产业体系，必须加快数字化发展，以数字化引领产业体系现代化

重点围绕 4 个方面展开：

一是产业数字化。用数字技术改造提升传统产业，量大面广，是数字经济的主体。包括传统产业由于应用数字技术所带来的生产数量和生产效率的提升，其新增产出成为数字经济的重要组成，属于数字经济融合发展部分。中国信通院数据显示，2019 年产业数字化规模达 28.8 万亿元，在 GDP 中的占比为 29%，在数字经济中的占比为 80.2%。

二是数字产业化。将信息和知识转化为生产要素，发展形成新产业、新业态。诸如电子信息制造业、信息通信业、软件服务业等，构成数字经济基础支撑。2019 年规模达 7.1 万亿元，在 GDP 中占比 7.2%，在数字经济中占比 19.8%。

三是应用场景化。通过场景化消费和知识与信息服务，塑造更多可视化、互动性数字应用场景，引导需求取向，调整资源配置方向，增强需求适配性。疫情防控催生基于互联网的"非接触经济""线上经济"，如直播带货、线上教育等场景。

四是数据资产化。数据成为重要生产要素和战略资源。调研机构 IDC 预测，2020 年，全球数据量会达到 44ZB（1 ZB=10 亿亿字节），2035 年达到 1.9 万 ZB。海量数据资产面临价值化、资产化、产权化，随着数据资产确权、流转，推动数据资产实现可交易化，从而加快数据资产交易中心建设。

数字化发展涵盖了经济社会数字化发展全过程，既包括数字化在经济社会领域广泛渗透，也包括经济社会领域的规模数字化过程。

二、发展现代产业体系，要把发展经济的着力点放在实体经济上，通过数字经济和实体经济深度融合发展“新实体经济”

实体经济是产业体系的根基，发展现代产业体系必须在发展实体经济上重点发力，通过发展实体经济进一步强化现代产业体系的实体支撑。但需要指出的是，发展现代产业体系所要求的实体经济并非通常意义上的实体经济，而是通过数字化转型或者与数字技术深度融合而形成的新实体经济，这是现代产业体系的基本构成，也是发展现代产业体系的重要实现形式。

有专家明确提出，用现代科学技术赋能实体经济，打造数字、智能、信息科技与实体经济深度融合的“新实体经济”。区别于传统实体经济，其特点是以知识、科技、互联网、数据信息、计算能力为核心驱动，提升实体经济的质量效益。[①]

发展现代产业体系就是优化配置各类生产要素的过程，通过发展新实体经济带动整个实体经济优化升级，促进经济实现结构性变革。数字化赋能现代产业体系建设，要更加突出其现代性，以现代国际先进水平为基准，综合运用数字技术，发挥平台体系优势，贯通产业体系建设全过程，全面提升产业体系水平。

三、发展现代产业体系，必须更好发挥平台优势，以平台体系重组产业链

通过平台赋能产业链，促进产业深度融合，增强产业链韧性。充分发挥平台优势，深化线上线下融合发展，沿产业链深度融合线上能力和线下生产力。促进产业链各环节互联互通，形成产业链企业间协同互动，产业链、供应链、价值链联动发展。提高产业链稳定性、安

---

① 吴君杨：《打造数字科技与经济发展深度融合的“新实体经济”》，《中国党政干部论坛》2020 年第 12 期。

全性、开放性。

平台化使企业联结方式发生根本性变化，平台成为产业组织者，企业从过去垂直分工的组织体转变为平台经济体，平台集合线下存量与流量，建立赋能型产业共同体。为关联企业精准对接供求信息，整体降低交易成本，全面提升产业链效率。打通供给端到用户端，取消许多中间环节，从而缩短供应链，优化产业链，提升价值链。数字化生产流水线、数字化物流流通系统、数字化产能预测和数字化销售平台、产业数字化正在为传统产业带来全方位的数字化赋能。

同时，平台汇集数据等要素资源，通过数据的积累与整合，推动数据生产资料与各大产业、各个行业深度融合，赋能产业链的各大环节，包括生产、流通、分配和销售全过程，从而创造应用新空间，完善产业链新功能。

四、建设现代产业体系，要以推进企业数字化转型为重点，着力提高全产业链水平

数字化加快布局发展，全球企业加速进入数字时代。WTO报告指出，世界经济正向数字化和信息化转型，大约115个国家已经制定了“新产业政策”“工业4.0”或“数字转型计划”。与此同时，企业数字化转型加速，并且极大地提升了企业转型的主动性。面向新形势新发展，加快推进企业数字化转型要着重在以下方面重点推进。

强化数据驱动。通过数据业务化、业务数据化，构建线上线下、全流程、一体化驱动系统。深入业务场景去挖掘数据，将业务场景和系统中产生的数据有效沉淀和挖掘利用，为智能决策和优化流程服务。强化数据驱动的前提是数据流动和保护。目前，数据流动对全球经济增长的贡献已经超过传统的贸易和投资，并且呈现日益扩大之势。适应发展趋势需要，必须扩大数据市场开放，使数畅其流、有效应用。同时，要加快建立数据资产的保护体系。有序扩大通信资源和业务开放，探索适时

加入区域性国际数据跨境流动。

推动系统性优化。系统集成是数字化的基本特征，对于企业数字化转型具有决定意义。企业数字化转型必须从业务链全局系统设计，实现业务链的整体数字贯通，形成系统性优化，而不是局部性改进、片段化应用，更不是各个业务领域数字化的简单叠加。

构建开放性企业数字化平台。数字化让平台成为产业组织核心、运行主体。通过平台赋能，推动形成生产、生活、生态融合发展，形成创新引领、要素富集、空间集约、宜居宜业的产业生态。进行内外部合作伙伴协同共建，打造数字密集型产业共同体。

扩大应用数字孪生技术。以数字化方式创建物理实体的虚拟实体，精确地对现实进行仿真表现。数字孪生技术与各产业融合正不断深化，尤其是在制造业领域更是显现特有的优势。例如协助进行预测性维护、优化运营效率，以及确定资产维护策略。

加快工业互联网发展。推进工业互联网、工业云平台、工业 APP 布局，支持企业“上云用数赋智”，推广工业企业设备联网上云、数据集成上云等深度用云模式。推动实现个性定制、联程设计、协同制造、延伸服务。工业互联网被喻为制造业数字化转型的“金手指”，中国信通院专家预测产业规模达 3 万亿元。目前，已经覆盖 300 多个城市，连接 18 多万家企业。

打造跨越物理边界的“虚拟”园区和产业集群。形成由数据驱动、平台支撑、高度协同的在线生态系统，以共创、相互赋能、共享的合作模式，放大协同效应。同时，加快形成以数字产业集群为主体的经济新优势，聚焦产业集群应用场景营造，放大产业集群效应。

第四节　推动数字经济和实体经济深度融合

《建议》明确提出，推动数字经济和实体经济深度融合，这是发展现代产业体系的必由之路。随着加快数字化发展，推动数字经济和实体经济深度融合成为经济体系深层次变革和经济格局持续优化的关键之举，对于实现我国经济发展的深层变革具有极其重要意义。

一、深化对推动数字经济和实体经济深度融合的认识

数字经济和实体经济深度融合，实质上就是实体经济数字化和数字经济实体化的过程。以产业数字化、数字产业化、应用场景化为路径，以数据为要素支撑，以平台为主要载体，推动产业体系现代化。

第一，推动数字经济和实体经济深度融合的意义。从全局发展的高度来审视，推动数字经济和实体经济深度融合具有深层含义。其一，要防止数字经济脱实向虚，即国外学者讲的经济“去物质化”。随着数字经济的快速发展，在推动经济水平提升的同时也存在过度消费化和过度娱乐化，以及平台失序、“数据裸奔”等现象。通过深度融合有助于从根本上加以解决。其二，要防止实体经济低水平循环，形成代际落差，影响高质量发展进程。我国经济总体规模很大，但发展水平参差不齐，实体经济总体上滞后发展。要通过深度融合促进转型升级。其三，要防止数字经济和实体经济各行其道，畸轻畸重，甚至相悖发展。既不能简单维持实体经济发展现状，也不能以数字化发展挤压实体经济发展空间。通过深度融合再造经济新形态、重塑发展新优势。

第二，数字经济和实体经济深度融合要把握其重点。首先，融合的主体在同一维度上，是数字经济和实体经济间的融合，这完全不同于数字技术与实体经济的融合，技术层面的融合更多强调推动产业数字化转型，或者用数字技术改造提升传统产业，这仅仅是深度融合的一个方面，或者说是一个条件。数字经济和实体经济深度融合是全方位、全流程、全领域的融合，通过深度融合着力于塑造经济新形态。

其次，深度融合深在何处？深度融合不是简单的结合，不是实体间的自由组合和横向联合，更不是数字经济 + 实体经济。深度融合是内

生的融合，是体制性、机制性、生态性和效率性的融合。主要体现在："体系化重构：发展现代产业体系""机制化转型：促进传统产业数字化转型""生态化重组：构建全新产业生态体系""效率化提升：促进产业全面提质增效"。

最后，推动数字经济和实体经济深度融合重在推动主体和推动方式的创新。一要坚持市场在资源配置中起决定性作用和更好发挥政府作用的原则，着重在动力机制上实现融合创新。二要创新融合方式，坚持数字化引领，推进数据化融合、平台化融合、场景化融合、产业链融合。真正体现融合的"深度"，而不是停留在"结合"的浅层。

二、推动数字经济和实体经济深度融合的理论视角

一是现代经济融合趋势。产业革命是技术驱动的结果，也是融合发展的产物。历次产业革命的核心效应就是通过技术经济的内在融合，在提高生产力的同时推动生产方式变革，形成新的经济增长阶段。因此，历次产业革命都是核心产业技术驱动经济融合发展实现的。它不是否定之否定，而是融合再融合，通过融合造就新的生产方式。正如机器替代手工劳作，大大提高了生产效率，但并没有否定生产本身，而是通过变革生产方式促进生产效率提高。

二是技术进步规律。技术突破往往是多学科交叉融合的结果，现代科学日益显现这一特征。多学科、跨学科融合是当代科学和技术解决问题的创造性方法，体现了广泛联系和融合创新，是现代科学技术发展的趋势，是科技创新的源泉。据统计，1901—2008 年颁发的自然科学诺贝尔奖中，学科交叉的研究成果占获奖总数的 52%。最近几年，这一比重上升到 66.7%。可见，融合乃是技术进步的规律。

近年来，正是互联网、大数据、云计算等数字技术的融合创新，推动数字经济加快发展，创造了深度融合的有利条件。在过去的 10 年，光纤通信容量提升 100 倍，移动通信速率提升 1000 倍，超算能力提升

千倍左右，为数字化发展提供了强有力支撑，也为数字经济与实体经济深度融合奠定了坚实基础。

三是数字经济属性。数字经济是高度信息化的经济，既是融合发展的结果，更具有万物互联的属性，通过广泛的联通而不断放大驱动效应。同时，数字经济也具有很强的渗透性，2019 年全球服务业、工业、农业数字经济渗透率分别为 39.4%、23.5%、7.5%，通过在经济各领域的渗透实现有效融合。

四是平台经济特征。平台是数字经济的主要形态，所谓数字化平台，黄奇帆将其概括为：通常是指大数据、人工智能、移动互联网、云计算、区块链等一系列数字化技术组成的“数字综合体”。平台是以互联互通为主要特征的，把各种要素资源汇集于平台，并通过平台赋能促进深度融合，形成平台经济生态。

五是数字孪生特点。数字孪生是充分利用物理模型、传感器更新、运行历史等数据，集成多学科、多物理量、多尺度、多概率的仿真过程，在虚拟空间中完成映射，从而反映实体装备的全生命周期过程。数字孪生模型是当前实物资产的数字化表现，或者说是现实物理空间的数字呈现，是资产和流程的软件表示，是普遍适用的理论技术体系，可以在众多领域应用。目前，在产品设计、产业制造、医学分析、工程建设等领域应用较多。这种数字模拟仿真方式既可精准刻画、精细设计，又能节约时间成本，提高工作效率，有利于在更深层次上推动数字经济和实体经济的深度融合，并且可以降低融合成本，提高融合效率。

三、推动数字经济和实体经济深度融合的路径选择

基于工业互联网融合。工业互联网的联通优势，有助于重构产业体系，例如在生产制造领域，可以通过物联网技术采集设备信息，结合大数据分析来优化制造生产流程，精准配置生产力，形成协同制造优势，推动相关产业集群发展，从而实现产业链各环节的优化。当前，

我国工业互联网仍处在发展过程中，有些功能还没有充分发挥，甚至还存在一些短板。德国智库墨卡托中国研究中心在 2020 年发布了《中国数字平台经济：针对工业 4.0 的发展评估》，报告指出工业互联网平台对应的即为“数字工业平台”。报告指出中国工业互联网有三大短板：中国制造业总体数字化程度低；中国缺乏核心部件和人力资源，大部分工业互联网平台没有核心竞争力；中国工业互联网平台没有用于高价值创造。但是，随着我国 5G+ 工业互联网的大力推进，将进一步强化工业互联网的功能，提升应用水平，并将从更深层次上推动数字经济和实体经济融合发展。根据中国信息通信研究院的测算，2030 年，5G 将带动我国经济总产出、经济增加值、就业机会分别为 6.3 万亿元、2.9 万亿元和 800 万个。

通过平台赋能促进产业深度融合。平台具有集聚资源和互联互通优势，最突出特征就是信息精准匹配，产业间深度融合，由此深刻改变产业链形态。有专家曾形象地概括为：“将传统经济链条式的上中下游组织重构成围绕平台的环形链条。”[①] 因此，要更好发挥平台效应，最大限度地整合线上线下资源，打通产业边界，推动产业深度融合。

当前，要运用新一代信息技术，探索构建适应企业发展需求的“数据中台”“业务中台”等新型架构模式。依托平台优化资源、重构流程，实现平台接单、按工序分解、各工厂协同的共享制造模式，不断创造产业深度融合的新路径。

数据驱动深度融合。数字时代数据成为重要生产要素，也是驱动发展的重要力量，信息流引领技术流、资金流、人才流，并不断向各个领域渗透，从而拓展业务的边际，推动产业跨界融合，最大限度地实现了规模经济和范围经济，不断形成经济新形态。所以，推动数字经济与实体经济深度融合要以数据为本，以数据确权与分享为原则，形成基于数

① 吕本富：《从平台经济到平台经济学》，《财经问题研究》2018 年第 5 期。

据的产业共同体。

基于新场景的融合。随着 5G+ 互联网规模推行，将会创造出源源不断的数字化新场景。打造全行业全链条数字化应用场景，推动形成新业态、新服务、新模式，促进数字经济与实体经济在新的场景中实现更高水平的融合发展。

打造产业生态，促进深度融合。加快产业数字化、网络化、智能化，通过对人、机、物的全面互联，推动形成全新的生态系统、全新的产业氛围，最大限度整合资源、融通发展，促进在同一生态条件下，实现数字经济和实体经济深度融合发展。

第十一章

新发展格局中的央行数字货币

加快构建以国内大循环为主体、国内国际双循环相互促进的新发展格局，是关乎我国发展全局的重大战略任务，是系统性、深层次变革。中央经济工作会议强调，“十四五”规划开局之年的经济工作要围绕构建新发展格局来展开，要“迈好第一步，见到新气象”，开创新发展格局的新局面。“双循环”为央行数字货币提供了发挥作用的空间，也为央行数字货币适时推出落地开启了“时间窗口”。

第一节 双循环需要更好发挥央行数字货币作用

“双循环”以国内大循环为主体，以扩大内需为战略基点，以扩大消费需求为着力点，更好发挥国内市场规模大、韧性强、活力足的优势，畅通生产、分配、流通、消费各环节，推动形成需求牵引供给，供给创造需求的高水平动态平衡。

习近平总书记明确指出，构建新发展格局的关键在于经济循环的畅通无阻。为此要依托强大国内市场，推动形成国民经济良性循环，实现经济循环流转和产业关联畅通。

构建新发展格局需要发挥央行数字货币作用，使之更好服务国内国际双循环，更有利于促进双循环高效顺畅、自主可控发展。随着构建新发展格局全面展开，客观上要求央行数字货币加快试点测试的进程，抓紧做好落地前的各项准备。一方面，是因为央行数字货币研发更接近落地运行阶段，经过试点测试方案更趋成熟，向适时推出落地更近一步；另一方面，“双循环”增强了央行数字货币推出落地的紧迫性，需要央行数字货币作用其中，既要有效发挥其不可替代的作用，又使之成为构建新发展格局的重要组成部分。

央行数字货币（Central Bank Digital Currency, CBDC）又称法定数字货币、主权数字货币，是由一国中央银行发行的法定货币的数字化形式。随着全球货币竞争聚焦于央行数字货币，各国都在加快进行战略布局。因此，加快我国央行数字货币推出落地的节奏，也是应对全球数字货币竞争的需要。目前，全球央行数字货币研发设计务实推进，主要国家经过各种测试，设计方案更趋完备，各项准备更加充分，呼之欲出。2020 年 1 月，国际清算银行（BIS）调查发现，受访的 66 家央行有 80% 正在研究、试验或者开发一种数字货币；而 10% 已经启动了相关试点。英国央行公开肯定数字货币的意义，称赞其有利于金融体系稳定，是拓展支付方式的一种潜在途径。欧央行对发行数字欧元态度开放，并同步开启公众咨询和内部试点工作。新加坡金管局联合多家中央银行，完成了历时 4 年的五个阶段的数字货币测试，主要用于批发领域。2020 年 10 月，国际清算银行发布《中央银行数字货币：基本原理和核心特征》的报告显示，截至 2020 年 7 月中旬，至少有 36 家央行发布了零售型或批发型央行数字货币较为具体的方案。

2020 年，数字人民币在深圳、苏州、成都、雄安和北京冬奥会封闭场景测试和试点，以检验理论可靠性、系统稳定性、功能可用性、流程便捷性、场景适用性和风险可控性。在此基础上进一步扩大试点范围，并不断丰富试点内容，完善设计方案，并且先后在深圳、苏州、北京、上海、长沙等地陆续试点数字人民币红包，数字人民币试点从封闭式内测走向“半开放”试点。

同时，围绕数字人民币的跨境支付也进行了相关测试。2020 年 9 月 27 日，石家庄海关所属雄安海关完成首票以数字货币形式缴纳风险保证金业务。2020 年 12 月 4 日，根据香港金融管理局官网，香港金管局总裁余伟文在《金融科技新趋势——跨境支付》一文中提到，香港金管局正在与央行数字货币研究所研究使用数字人民币进行跨境支付的技术测试，并做相应的技术准备。海南省适应自贸港要求提出数字人民币在跨境投融资和穿透式监管中应用。从整体试点情况看，市场反应和应用效果符合预期，前景看好。

与此同时，中央银行与多家互联网企业达成战略合作，共同探索央行数字货币在更多生活场景中的应用，着力构建协同机制，促进央行数字货币与其他支付方式共同发展。例如，与包括美团和滴滴出行在内的科技巨头联手，测试数字人民币在外卖和网约车等服务行业的使用情况。

加快数字化发展，特别是新业态新服务的大量涌现，为央行数字货币提供更好发展机会和更多应用场景，特别是线上消费的持续增长需要线上支付与之相适应，助推央行数字货币加快进程。“疫情促使向网上转型，这自然会推动远程支付的发展”。美国大通公司称，从 2020 年 2 月到 12 月初，“无卡”消费所占信用卡消费的比重从大约 40% 升至 50% 以上。由于线上消费具有一定的依赖性，一旦形成习惯则将一发而不可收。所以，对于那些习惯了数字支付的人来说，等于是跨越了“数字鸿沟”，“他们再也回不到过去”。①

央行数字货币竞争的实质是货币主权之争，是国际化地位之争。随着法定数字货币出现，货币形态发生本质性变化，在技术上，可以在线和离线支付；在功能上，支付领域可延展至更广领域和更深层次；在定位上，作为主权数字货币将全面提升国际竞争力。更重要的是央行数字货币完全超出货币本身的意义，它是以国家信用为基础的主权货币数字化，具有超强信誉度，并将挑战现有货币体系格局。尤其是随着一国数字货币的规模化应用，将会改变世界储备货币结构，从而提升国家竞争力。中国人民银行行长易纲表示，当前，数字经济是全球经济增长日益重要的驱动力。法定数字货币的研发和应用，有利于高效地满足公众在数字经济条件下对法定货币的需求，提高零售支付的便捷性、安全性和防伪水平，助推我国数字经济加快发展。

因此，在双循环大背景下稳妥推进数字货币设计，适时推出央行数字货币，是大势所趋，更是构建新发展格局的需要，可以更好发挥央行数字货币的优势，活化国内大循环，牵引国际大循环，助力双循环有序健康发展。

---

① 《美媒：“新冠像台时间机器”迫使全球企业加速进入数字时代》，参考消息网 2020 年 12 月 29 日。

第二节　央行数字货币是畅通经济循环的“加速器”

构建新发展格局的关键在于经济循环的畅通无阻。也就是要实现经济循环流转和产业关联畅通。依托强大国内市场，贯通生产、分配、流通、消费各环节，形成国民经济良性循环。习近平总书记强调指出，只有立足自身，把国内大循环畅通起来，才能不断增强我们的生存力、竞争力、发展力、持续力。

有研究显示，国内大循环的活力日益强劲，2008 年国际金融危机以来，我国经常项目顺差同国内生产总值的比率由 2007 年的 9.9% 降至现在的不到 1%，国内需求对经济增长的贡献率有 7 个年份超过 100%，最终消费支出对经济增长的贡献率稳定在 60% 左右。[①]

同时，要使国内市场成为最终需求的主要来源，形成需求牵引供给、供给创造需求的更高水平动态平衡，在这方面我们还有很大的成长空间。从国内消费市场来分析，目前最终需求并非完全源自国内市场，特别是高端消费更多还是依赖国外市场。我国一些有大量购买力支撑的消费需求在国内得不到有效供给，消费者将大把钞票花费在出境购物、“海淘”购物上。据测算，2014 年我国居民出境旅行支出超过 1 万亿元人民币。有效供给能力不足带来大量“需求外溢”，消费能力严重外流。

麦肯锡研究报告显示，跨国企业在中国消费市场的渗透率已经远高于在美国市场的渗透率，分析十大消费领域的 30 种顶尖品牌发现，2017 年在华外企的平均市场渗透率为 40%，在美国这一比例仅为 26%。某些行业的渗透率甚至更高，如在美妆和个人护理领域中跨国企业的渗透率高达 73%。不过，这种情况也在逐步发生改变，未来也将

---

① 毕吉耀、张哲人：《以畅通国民经济循环为主构建新发展格局》，《经济日报》2020 年 9 月 17 日。

面临来自本土企业的竞争。研究发现，在 30 个消费品类当中，外国品牌在其中 11 个品类的市场份额有所下降。

畅通经济大循环要综合施策、重点发力，尤其是要发挥好央行数字货币的功能作用，打通经济循环的堵点，以更加便捷的方式支持经济循环畅通。央行数字货币是畅通经济循环的加速器，在加快形成国内国际双循环中具有不可替代的作用。特别是我国央行数字货币与双循环格局内在逻辑具有一致性，其整体设计路线基本上遵循由内向外推进的逻辑，先行在国内试点推出，在积累经验、不断完善的基础上再扩展至国际经贸领域。这正好与国内国际双循环完全契合，二者可以形成叠加效应，从而扩大相互作用的空间。

央行数字货币如何加速畅通国内循环？梳理相关研究观点主要体现在以下方面。

一是通过央行数字货币推动实现货币政策数字化升级，重塑货币体系，拓展政策空间，优化政策工具，从而可以长效化地加速我国经济内循环。这同时也可以规避“流动性陷阱”。所谓“流动性陷阱”，是一种金融假说，即当利率下降到某一水平时，市场就会产生未来利率上升的预期，并引发扩大投资需求，无论央行供应多少货币，都被相应的投机需求所吸收，从而使利率不能下降而锁定在这一水平。随着居民持有央行数字货币账户规模扩大，负利率的下限空间将大幅拓展，将在客观上抑制“流动性陷阱”发生。

二是提高货币政策的直达性，通过定向使用、智能合约等内嵌功能，实现流动性投放精准化、结构化，抑制资金的套利空转。同时，通过持有央行数字货币独立账户，在一定情景下可以实现流动性直投，使政策效力直达内循环的末梢。

三是央行数字货币具有降低交易成本、提高征信效率，增加支付便利的特点，加上有效优化金融市场信息匹配，增强风险定价能力等，由此可以为中小企业、低收入群体等弱势主体疏通融资瓶颈，从而在更深层次上激发主体活力，激活经济的基本面。同时，基于央行数字货币支付结算的金融服务具有更广泛的可得性，也会助力欠发达地区、低收入群体便利地接入国内资金融通的内循环。

四是央行数字货币对外形成人民币的“电子货币区”，对内深入“内循环”的短板领域，由此降低外部政策干扰，保持政策的独立性和内生性。同时，也有利于在国际货币竞争中保持人民币资产的稳定性。

货币是重要流通手段，央行数字货币更加强化了这一功能，并且创新了流通方式。我国央行数字货币设计原则是以国内市场为优先取向的，这与我国日趋活跃的国内市场相适应。特别是通过数字化赋能，推动国内市场创新发展，显现出更大活力。尤其是在新冠肺炎疫情下涌现的“线上经济”“无接触经济”等新业态、新场景，促使网络消费和数字支付空前发展。有数据显示，2019 年我国网络消费超过 10 万亿元，网络消费占社会零售比重达 25.8%。预计到 2025 年，占到 35%，网络消费规模将达到 3.44 万亿美元。截至 2020 年 3 月，我国网络购物用户规模达 7.1 亿人，网络支付用户规模达 7.68 亿人，这是包括央行数字货币在内的数字支付的海量客户资源。这意味着支付空间还会进一步扩大，央行数字货币可以大有作为，完全可以乘势而上，应运而发，着力下好先手棋。

第三节　央行数字货币是扩大内需的“助推器”

新发展格局以扩大国内需求为战略基点，加快培育完整的内需体系。要“释放内需潜力”，关键在于“扩大居民消费，提升消费层次”，“使建设超大规模的国内市场成为一个可持续的历史过程”。发挥我国超大规模市场优势，把发展的立足点放在国内。我国有 14 亿人口，其中中等收入群体有 4 亿人，我国人均 GDP 已经突破 1 万美元，是全球最大和最有潜力的消费市场，具有巨大增长空间。这为央行数字货币实际应用提供坚实基础，同时也是我国央行数字货币落地运行的优势所在。可预期的是，随着居民收入水平增加和各项支持政策落实，消费潜力会最大限度地释放，我国超大规模市场优势的发挥，流动性需求空间将进一步放大，为央行数字货币提供可期的应用场景和广阔发展空间。据高盛报告预计，未来 10 年，中国计划推出的“数字人民币”，年度消费支付额将达 19 万亿元，占中国年度交易支付总额的 15%。所以要进一步挖掘需求潜力，激发市场活力，促进加快形成需求牵引供给、供给创造需求、支付活化市场的新格局。

因此，“扩大居民消费，提升消费层次”是我国经济的“压舱石”，也是发展的潜力所在。我们经常说经济内生动力和发展韧性，根本在于我们有强大的消费市场和旺盛的需求潜力。实践证明，凡是在经济出现波动时，拉动经济增长回归正常轨道的还是最终消费贡献。如为应对 2008 年国际金融危机影响，我国采取扩内需、促消费的政策，保持经济正常增长。2009 年最终消费对经济增长贡献率达到 53.4% 的高点，拉动经济增长 3.8%。随着经济发展和收入增加，我国的消费潜力会进一步释放，消费市场进一步向好。麦肯锡报告显示，2017 —2018 年，中国约有 76% 的 GDP 增长来自国内消费，而净贸易额对 GDP 增长的贡献实际为负。

从现实看，我国正在跨越中等收入阶段，根据世界银行 2017 年的标准，人均 GDP 为 3965 美元—12235 美元，是中等收入阶段。2019 年、2020 年我国人均 GDP 均已超过 1 万美元，一般规律是，当人均 GDP 超过 1 万美元以后，消费将进入快速升级阶段。更为重要的是，由于我国正处于快速城镇化阶段，城镇化拉动消费增长潜力巨大。据专家分析，城镇化率每增加 1 个百分点，城市人口约增加 1400 万人，每人每年增加消费 1 万多元，总消费就能增加约 2000 亿元，未来 10 年仅此一项总消费就将增加两万亿元左右。因此，我们不仅可以顺利跨越“中等收入陷阱”，而且也会同时避开“低欲望社会”。日本和北欧国家在进入中等收入阶段以后，随着收入增加，消费欲望降低，进入所谓“低欲望社会”。这种现象不会被简单复制到中国。

当然，我国消费需求潜力虽然很大，但还没有充分释放出来。我国最终消费率和居民消费率都明显低于世界平均水平和发展中国家的平均水平，最终消费率 2019 年达 55.4%，但还是低于同期世界平均水平 78.71% 和发展中国家平均水平 73.9%。[①]2019 年我国居民消费率仅为 38.8%，远低于美国的 68%、德国的 52% 的水平。这既是内生增长的差距，也是双循环要着力打通的堵点。同时，这也正是消费需求的潜力所在。如何多策并举进一步扩大需求，不断提高我国居民消费率，这对于畅通经济循环至关重要。除了增加收入、优化供给、扩大市场之外，还要采取更多便于消费的方式，使消费者通过便捷性消费、舒适性体验，增强参与消费的主动性和可持续性。在这个意义上说，央行数字货币对于扩大消费完全可以发挥助推器的作用。因为央行数字货币可以理解为数字形态的现金，具备了便捷服务、引导消费的功能，可以充分满足多元化的消费偏好。不仅在支付领域，在消费信贷等诸多领域都具有其优势。

应当看到，随着经济社会发展从温饱型阶段转向全面小康型阶段，在消费能力和消费水平提高的同时，消费倾向和消费模式也在转变。从过去的规模性消费、从众性消费开始转变为选择性消费、适配性消费。消费群体的消费倾向也发生变化，相当一部分消费群体消费动力下降，消费欲望递减，边际消费倾向递减规律似乎有所显现。所以，要认清当前影响消费的逻辑、消费的动力、消费的场景，以及消费业态和技术都发生了新的变化。必须适应变化了的情况，千方百计做好扩内需、促消费的文章，更好发挥央行数字货币服务消费、引导消费的优势，并要

---

① 江小涓、孟丽君：《内循环为主、外循环赋能与更高水平双循环——国际经验与中国实践》，《管理世界》2021 年第 1 期。

使其成为一个“可持续的历史过程”，从更深层次上推动双循环健康发展。

央行数字货币促进消费的内在机理和主要作用可以作如下解说。

一是为消费者提供安全便捷的消费方式。央行数字货币不是一般的数字货币，是法定数字货币，由国家信用背书，其信用度高、安全性好，是消费最可信赖的支付工具。同时，由于央行数字货币采取离线的技术路线，所谓“离线”支付，是指在无网或弱网条件下，用户进行交易或转款时不连接后台系统，而是在数字钱包中验证用户身份、确认交易信息并进行支付的方式。简单来说，就是没有网络也能付款，更加符合消费者线上消费的意愿，更好满足便捷消费的需求。

二是提高了支付效率，央行数字货币的松耦合、离线技术特点，突出体现在支付效率上的优势，让消费者节约时间成本、放大消费多重效应。正是由于消费的便捷性、价值性突出，潜在消费被最大限度挖掘，过去的随机消费转变为定向、定量、定时的常态化消费行为。相较于目前的移动支付工具，数字人民币支持“离线”支付功能，在飞机客舱中、快速行驶的高铁上、地下室里等无网或弱网场所，数字人民币仍然可以正常使用，这将大大提升用户的支付体验。数字人民币目前对商户零手续费、实时到账，这为商户经营提供了不少便利，节省了财务成本。

三是营造消费新生态。基于移动互联网的数字支付具有天然的社交场景，信息共享交流、消费意向参与互动，通过社交网络真正把需求联系在一起。社群化的消费意向具有启发需求的作用，往往形成对群体性消费的带动，使每位参与者通过交流消费信息，互动消费体验，消除消费盲点和认知障碍，积极参与消费之中，共同分享消费乐趣，实现社交性消费体验，达到消费者最大满意度，增加了消费的愉悦感。

四是拓展新消费领域，培育新增长点。数字支付激活了初创企业的发展热情，以数字支付程序为平台的新兴业态陆续出现，如外卖、打车、共享单车和无人便利店等，形成巨大的商业生态系统。给消费者带来便利的同时，也培育新消费行为和新增长点。

五是衍生数据服务。数字支付通过大数据分析，积累、挖掘并分析消费数据，对消费者消费习惯、常态化需求有了更深入的了解，为精准服务创造条件，从而拓展新增值服务和多元化线下支付场景。

总之，央行数字货币通过拉动消费、引导消费、提升消费，持续地为消费赋能，将会深度激发消费潜力和活力，使消费在经济发展全局中发挥更大作用。

第四节　以本币国际化促进国际大循环

经济全球化使我国经济全面融入世界经济体系，数字化进一步推进更宽领域、更深层次的融合。随着我国进一步扩大开放，同世界各国的经贸往来更加频繁，货币的中介作用更加凸显，愈加需要数字人民币发挥作用，加快推进人民币国际化的数字货币战略。

目前，人民币国际化程度与我国经贸规模严重不匹配，既不利于贸易双方互利互惠，也在核心利益上受制于人，有序推进人民币国际化成为日益紧迫的重大战略抉择。

一、人民币国际化势在必行

近年来，随着开放经济发展和国际贸易活动扩大，特别是“一带一路”建设的务实推进，人民币跨境支付出现新局面。在零售支付方面，中国银联已经在“一带一路”沿线 80% 以上的国家和地区实现银联卡受理。在大额支付方面，人民币跨境支付系统（CIPS）参与者规模不断扩大，截至 2018 年 3 月底，共有 31 家境内外直接参与者、695 家间接参与者，服务延伸至 148 个国家和地区。

但是，从总体看，人民币国际化程度与我国经济地位还严重不相称。

我国是世界第二大经济体、第一大贸易国、第一原材料和大宗商品采购国，我国大宗商品交易和原材料采购量占全球的 48.1%，但人民币的结算份额只占到大约 2%，人民币的国际话语权、定价权与我国第二大经济体的国际地位严重不对等。

虽然人民币于 2015 年 12 月 1 日正式纳入国际货币基金组织（IMF）特别提款权（SDR）货币篮子，权重仅次于美元和欧元，但迄今为止人民币占国际结算的份额只在 2% 左右。根本原因就在于现行美元为主导的国际货币体系下，人民币在国际大宗商品交易中没有结算、定价话语权，极大地限制了人民币发挥作用的空间，也对经贸发展带来深层影响。

所以，有序推进人民币国际化关乎人民币国际影响力，关乎国家竞争力，是高水平对外开放的战略着眼点。时不我待，但又不能操之过急。因为，在现有国际货币格局下，人民币国际化势必会打破既有的均衡，直接挑战以美元为主导的货币体系，带来冲突和各种形式的抵制在所难免，甚至还会招致联合围堵和封杀。所以，在传统货币格局下，以固有的方式推进人民币国际化，在那些“先行者”看来，无异于闯入他们的业务领地，挤占他们的市场，弱化他们的独占优势，必然会招致强烈的反制。

笔者认为，人民币国际化是必行之道，也是必要之举，这是我们的既定方针和重大方略。但是，没必要一定在传统框架下高成本国际化，要充分利用数字化机遇，在新的起点上推进人民币国际化。通过数字化来破解瓶颈制约，化解可能带来的风险，把人民币国际化成本和风险降到最低。

二、人民币国际化首先要人民币数字化

数字化不仅推动数字支付空前发展，也为人民币数字化提供了条件，从而拓宽了人民币国际化的新路径。数字人民币即央行数字货

币就是以国际化为取向的，也将强有力地推进人民币国际化进程。这一点是毋庸讳言的，这也是央行数字货币题中应有之义。更进一步讲，我国之所以要发展央行数字货币，其中目的之一就是提升人民币国际化的实力。正如国内有学者指出的：央行数字货币虽然有很多中短期目标，但其根本目标在于提升人民币国际化实力。人民币国际化应该成为央行数字货币最核心的目标。同时，也是积极应对各种形式的数字货币挑战，尤其是像脸书 Libra 这样有可能对人民币主权带来“侵蚀”的挑战，必须未雨绸缪，积极应对。从这个意义上说，央行数字货币作为 Libra 的应对方案，天然肩负“对外提升人民币国际化实力，对内保护人民币主权”重任。

经济全球化要求人民币国际化与之相适应，人民币国际化首先要求人民币数字化。因为我们没有机会和条件重复其他国家本币国际化的模式，传统框架下的人民币国际化已经没有前途和出路。面对美国和西方国家主导的国际规则和美元主导的国际货币体系，人民币国际化如果继续沿用之前的发展路径，将很难获得实质性突破。因为在现实国际金融领域，情况已经发生根本性变化，不是你要不要转换模式，而是变化慢了就会被动挨打。因为别人都在数字化，就连已经形成绝对优势的美元，也在谋划推行美元数字化，以进一步提升美元国际化实力。在这样的大趋势下，没有条件和可能在原有的框架下实现人民币国际化。

数字化给了我们一个这样的机会，通过人民币数字化加快推进人民币国际化进程。之所以说是机会，就是我们可以在同一起点上出发，尽管货币国际化的基础差异很大，但数字化营造了同步竞争空间，为后来者提供了赶超机会。正是在这个意义上说，央行数字货币可以被看作提升人民币国际化实力的新机会。对此，美国前财政部部长保尔森说得直白：尽管北京支持的数字货币本身不太可能破坏美元的霸主地位，但它肯定会促进中国人民币国际化的努力。Libra 负责人在 Libra 发行听证会上反复强调，要注意中国研制数字货币的速度，Libra 将会为全球尚未使用过银行服务的 17 亿人提供金融服务；如果 Libra 不做这件事，中国央行数字货币将会做。

数字化造就了央行数字货币，而央行数字货币继承了数字化基因，更加体现数字化本身具有跨时空、无边界的特点，更容易穿透边界，包括地理、司法和货币边界，形成超常规的国际化途径，对固有格局带来冲击性影响并推动重塑国际货币体系。在传统模式下，货币通过国际支付或成为全球价值储备工具实现国际化。数字货币拓宽了货币国际化的方式，针对开辟新的贸易机会和国界以外扩散交换媒介，数字网络有着不可替代的作用。

需要特别指出的是，现在不是想不想国际化、要不要国际化，而是推出央行数字货币本身就是一个国际化现象，已经处于国际化进程中，这是不言自明的逻辑。数字世界是联通的，任何人设限都于事无补，正像全球化不可逆一样，数字化也是不可逆的。央行数字货币既然是货币的数字形态化，其国际化也是不可逆的，其国际化能力恰恰是其竞争力所在。所以，从长远看不应也不可能把央行数字货币限制在国内部分范围，这有违央行数字货币的主旨和设计的初衷。对此，我们不必讳莫如深，其实所有人都看得清楚，花如此大的代价研发央行数字货币，仅专利就申报了几十项，这绝不应当是仅在国内用于替代部分现金，也不可能仅限于国内流通。现在，我们更应关注的不是数字人民币能否国际化，而是国际化的能力如何。会不会出现有人担心的，在美元为首构成的“货币岛链”中成为“货币孤岛”，这才是我们要认真研究和应对的。

三、用数字货币战略强化人民币国际化

央行数字货币是货币国际化的主战场，各国争相主权货币数字化目的就是要在新一轮货币国际化竞争中争取优势、赢得先机。我们也要审时度势、相机而动，决不能错过央行数字货币国际化的时机。在具体战

略举措上，应当重点考虑以下方面。

一是要以大宗物品结算为切入点，发挥买方优势和规模效应，打造全国统一的大宗商品现货贸易数字货币的应用生态圈。提高人民币的国际话语权、定价权，逐步扩大数字人民币结算规模。运用物联网、区块链、大数据技术，实现我国在大宗商品领域采用数字人民币的交易结算机制，替代美元结算，将是人民币国际化的一个重大突破。

二是与“一带一路”建设结合，在经贸合作中通过主权数字货币的应用，进一步提高信任度。目前，在支付基础设施方面已经初具规模。截至 2019 年 4 月，人民币跨境支付系统（CIPS）已为 59 个“一带一路”沿线国家和地区提供服务，形成金融与“一带一路”建设良性互动。在此基础上，推广数字人民币应用，应当是水到渠成。

三是与数字贸易结合，通过数字货币支持数字贸易加快发展。国家统计局数据显示，2019 年全国电子商务交易额达 34.81 万亿元，同比增长 6.7%，其中商品、服务类电子商务交易额为 33.76 万亿元，同比增长 6.6%；电子商务服务业营收规模达 4.47 万亿元，同比增长 27.2%。这为央行数字货币提供了巨大的发挥作用空间。

四是与微信、支付宝结合，共同拓展零售支付领域数字人民币的应用。目前，支付宝已经在国际化支付领域打开局面，支付宝网络用户超过 10 亿人。如果能使数字人民币作用其中，将会取得双赢的结果。

五是开发境外支付业务新领域。加快境外市场拓展，通过“支付即结算”，搭建由商业银行、货币互换、跨境系统相互连接的金融基础设施系统，开辟人民币国际化的新通道。支持支付服务、技术、标准的对外输出，抢占支付行业全球发展的更多“制高点”，为数字人民币国际化创造更好的环境。

值得特别关注的是，环球银行金融电信协会（SWIFT）联手中国人民银行清算中心、跨境银行间支付清算有限责任公司、央行数字货币研究所和中国支付清算协会，共同成立了金融网关信息服务有限公司，这将有助于央行数字货币跨境流通。

第五节　以数字货币争取双循环的战略主动

新发展格局决不是封闭的国内循环，而是开放的国内国际双循环。要充分利用国内国际两个市场两种资源，优化市场布局，形成参与国际经济合作和竞争新优势。央行数字货币以国内循环为基础，逐步扩大在国际循环中的应用，促进更多用于国际经贸活动，特别是在国际贸易支付结算中探索使用数字人民币，促进提高人民币国际化程度，在双循环中实现自主可控发展。这符合我国央行数字货币的设计原则和发展逻辑，也有助于提高人民币的国际地位。

一是率先在重点开放区域，探索数字人民币应用于跨境支付。央行数字货币具有银行账户松耦合性的特点，也就是在央行数字货币的实际使用中，并不需要与相关的银行账户绑定，交易转账也不依赖于银行账户。在这个意义说，央行数字货币有可能改变目前以分布在全球各地、各时区的代理行和清算行关系为基础的跨境支付格局。因此，我们要逐步扩大试点，有序扩大数字人民币国际化应用。例如，在海南自由贸易港、在“一带一路”核心区，以及在双边贸易合作中，可考虑逐步扩大试点测试范围和应用场景，以便捷高效、互利各方为原则，稳步推进数字人民币国际化应用。

二是通过央行数字货币提高人民币国际影响力。央行数字货币打开了国际化的新通道，为人民币国际化拓宽新路径，有助于推进人民币国际化的进程。

三是通过提供便捷的支付方式，促进对外交流合作。我国的央行数字货币属于零售型，区别于新加坡、加拿大等的央行数字货币的批发型。批发型只适用于中央银行和商业银行之间，零售型则面向公众使用。因此，我国央行数字货币更加适用于境内外消费者用于诸多零售场景。使用央行数字货币进行跨境支付，不需要拥有人民币存款账户，只需要开通数字钱包就可以。开通数字钱包的要求比开设人民币存款账户的要求低得多，而且境内外用户开通同样便利。外国消费者在没有中国银行账户的情况下，通过开通数字钱包的方式就可以使用。同时，央行数字货币支持双离线使用，任何两个钱包之间都可以直接点对点进行交易，交易在技术层面没有境内、跨境和离岸的区别。这为国外消费者提供了更加便捷的支付方式，也同时增加央行数字货币的公众吸引力，从而为扩大对外交流提供了有利条件，将会进一步增加对外交流合作的机会。

四是探索构建数字货币区，为双循环提供载体支撑。数字货币区是当今金融开放的重要形态，也是数字货币竞争的关键所在。数字货币区（Digital Currency Area, DCA）主要是由美国普林斯顿大学提出并正在转化为现实行动。其定义的核心内涵是：以特定数字货币进行付款和交易的网络，而这一数字货币是“仅限于”该网络使用。数字货币区是数字时代的必然产物，在未来，国际货币体系可能会围绕数字货币区而构建。数字货币区的最大优势，就是数字网络提供的额外信息和社交连接性促进了数字货币区（DCA）的更大凝聚力，其紧密程度要大于传统的货币区。

“数字货币区”理念带给我们最大的启示，就是可以通过线上线下融合，在特定物理空间区域打造真实意义的“数字货币区”。从而把传统最优货币区（OCA）和数字货币区（DCA）的优势叠加，既发挥网络资源优势，又突出最优货币区“地理位置接近”特点，创造最佳金融环境，为央行数字货币率先落地运行提供实验空间。

建立数字货币区不是追求封闭运作，而是打造区域性金融开放空间，优化小环境改善大环境，坚持线上线下融合、以数字人民币为主体，推动形成更加开放、更加高效、更加自由、更加国际化的金融环境。

构建新发展格局是立足当前、着眼长远，开启全面建设社会主义现代化国家新征程的重大战略。应当从全局发展的高度，超前进行包括数字人民币在内的战略安排，形成以数字人民币为主体，多种数字支付方式协同的支付格局，促进在双循环中形成发展合力和战略主动。

面向 2035 年的央行数字货币，将日益成为畅通经济发展的主角，其功能将更完善，作用更强大，覆盖领域更为广阔。特别是随着加快数字化发展，经济数字化进程进一步加快，数字经济的规模将进一步扩大。据中国信通院预测，到 2030 年我国数字经济规模达 100 万亿元，这将进一步强化央行数字货币的应用基础和发挥作用的空间，也会使双循环的内涵更加丰富。

第十二章

推进新型基础设施建设

《建议》对新时代系统布局新型基础设施提出了明确要求。随着数字经济的蓬勃发展和科技进步日新月异，新型基础设施的内涵和外延比历史上任何时候都要丰富，其发展变化必将贯穿于人类科技发展的全过程和各领域，也必将持续推动和重构人类社会的跨越式发展和螺旋式上升。新型基础设施建设事关经济增长，更关系到“十四五”规划的实施乃至全面建设社会主义现代化国家的进程。

第一节　推动新型基础设施建设正当其时，意义重大

新型基础设施是以新发展理念为引领，以技术创新为驱动，以信息网络为基础，面向高质量发展需要，提供数字转型、智能升级、融合创新等服务的基础设施体系，包括信息基础设施、融合基础设施和创新基础设施 3 个方面。建设集约高效、经济适用、智能绿色、安全可靠的新型基础设施是现代化基础设施体系的重要组成部分。从当前看，具体涵盖 5G 基站建设、特高压、城际高速铁路和城市轨道交通、新能源汽车充电桩、大数据中心、人工智能、工业互联网等 7 个领域。推进新型基础设施建设兼顾短期有效需求和长期有效供给，对于扩大有效需求、应对风险挑战、推动高质量发展，具有重要意义。

一、推进新型基础设施建设成为持续扩大国内需求的工作重点

持续扩大国内需求越来越需要以新型基础设施作为支撑点和重点。未来一个时期，随着国内市场主导国民经济循环特征越来越明显，经济增长的内需潜力将不断释放。加快新型基础设施建设有利于扩大国内需求。

一方面，第五代移动通信技术 5G、人工智能、大数据、工业互联网、物联网等新型基础设施本身将带来几万亿元，甚至十几万亿元投资需求。比如，5G 建设包括芯片、器件、材料、精密加工等硬件以及操作系统、云平台、数据库等软件；特高压涉及直流特高压和交流特高压，交流特高压又涉及高压变压器、互感器等数十个产业。5G、工业互联网、人工智能、云计算、边缘计算以及数据中心之间互为需求，呈现产业间的循环拉动效应，进而催生更大的投资需求。另一方面，新型基础设施建设具有不可估量的叠加效应和乘数效应，带动产业链上下游和各行业的应用前景广阔，经济社会效益显著。结合国内市场规模

优势的充分发挥，5G 等新一代信息技术作为支撑经济社会数字化、网络化、智能化转型的最关键新型基础设施，正带来车联网、无人驾驶、共享出行、在线会议办公等快速技术进步和大规模商业应用；工业互联网支撑传统制造业的数字化改造和智能制造的发展；物联网保障城市公共服务基础设施的智能化提升；特高压涉及交流特高压和直流特高压，交流特高压又涉及互感器、高压变压器等多个产业。在新冠肺炎疫情推动部分行业和市场主体重塑商业模式、组织形态和业务流程的情景下，基于网络数字技术的新业态、新模式支撑了新型消费逆势快速发展，进而激发更多新增需求。

二、推进新型基础设施建设是顺应经济高质量发展的必然要求

当前，我国已转向高质量发展阶段。新型基础设施适应社会主要矛盾转化和经济高质量发展要求，以新一代数字化技术为依托，推动生产、分配、流通、消费等各环节的贯通，提升供给体系对国内需求适配性，注重发挥需求对供给的牵引作用，从而增强发展的平衡性、协调性和可持续性。通过促进经济良性循环和供需动态平衡，新型基础设施提升了国民经济的整体水平和效能。高质量发展越来越依赖重大新型基础设施提供强大的动力和动能。

新型基础设施可为我国发展数字经济、战略性新兴产业、现代服务业提供所必需的基础平台，是推动产业链生态整体良性发展的关键环节。通过发挥平台的网络效应、基础效应和赋能效应，新型基础设施催生一系列新技术、新产品、新模式、新业态，深刻影响产业结构和经济形态，成为推动传统产业转型升级、引领新兴产业发展壮大的重要驱动力。立足世界科技发展的前沿水平，加快推进新型基础设施建设，有利于带动相关产业快速发展，提高经济质量效益和核心竞争力，为经济高质量发展提供新动能，体现了经济高质量发展的要求。

三、推进新型基础设施建设是落实“十四五”规划和实现2035年目标的战略举措

落实“十四五”规划和实现2035年目标需要新型基础设施提供抓手和牵引。《建议》要求，系统布局新型基础设施，加快第五代移动通信、工业互联网、大数据中心等建设。从未来15年看，加快建设适度超前的新型基础设施可直接提高基础设施供给质量，增加长期有效供给，有助于把握数字化、网络化和智能化融合发展契机，推动夯实实体经济长远发展的基础，开创制造强国和网络强国建设新局面。这一战略举措具有综合性、全局性、战略性、系统性、专业性、先导性、创新性、融合性等特征。

新型基础设施从创新发展、区域均衡、效率提升等方面，对全面建设社会主义现代化国家形成重要支撑。与传统基础设施比较，新型数字基础设施建设对土地、资源要素的需求相对不强，而是更加倚重新一代信息技术、应用场景、资本及人才等要素投入。新型数字基础设施相关的项目选择、布局选址和融资投资符合产业升级要求，满足新型工业化、信息化、城镇化、农业现代化同步发展需要，为经济长期增长培育新的增长动力。加快推进新型数字基础设施建设为缩小东西部差距提供强大动力。贵州、宁夏等西部省份数字经济增速近年来名列前茅，充分说明欠发达地区超前谋划新型数字基础设施建设，可以推动经济社会加快转型升级。从抗击新冠肺炎疫情的历程来看，新型基础设施为提高我国经济的抗风险能力和韧性提供了新机遇，显著提升了经济社会运行效率，推动了生产力的较快恢复和发展，为我国经济长期稳定发展、顺利实现“十四五”规划目标和2035年远景目标提供了持久动力。

四、推进新型基础设施建设是抢占全球科技竞争制高点的基础条件

世界仍然处于以信息产业为主导的经济发展时期。抢占全球科技竞争制高点越来越需要以新型基础设施作为平台和依托。1993 年 9 月，时任美国总统的克林顿将信息基础设施建设提到国家战略高度，推出跨世纪的“国家信息基础设施”工程，计划用 20 年时间通过网络连接全世界。事实证明，这一庞大的基础设施建设工程，让美国获得了持久的竞争力。近年来，美国提出优先发展人工智能战略方向，确定长期投资发展人工智能；欧盟加快开展 6G 网络的研究与资金投入，以期成为下一代通信技术的领跑者；韩国于 2019 年 4 月率先开始了 5G 的大规模商用。未来一段时期，5G、工业互联网、人工智能等成为主要国家加紧战略布局的重点领域。世界各国都在发力抢占技术高地、加快相关产业布局，准备迎接新一轮的全球科技革命和产业变革。

全球正处于科技竞争格局未定和重大科技突破的窗口期。加快新型基础设施建设已刻不容缓。能否把握数字化、网络化、智能化融合发展契机，加快新型基础设施建设，成为全面建设社会主义现代化国家的基础和关键，决定了能否在全球互联网经济和高科技产业竞争中胜出。在把握自身发展新支撑点和世界科技发展新趋势的基础上，我国作出推进新型基础设施建设的战略决策。正如 1998 年增发特别国债、加强基础设施建设奠定我国经济的快速腾飞一样，适度超前的新型基础设施建设作为创新发展的新引擎，将加快与先进制造、新能源、新材料等领域的交叉融合，引发群体性、颠覆性技术突破，辐射、带动整体经济社会发展，从而形成强大的国际竞争力，并为我国经济稳定发展提供支撑。

第二节　推动新型基础设施建设具有诸多优势

推动新型基础设施建设符合政策导向，有关部门积极推动新型基础设施建设，多个地方正积极规划新型基础设施建设蓝图，新型基础设施建设步入发展快车道，这将为未来 15 年推进新型基础设施建设创造良好条件。

一、新型基础设施重点方向逐渐明确

加快推动新型基础设施建设，是未来 15 年全面建设社会主义现代化国家的重要发力点。党中央、国务院高度重视这项工作。2018 年中央经济工作会议提出，加快 5G 商用步伐，加强人工智能、工业互联网、物联网等新型基础设施建设；2019 年《政府工作报告》提出，加强新一代信息基础设施建设；2019 年 7 月，中央政治局会议强调，加快推进信息网络等新型基础设施建设；2020 年 1 月，国务院常务会议提出，出台信息网络等新型基础设施投资支持政策；2020 年 2 月，中央全面深化改革委员会第十二次会议指出，统筹存量和增量、传统和新型基础设施发展，打造集约高效、经济适用、智能绿色、安全可靠的现代化基础设施体系；2020 年 3 月，中共中央政治局常务委员会强调，加快 5G 网络、数据中心等新型基础设施建设进度；2020 年《政府工作报告》提出，重点支持“两新一重”（新型基础设施建设，新型城镇化建设，交通、水利等重大工程建设）建设。2020 年 12 月，中央经济工作会议再次强调，大力发展数字经济，加大新型基础设施投资力度。上述顶层设计层面的擘画，为有关部门和地方加快推进新型基础设施建设指明了方向。

二、新型基础设施政策体系初步形成

2020 年，国家发改委等部门印发《〈关于推进“上云用数赋智”行动培育新经济发展实施方案〉的通知》《关于支持新业态新模式健康发

展激活消费市场带动扩大就业的意见》《关于加快构建全国一体化大数据中心协同创新体系的指导意见》《关于组织实施 2020 年新型基础设施建设工程（宽带网络和 5G 领域）的通知》等文件。2020 年 3 月，工信部召开加快 5G 发展专题会，加快新型基础设施建设。工信部在《关于推动工业互联网加快发展的通知》中，明确提出加快国家工业互联网大数据中心建设，鼓励各地建设工业互联网大数据分中心；改造升级工业互联网内外网络，鼓励工业企业升级改造工业互联网内网，引领 5G 技术在垂直行业的融合创新；增强完善工业互联网标识体系，拓展网络化标识覆盖范围，进一步增强网络基础资源支撑能力；提升工业互联网平台核心能力，引导平台增强 5G、人工智能、区块链、增强现实 / 虚拟现实等新技术支撑能力。2020 年 8 月，交通运输部印发《关于推动交通运输领域新型基础设施建设的指导意见》，提出到 2035 年，交通运输领域新型基础设施建设取得显著成效，智能列车、自动驾驶汽车、智能船舶等逐步应用。

多地踊跃规划新型基础设施建设蓝图。2020 年以来，各地陆续发布新型基础设施建设行动方案，主动为当地培育经济社会发展新动能提供强力支撑。比如，在《四川省加快推进新型基础设施建设行动方案（2020 —2022 年）》《福建省新型基础设施建设三年行动计划（2020 —2022 年）》《广东省推进新型基础设施建设三年实施方案（2020 —2022 年）》《青岛市推进新型基础设施建设行动计划（2020 —2022 年）》等蓝图中，各地准确把握各类新型基础设施发展的共性规律和个性特征，统筹推进信息基础设施、创新基础设施和融合基础设施加快发展。

三、新型基础设施发展取得一定成效

新型基础设施以整体优化、协同融合为导向，稳步推进，取得非凡成效。从全球看，多国掀起 5G 建设热潮；从国内看，工业互联网、车联网、远程医疗等广泛领域正在加快 5G 商用进程，基础电信企业正在建设覆盖全国所有地市的高质量外网。工业互联网、人工智能、物联网、数据中心等建设和应用推广形成突破，技术先进、功能强大的网络、计算和融合类新型基础设施逐渐形成。涵盖芯片、软件、运营商、云服务和解决方案提供商等主题的产业生态蓬勃兴起，产业链日趋完善，产业力量不断增强。云平台建设正在积极布局，端、网、云业务闭环初步形成。我国已建成全球最大的窄带物联网（NB-IoT 网络），水表、燃气表、电动自行车防盗等行业实现了超过千万级连接，智能井盖、追踪定位和智慧路灯等行业实现了超过百万级连接，规模应用的持续出现催生了广阔的市场前景。

有关地方结合自身实际，正在取得丰硕成果。近年来，贵州省贵阳市作为全国大数据综合试验区的核心区，部署了“万物感知、广泛连接、存算一体、数字安全”四大支撑体系，所形成的新型数字基础设施供给格局具有技术多样、层级丰富、模式创新的特点；福建省依托数字福建产业园优先布局大型和超大型数据中心，打造闽东北、闽西南协同发展区数据汇聚节点；浙江省提出优化布局云数据中心，到 2022 年建成大型、超大型云数据中心 25 个左右，服务器总数达到 300 万台左右，并在数据量大、时延要求高的应用场景集中区域部署边缘计算设施；云南省提出到 2022 年建成 10 个行业级数据中心；《上海市产业绿贷支持绿色新基建（数据中心）发展指导意见》制定实施，为优质的数据中心项目提供贷款利率下浮等精准的金融服务。

第三节　新型基础设施建设的目标构想和发展愿景

推进新型数字基础设施建设应立足当下、着眼未来。其全新的数字化技术体系，不仅发端于当前世界科技发展的前沿，而且通过新技术的产业应用，积极拓展新型基础设施应用场景。预计在未来 15 年，新型基础设施建设高速发展，产业规模持续扩大，应用范围不断提升，有力推进我国新型基础设施建设、网络强国和数字中国战略的落地实施。

一、建成全球领先的信息基础设施发展高地

信息基础设施主要基于新一代信息技术演化生成，包括以 5G、物联网、工业互联网、卫星互联网为代表的通信网络基础设施，以人工智能、云计算、区块链等为代表的新技术基础设施，以数据中心、智能计算中心为代表的算力基础设施等。

预计到 2035 年，5G 与卫星、无人机等多样化技术快速融合，移动物联网技术与其他网络技术加速融合创新，窄带物联网等物联网技术商用部署和业务测试加快进行；6G、天地一体化广域量子通信网等新的网络技术稳定成熟和普及推广；信息枢纽、新型互联网交换中心、国际互联网数据专用通道等规划建设加快推进，端到端网络性能持续提升；超算、云计算、边缘计算等不同形态智能计算设施布局合理；公共云服务体系初步形成，全社会算力获取成本显著降低，算力资源、数据资源向智力资源高效转化的态势基本形成；全国范围内数据中心形成布局合理、绿色集约的基础设施一体化格局，数据中心集约化、规模化、绿色化水平显著提高，东西部数据中心实现结构性平衡；贯穿基础网络、数据中心、云平台、数据、应用等一体协同安全保障体系加快构建。

二、打造具有国际影响力的融合基础设施

融合基础设施主要是指深度应用互联网、大数据、人工智能等技术，支撑传统基础设施转型升级，进而形成的基础设施。

预计到 2035 年，新型基础设施与传统基础设施加快跨界融合发展，园区、码头、工厂、矿区以及道路等场景覆盖进一步延展；网上办公、远程教育、远程医疗、车联网等应用向纵深发展，智能交通、智

慧城市、智能家居、智能制造及智慧能源等应用场景和商业模式快速迭代；工业设备联网上云、业务系统云化迁移推广普及，智能抄表、智慧建筑、市政物联、交通物流、广域物联、工业物联等应用场景的泛在感知设施部署重点推进；量子通信在国家安全、金融等信息安全领域的应用价值和前景进一步彰显，优势进一步保持。

三、统筹布局重大科技、产业技术创新等创新基础设施

创新基础设施重点支撑科学研究、技术开发、产品研制，且具有公益属性，包括重大科技基础设施、科教基础设施、产业技术创新基础设施等。

预计到 2035 年，布局完整、技术先进、运行高效、支撑有力的创新基础设施体系基本建成。国家重点实验室、国家科学中心、国际科技创新中心等重要载体为引领的重大科技基础设施集群基本形成，一大批科教基础设施的技术指标居国际领先地位；产业技术创新基础设施共建、共管、共享的体制机制更加完善，运行和使用效率整体进入世界前列，设施整体国际影响力和地位显著提高；设施科技效益和经济社会效益显著，人工智能、量子信息、集成电路、生命健康、脑科学、生物育种、空天科技、深地深海等前沿领域国家重大科技项目取得重大成果，重要产品和关键核心技术攻关取得突破，新一代信息技术、生物技术、新能源、新材料、高端装备、新能源汽车、绿色环保以及航空航天、海洋装备等产业实现集群发展。

第四节　推进新型基础设施建设面临突出矛盾和问题

由于缺乏总体性的新型基础设施的统筹规划和顶层设计，新型基础设施的可行性项目不足，应用场景有待开发，投融资机制有待完善，安全运行的防护压力持续加大。

一、新型基础设施的覆盖质量和范围有待突破

新型基础设施在布局、建设、保护，以及与传统型基础设施间的协调发展等方面，缺乏总体设计。我国已在技术的应用层面取得突破，但在底层技术上与发达国家相比还有不小差距。比如，工业互联网关键技术受制于人的隐患客观存在，工业网络协议市场、高端工业软件市场等仍被国外厂商垄断，边缘智能和工业应用开发等关键技术瓶颈突出。从互联网覆盖面、网速、每百万人拥有安全的互联网服务器等指标看，新型基础设施在人均水平和质量方面与发达国家的差距非常明显，网络覆盖仍需深化。窄带物联网的网络覆盖范围和覆盖质量仍然有限，无法实现对特定应用场景的深度覆盖，无法满足物联网中高速率的应用需求。

二、新型基础设施的应用场景有待开发

在一些领域，新型基础设施的数字经济应用场景“雷声大雨点小”。新型基础设施的产业发展以供给方为主，行业供需对接有待加强。窄带物联网的规模化应用领域仍然较少，亟须从公共事业等领域向新的应用领域拓展。新型基础设施相关产业基础薄弱、产业协同性不强、产业链附加值低，不但影响产业链、供应链的“韧性”，而且削弱经济安全“强度”。

三、新型基础设施的投融资机制有待完善

新型基础设施建设不仅在具体项目和对应领域上不同于传统基础设施，而且其系统复杂程度也完全不同于传统基础设施，其产品往往兼具私人物品、公共物品和准公共物品的多重属性。从既往实践看，新型基础设施的投资前景主要取决于市场化投资的响应程度。然而，一些地方政府主动承担投资责任，在新型基础设施投资上采取包揽一切重大项目、全面安排投资计划的做法，对民间投资造成挤出效应。如果同类

新型基础设施投资一拥而上，就会导致投资项目过度趋同，导致短期内需求过大甚至供给结构性短缺，长期还可能引起结构性过剩等问题。

四、新型基础设施安全运行的防护压力持续加大

当前，对新型基础设施可靠性要求越来越高。新型基础设施具有网络化特性，可靠运行非常关键，但由于新型基础设施是依托新一代信息技术和信息网络发展起来的，随着新一代信息技术的加速迭代演进，新型基础设施相应呈现迭代式发展的特性。技术的迭代性和不确定性，决定了部分新型基础设施的可靠性不足。数字经济时代最大的风险来自数据安全。随着网络攻击对象更加广泛，攻击手段更加多样，攻击门槛不断降低，安全防护需求剧增，新型基础设施正面临越来越严峻的网络安全形势。

第五节　明确新型基础设施建设的重点和方向

未来 15 年，立足构建适应高质量发展需要的互联互通网络环境，全面推动高速率、全覆盖、智能化的网络基础设施建设，重点支持引领性、颠覆性技术研发，全方位深化融合发展，持续拓展应用场景开发，推出一批投资规模大、带动能力强的重点项目，确保在未来 15 年的竞争中获得并保持新优势。

一、积极部署信息基础设施

注重基础支撑，适度超前布局第五代移动通信 5G、工业互联网、大数据中心等新型基础设施，构建适应高质量发展需要的互联互通环境。

一是实现 5G 信号全覆盖。加快布局建设 5G 应用产业园，打造一批 5G 产业融合应用示范区。通过 5G 赋能工业互联网，推动 5G 与人工

智能深度融合，重点推进低时延、高带宽、广覆盖、可定制的“5G+工业互联网”网络基础设施、示范园区和区域性平台建设，确保牢牢把握新一轮科技革命和产业变革带来的历史性机遇，抢占数字经济发展主动权。

二是构建新型互联网交换中心。推动互联网国际出入口核心节点、国际互联网根服务器镜像节点等新型国际化信息基础设施建设。推动IPv6规模化部署。优化国家互联网骨干直连点布局，推进国家级新型互联网交换中心建设，提升电信运营商和互联网企业互联互通质量，逐步扩大千兆光网覆盖面。

三是建设协同发展的移动物联网综合生态体系。持续加大窄带物联网建设覆盖范围，引导新增物联网终端向窄带物联网、5G迁移，加快建成协同发展的移动物联网综合生态体系。

四是支持引领性、颠覆性技术研发。充分发挥全域感知和精准识别的技术优势，打造全域感知体系与物联终端数字化标识体系。协同设计大数据中心体系总体架构和发展路径，完善“数网”“数纽”“数链”“数脑”“数盾”等体系。充分利用已有北斗卫星导航定位基准站网，推动建设全国统一的高精度时空基准服务能力，全力推进北斗规模化应用。密切关注第六代移动通信等新的网络技术发展，进一步支持第六代移动通信技术研发。探索加快量子通信骨干网建设，构建天地一体化广域量子通信网。

二、拓展融合基础设施应用场景

坚持应用导向、需求导向，面向特定市场主体发布应用场景项目清单，进一步丰富应用场景。加快探索体系化、综合性场景应用，加快布局支持新型基础设施，发挥5G网络、数据中心、工业互联网、物联网等应用在医疗健康、媒体娱乐、工业生产等领域的先导性作用，加强互联网平台在国民经济重点行业的融合创新。

一是加快工业企业“上云用数赋智”。着力发挥工业互联网对传统产业的赋能和效益倍增作用，推进制造模式、生产方式以及企业形态变革。加速企业数字化、智能化转型，提高制造业数字化、网络化、智能化发展水平。构建从设备到生产线，再到车间，直至到工厂的数字化典型范式，带动产业转型升级。

二是加快推进智慧城市建设。探索建设城市信息模型（CIM）基础平台，加快推进智慧供水、智慧管廊、智慧物业、智慧社区建设。加快应用城市大数据创新成果，加快形成统一规范、互联互通、安全可靠的城市数据供应链，打通城市数据感知、分析、决策和执行环节，持续融合基础设施通用、共享。

三是建设智慧能源系统。加快推进智能变电站建设，全面提升配网自动化和智能化水平。构建适应大规模新能源接入的智能电网，开展风光储一体化等新能源微电网技术研发，加快建设电网数字化平台和能源大数据平台，建设能源区块链平台和电力物联网。合理布局电动汽车智慧充电桩、换电站，适度超前推进氢燃料电池车辆加氢设施建设。

四是持续推进智慧交通建设。加快建设交通强国，加快布局城际高速铁路和城际轨道交通等新型基础设施建设。建设数字交通体系，统筹推进公路、城市道路、铁路、地铁、民航、邮政等基础设施智能化升级，发挥覆盖全国路网的道路交通地理信息系统的基础作用，大幅提升交通运输领域新型基础设施精准感知、精确分析、精细管理和精心服务能力，打造智慧轨道交通、智慧停车等平台。完善综合运输大通道、综合交通枢纽和物流网络，统筹推进跨区域基础设施建设，加快城市群和都市圈轨道交通网络化，不断提升中心城市和重点城市群的基础设施智能化互联互通水平。

五是促进智慧农业跨越式发展。推广物联网、大数据、云计算等信息技术在农机装备和农机作业服务中的应用，依托北斗导航定位系统和5G通信系统，继续探索建立无人作业农场。打造高标准、规模化的

5G 智慧农业产业集群，完善农村商贸流通数字化升级，建设城乡物流配送体系。支持适应不同作物和环境的智能农机研发应用，促进农业全流程、全产业链线上一体化发展。

三、加快发展创新基础设施

围绕服务器芯片、云操作系统、云数据库、中间件、分布式计算与存储、数据流通模型等环节，加强对关键技术产品的研发支持，鼓励产业力量联合攻关，加快科技创新突破和安全可靠产品应用，实现新型基础设施建设的项目化、产业化、功能化、产品化。

一是完善重大创新载体及科技基础设施。面向新兴和未来产业发展需求，加快谋划、布局重大科技基础设施和产业技术创新基础设施，建设若干具有世界影响力的高科技园区和一批创新型特色园区，促进全球领先的技术、研究成果、人才及资本加速向我国集聚。持续推进长三角工业互联网一体化发展示范区建设。

二是围绕人工智能关键技术重点领域组织实施重大科技专项，建设开源开放平台。支持龙头企业与高校、科研院所联合建设区块链实验室、创新中心、新型研发机构等创新平台，开展区块链核心技术攻关。

三是打造先进算力基础设施。结合大数据中心建设，构建边缘计算、云计算、超算协同的多层次计算体系，建设存储多元、算力开放、算法多样的存算一体化基础设施，构建一体化算力服务体系，实现数据共享交换平台的跨层级、跨地域、跨系统、跨部门、跨业务的协同管理和服务，面向政府、企业和公众提供低成本、广覆盖、可靠安全的算力服务。力争实现系统高性能计算和智能计算混合精度计算能力保持世界领先水平。合理布局建设各类数据中心，优化数据中心存量资源，支持建设具有自主核心创新能力的绿色数据中心。

第六节 营造新型基础设施跨越式发展的良好外部环境

立足推进新型基础设施建设在“十四五”规划落实和全面建设社会主义现代化国家中的基础性作用，做好未来 5 年和未来 15 年规划布局和建设任务有序衔接，营造新型基础设施跨越式发展的外部环境，以系统性思维加强顶层设计，创新新型基础设施投融资模式和机制，坚持安全和发展双轮驱动，全方位保障新型基础设施推进的整体性、关联性和耦合性，力争实现短期和长期相衔接、存量和增量相统筹、渐进和突破相促进、整体和重点相统一。

一、以系统性思维加强顶层设计

一是有效研判未来科技革命的方向、演变路径及重点领域，顺应世界科技发展的新趋势，在可能发生革命性突破的前沿方向和战略必争领域，对新型基础设施建设发展作出适度超前规划。二是从全生命周期的角度，系统安排项目的探索预研、筹备论证、启动建设、完善提升等，强化新型基础设施建设与“十四五”规划和 2035 年远景目标的时序衔接，根据发展需要和产业潜力，明确新型基础设施建设的重点环节和优先顺序，最大限度地发挥设施建设运行的经济社会效益。三是壮大新型基础设施产业联盟，培育具有区域优势的新型基础设施产业集群，培育支持一批具有示范性、引领性和标志性的合作项目，加快提升新型基础设施支撑能力和融合创新引领能力。

二、夯实新型基础设施发展的基础制度和标准规范

一是构建适应新型基础设施建设的标准体系，加强重点领域标准供给，分类制定关键性、基础性标准，探索完善智慧城市联网应用标准。二是建立新型基础设施评估体系，定期评估发展成效，发布新型基础设施发展指数。三是积极参与新型基础设施领域国际规则和标

准制定，深化各国新型基础设施在基础支撑、数据服务和融合应用方面的协作，推进数据技术、标准、园区、人才培养等领域合作的试点示范，加速“一带一路”跨境陆海缆线建设，沿途积极开展国际新型基础设施建设或合作运营。

三、创新新型基础设施投融资模式和机制

一是引导各地从实际需求和财力出发，确定不同的新基建投资发展重点。做好新型基础设施项目的技术和经济可行性分析，加强成本收益评估，防范项目重复建设，避免造成无效投资、产能过剩和社会资源浪费。二是发挥财政资金的引导作用，落实相关财税、融资等优惠政策（如提高企业研发费用税前加计扣除比例），改善与新基建投资相关的营商环境，争取金融保险机构支持。三是尊重市场规律，以市场化投资建设为主，充分发挥市场在资源配置中的决定性作用，探索数据、技术等资源市场化配置机制。发挥好各类中介服务机构的作用，引导民间资本设立工业互联网产业基金，支持民间资本参与水电路网等城市设施智慧化改造。四是支持多元主体参与建设，鼓励不同市场主体开展合作，充分发挥企业在新型基础设施建设运行过程中的投资者、建设者、应用者作用，采用“使用者付费 + 可行性缺口补助”方式实现商业化运营。五是鼓励金融机构创新产品、强化服务，发挥基础设施领域不动产投资信托基金（REITs）的作用。

四、坚持安全和发展双轮驱动

自主创新、安全可控是新型基础设施建设运行的重要前提。一是同步规划、同步建设和同步运行网络安全设施，将数据安全理念贯穿新型数字基础设施建设规划、建设、运营、维护和使用的各环节，支持网络安全技术研发和产业持续发展壮大，提升应对高级威胁攻击能力。二是重数据安全、计算安全、产业链安全，明确新型基础设施运行安全管理

相关主体、部门的技术要求和管理责任，完善工业互联网企业网络安全分类分级指南和制度标准，落实分段、分级、分层的可靠性保障机制。三是切实推进商用密码等技术应用，积极推广可信计算。完善安全技术监测体系和安全信息通报处置机制，加快研究完善海量数据汇聚融合的风险识别与防护技术、数据脱敏技术、数据安全合规性评估认证、数据加密保护机制及相关技术监测手段等，构建城市风险源监测与应急响应综合性安全管控体系。四是建设数字孪生城市网络空间安全靶场，通过实网攻防演练等开展安全测评，减少因系统错误、设备故障、外力破坏等因素影响新型基础设施的正常运行。

第十三章

促进经济社会发展全面绿色转型

工业革命以来，随着生产力水平不断提高，在全球经济高速增长的同时，环境污染、生态破坏、资源短缺等问题出现，特别是20世纪四五十年代以来，区域性甚至全球性的生态环境问题频发，资源环境问题已经成为人类面临的共同挑战。在全球绿色发展的大趋势下，如何进行经济社会发展是主要经济体不得不解决的现实问题。当前，我国已经成为世界第二大经济体，是全球经济增长的重要驱动力量。但是，我们必须清醒地看到，与许多发展中国家一样，我国快速的经济社会发展付出了相应的生态环境代价，能源资源过度消耗和生态环境破坏严重已经成为制约我国经济社会可持续发展的突出瓶颈。在新发展阶段，经济社会发展的全面绿色转型将是必然趋势。《建议》对新发展阶段我国的绿色发展工作进行了总体部署，对于“十四五”时期以及2035年前的经济社会发展具有重要的指导意义。

第一节　绿色发展的远景目标

党的十九大对实现第二个百年奋斗目标作出分两个阶段推进的战略安排，即到 2035 年基本实现社会主义现代化，到本世纪中叶把我国建成富强民主文明和谐美丽的社会主义现代化强国。《建议》在到 2035 年基本实现社会主义现代化的远景目标中明确提出“广泛形成绿色生产生活方式，碳排放达峰后稳中有降，生态环境根本好转，美丽中国建设目标基本实现”4 项具体要求，为当前和今后一个时期我国经济社会发展的全面绿色转型提供了明确方向指引。

一、广泛形成绿色生产生活方式

《建议》之所以提出此项目标，其根本原因在于我国当前的生产和生活方式还不够绿色，尚不能破解经济社会发展面临的资源环境约束，需要进一步推动生产和生活的绿色转型。

（一）广泛形成绿色生产方式

我国是全球第一制造业大国，也是全世界唯一拥有联合国产业分类全部工业门类的国家，在 500 余种主要工业产品中，有 220 多种产量位居世界第一[①]；2019 年我国制造业增加值占全球比重达 28.1%；2020 年我国工业增加值为 31.3 万亿元，连续 11 年保持世界第一制造大国地位[②]。但是，工业发展带来了大量的资源能源消耗和污染物排放。据统计，工业能耗约占全社会总能耗的 63.8%；工业用水约占全社会用水总量的 20%；工业领域排放的主要污染物二氧化硫、氮氧化物分别占全国的 90%、70%，烟尘、粉尘排放量约占全国的 85% 以上，特别是

---

① 《中国成为唯一拥有全部工业门类国家》，《人民日报》2019 年 9 月 21 日。

② 肖亚庆：《制造强国和网络强国建设扎实推进》，《人民日报》2020 年 10 月 9 日。

对人民群众危害严重的非常规污染物如持久性有机污染物、重金属等几乎都来源于工业领域。[①] 近些年，我国生产领域的绿色发展工作成效明显，2016 年至 2019 年，规模以上企业单位工业增加值能耗累计下降超过 15%，相当于节能 4.8 亿吨标准煤，节约能源成本约 4000 亿元[②]；单位工业增加值二氧化碳排放量累计下降 18%[③]；万元工业增加值用水量累计下降 27.5%[④]。即便如此，我国生产领域的能源资源使用效率以及污染治理距国外先进水平还存在着差距，尚有改进空间。比如，从单位 GDP 消耗能源的水平看，2010 年时我国是世界平均水平的两倍，现在虽然降低到 1.3 倍，但是与国际先进水平相比依旧存在较大差距。

在绿色发展实践中，企业是主体，其参与广度和深度直接决定着此项工作的成效。当前，我国尚未广泛形成绿色生产方式，仅有少数行业领军企业进行了绿色生产。为广泛形成绿色生产方式，还需要最大限度地调动企业，特别是广大中小企业参与绿色生产的积极性，使绿色生产成为一种普遍现象。下一步，应加强生产领域的绿色供应链管理，减少产品生产、销售、使用、回收、处理等各个环节的资源环境影响，实现整个产业链条能源资源消耗最低化、生态环境影响最小化、可再生率最大化，提升绿色产品的供给水平。

（二）广泛形成绿色生活方式

从生活领域看，消费最为重要，其在一定程度上影响着生产活动。当前，我国已经成为全球第二大消费市场，2016 年至 2019 年，我国全年社会消费品零售总额从 33.2 万亿元增长到 41.2 万亿元。[⑤]2020 年受新冠肺炎疫情影响，消费虽然有所下降，但是依旧高达 39.2 万亿元，最终

---

① 参见高云虎在 2015 年“中国环保高峰论坛上”的发言。
② 《不失时机推动工业绿色发展》，《人民日报》2020 年 9 月 3 日。
③ 《不失时机推动工业绿色发展》，《人民日报》2020 年 9 月 3 日。
④ 肖亚庆：《制造强国和网络强国建设扎实推进》，《人民日报》2020 年 10 月 9 日。
⑤ 胡效英：《“十四五”新词典：“全面促进消费”》，《光明日报》2020 年 12 月 3 日。

消费占GDP比重为54.3%，消费仍然是经济稳定运行的“压舱石”。[①]但是存在的问题是，我国尚未形成绿色消费氛围，消费者在购买产品时，往往不会考虑产品的绿色属性，价格相对较高的绿色产品市场空间有限，难以竞争过普通产品。此外，生活中的浪费问题也比较突出，据不完全统计，中国人每年在餐桌上浪费的粮食价值高达2000亿元，被倒掉的食物相当于两亿多人一年的口粮。在生活领域，应加强政策引导和理念宣传，重点在汽车、纺织服装、家电等领域出台激励政策，引导居民进行绿色消费；同时，鼓励居民形成节约粮食、节约用电、节约用水、适度消费的生活习惯。绿色消费的好处不仅仅停留在需求侧，其同样可以推动供给侧改革，倒逼企业绿色转型，助力绿色生产。比如，近些年国家推出的新能源汽车购置补贴和免征购置税延期政策、销售旧车增值税减免政策等，引导部分消费者选择购买了新能源汽车和二手汽车，在刺激消费的同时，一定程度上带动了汽车行业的绿色发展。

二、碳排放达峰后稳中有降

中国是全球第一碳排放大国，碳排放占世界能源碳排放总量的28.8%[②]。中国虽然作为《联合国气候变化框架公约》非附件一国家，不承担强制减排义务，但是作为负责任大国，我国一直在积极推动碳减排工作。2009年9月，时任国家主席胡锦涛在出席联合国气候变化峰会时首次提出中国2020年相对减排目标，即争取到2020年单位国内生产总值二氧化碳排放比2005年下降40%—45%，非化石能源占一次能源消费比重达到15%左右。通过碳排放权交易试点，以及能源、财税、价格等各方面政策协同发力，我国碳减排工作取得了积极成效。2019年，我国单位国内生产总值二氧化碳排放比2005年下降约

① 商务部：《2020年社会消费品零售总额39.2万亿 下降3.9%》，中国网2021年1月29日。
② 胡鞍钢：《中国实现2030年前碳达峰目标及主要途径》，《北京工业大学学报（社会科学版）》2021年第3期。

48.1%，已超过对外承诺的 2020 年下降 40%—45% 的目标，基本扭转了温室气体排放快速增长的局面。此外，光伏、风电等新能源产业得到迅速发展，2019 年我国非化石能源占能源消费比重达到 15.3%，提前完成我国对外承诺的到 2020 年目标，比 2005 年提升 7.9 个百分点。

在提前并超额完成 2020 年碳减排国际承诺的基础上，我国又提出了一个更富雄心的碳减排承诺。2015 年 11 月，习近平主席在气候变化巴黎大会开幕式上提出“非化石能源占一次能源消费比重达到 20% 左右，森林蓄积量比 2005 年增加 45 亿立方米左右”。2020 年 9 月，习近平主席在第 75 届联合国大会一般性辩论上提出我国“二氧化碳排放力争于 2030 年前达到峰值，努力争取 2060 年前实现碳中和”。《建议》就 2030 年至 2060 年的一个关键节点 2035 年，提出了“碳排放达峰后稳中有降”的目标。按照《建议》要求，2035 年前的碳减排工作可分为两个阶段：在第一个阶段（2021—2030 年），也就是“十四五”和“十五五”时期，其主要任务是碳达峰；在第二个阶段（2031—2035 年），也就是“十六五”时期，其主要任务是碳排放达峰后稳中有降。为实现这两个阶段的减排目标，我国还要付出诸多努力：一是要持续优化能源结构，在提高非化石能源占比的同时，加强对既有化石能源的清洁高效利用；二是要不断优化产业结构，在大力发展新兴产业的同时，对于电力、石化、建材等传统高耗能行业，要加强节能降耗技术应用、节能模式创新，并通过节能监察、节能管理等工作，提高能源使用效率和减少不必要的能源浪费；三是加强减排模式创新，在确定碳强度降低约束性指标以及重点行业和重点区域达峰目标后，除了运用行政手段，还应广泛运用碳排放交易、用能权交易、合同能源管理、税收等市场化手段，推动企业节能降耗。

三、生态环境根本好转

党的十八大以来，生态环境保护工作被提升至前所未有的战略高度，确立了习近平生态文明思想，提出了“建设生态文明是中华民族永续发展的千年大计”“人与自然是生命共同体”等重要论断，推动了生态文明入宪，向着人与自然和谐共生的方向前行。通过加强环保立法、开展中央环保督察、设立环境法庭、环境影响评价改革等工作，我国的生态环境质量总体改善，全国地级及以上城市（不含州、盟）黑臭水体消除比例达到 98.2%；受污染耕地安全利用率达到 90% 左右，污染地块安全利用率达到 93% 以上。①

《建议》提出的“生态环境根本好转”这一新要求，可以从以下几方面理解。首先，这是社会主要矛盾变化的新要求。当前，我国社会主要矛盾已经转化为人民日益增长的美好生活需要和不平衡不充分的发展之间的矛盾。“美好生活需要”包括对优美生态环境需要。因此，在创造更多的物质财富和精神财富以满足人民日益增长的美好生活需要的同时，也需要提供更多优质生态产品以满足人民日益增长的优美生态环境需要，这就需要实现生态环境质量的根本改善，满足人们对蓝天、白云、青山、绿水的需求。其次，这是实现社会主义现代化的主要特征。2035 年我国将基本实现社会主义现代化。我们要建设的现代化是人与自然和谐共生的现代化，其需要促进经济社会发展全面绿色转型，生态环境根本好转将是其主要特征。最后，这是生态文明建设的内在要求。党的十九大明确提出：“建设生态文明是中华民族永续发展的千年大计。”《建议》关于“十四五”时期生态文明建设所提的一项要求是“生态环境持续改善”。《建议》关于 2035 年生态环境的要求是一个远景目标，在“十四五”的基础上提出了“生态环境根本好转”这一渐进式的目标。

四、美丽中国建设目标基本实现

美丽中国是生态文明建设成果的集中体现。《建议》提出 2035 年

---

① 参见生态环境部部长黄润秋在 2021 年全国生态环境保护工作会议上的工作报告。

“美丽中国建设目标基本实现”。那么，什么是“美丽中国”呢？依据国家发改委2020年2月发布的《美丽中国建设评估指标体系及实施方案》，在第三方机构（中国科学院）对全国及31个省、自治区、直辖市开展美丽中国建设进程评估时，选取了空气清新、水体洁净、土壤安全、生态良好、人居整洁5类指标。故此，可以结合这些指标来理解“美丽中国”。第一，空气清新主要关注空气质量问题，可以通过细颗粒物（PM2.5）浓度、可吸入颗粒物（PM10）浓度、空气质量优良天数等进行判断；第二，水体洁净主要关注水质问题，可以通过地表水水质、集中式饮用水水源地水质等方面进行判断；第三，土壤安全主要关注土壤生态安全问题，可以从受污染耕地利用、污染地块利用、农膜回收、化肥利用、农药利用等方面进行判断；第四，生态良好主要是自然生态问题，可以从森林覆盖率、湿地保护率、水土保持率以及自然保护地建设、重点生物物种种数等方面进行判断；第五，人居整洁主要评价城乡居民的生活环境，可以从城镇生活污水收集、城镇生活垃圾处理、农村生活污水处理、农村生活垃圾处理、城市公园绿地建设、农村卫生厕所建设等方面进行判断。

第二节　绿色发展的重点领域

在新的发展阶段，绿色发展涉及经济社会发展的方方面面，农业、工业和服务业等供给侧需要进行全面绿色转型，居民生活消费的需求侧同样需要绿色转型。其中，工业作为能源资源消耗和污染物排放的主要领域，应成为绿色转型的重点。

工业绿色发展虽然是一个宏观问题，但同时又会涉及微观层面的问题，其实现必然是一个复杂的系统工程，需要进行统筹规划。在工业绿色转型方面，既要去关注宏观层面的产业布局和产业结构问题，也要去关注微观层面的企业自身的绿色转型。

一、优化产业布局

产业布局是指工业生产要素、生产活动以及生产组织为实现特定目的而进行的空间配置。产业布局是形成区域经济发展空间格局的基础和前提。工业发展以企业为主体，而企业生产则需要在某一区域的土地上进行。通常而言，企业布局要么接近原材料、零部件供应地或者产业集聚区，要么接近消费市场。由于特定区域的资源禀赋和环境容量会有所差异，为维持工业发展与生态环境的和谐关系，需要进行合理的产业布局。换言之，合理的产业布局，不仅有助于经济社会的健康发展，而且有利于资源环境保护和生态平衡，确保工业的可持续发展。在工业绿色发展方面，宏观层面的产业布局显得尤为重要。而这都基于合理的规划，在优化现有布局的同时，科学布局新的工业项目，在空间层面形成环境友好型的产业发展格局。

二、调整产业结构

产业结构是指产业内部各生产要素之间、产业之间、时间、空间、层次的五维空间关系。产业结构往往在动态中进行调整。产业结构调整主要包括两个方面：一方面，由于各产业技术进步速度不同并且在技术要求和技术吸收能力上的巨大差异导致各产业增长速度的较大差异，从而引起一国产业结构发生变化；另一方面，在一国不同的发展阶段需要由不同的主导产业来推动国家的发展，伴随着经济发展的主导产业更替直接影响到一国的生产和消费的方方面面，这在根本上对一国产业结构造成巨大冲击。[①] 产业结构演进是一个经济增长对技术创新的吸收以及主导产业经济部门依次更替的过程。合理的产业结构，对于一个国家或地区的工业绿色发展至关重要。因此，需要去关注宏观层面的产业结构

① 干春晖、郑若谷、余典范：《中国产业结构变迁对经济增长和波动的影响》，《经济研究》2011年第5期。

问题，立足一国或地区的工业发展水平，对产业结构进行系统优化，减少高耗能、高污染且附加值较低的产业占比，大力发展高附加值、环境友好型的新兴产业。

三、调动企业参与

在工业绿色发展方面，除了关注产业布局和产业结构等宏观层面的问题外，也需要关注微观层面的工业企业，推动企业持续提升绿色发展水平。企业分类比较复杂，既有大企业，也有中小企业；既有离散型企业，也有流程型企业；既有产品附加值高的企业，也有产品附加值低的企业；既有产业链上游企业，也有产业链中游企业，还有产业链下游企业；既有技术密集型企业，也有资本密集型企业，还有劳动力密集型企业，推动工业企业绿色转型需要国家分类施策。从企业自身来看，绿色发展同样是一个系统工程，不仅涉及产品的设计、采购、生产、仓储、销售等多个环节，而且涉及生产、运行、销售、采购、环保等多个部门，还涉及制度、技术、人才、管理、资金等多种方式，需要进行统筹考虑和系统推进，才能实现企业生产的能源资源消耗最低化、生态环境影响最小化、可再生率最大化。

四、做好转型支撑

推动工业绿色发展，除了关注工业自身问题外，还需要关注与之密切相关的制度环境、技术创新等相关配套。主要包括：一是有利的制度环境。推动工业绿色发展，需要进行必要的制度建设：通过战略规划，不断优化产业布局和调整产业结构，以及引导企业绿色转型；通过法律政策，形成惩处环境违法企业和激励企业绿色发展的正向机制；通过标准，形成淘汰落后企业的基准，以及带动企业绿色发展的指引。二是基础能源资源的绿色转型。工业绿色发展需要从产品全生命周期评价，如果企业生产所用到的资源能源都不绿色，即使生产过程再绿色，那么产品的绿色属性也会大打折扣。因此，在推动企业绿色转型方面，还需要加强原材料、电力等能源资源的绿色发展，通过调整能源结构、强化矿山绿色开采等，提高能源资源供给的绿色化水平。三是强大的节能环保产业。企业绿色转型发展，需要去治理废水、废气和废渣等，提升能源和水资源的利用效率，以及开展必要的综合利用工作，而这一切都离不开节能环保产业的发展。先进的节能环保产业，可以为工业绿色发展提供必要的技术、装备、产品和服务支持。四是强有力的技术创新。只有采用先进的生产工艺和节能环保技术，才能降低产品全生命周期的生态环境影响。

第三节　绿色发展的主攻方向

在经济社会发展过程中，生态环境利用领域的外部性问题严重制约着我国绿色发展步伐。外部性是指那些生产或消费对其他团体强征了不可补偿的成本或给予了无序补偿收益的情景。由该定义可知，外部性具有下述两个特点：一是外部性发生的领域既存在于生产领域，又存在于消费领域；既涉及生产者，又涉及消费者。二是外部性所产生的社会效果不同，有正外部性和负外部性两种情况：正外部性是指某一主体的行为对其他主体产生了正的效益而没有获得后者的补偿，负外部性则是指某一主体的行为对其他主体产生了负的效益却没有给予后者以补偿。

在经济社会发展方面，同样存在着正负外部性问题。就正外部性而言，部分企业开展的污染治理、生态修复等工作，为生态环境改善支付了额外费用，在缺乏相关机制的情况下，该付出则无法得到其他受益方的补偿；就负外部性而言，部分企业从环境污染、生态破坏等活动中受益，但是环境治理费用转嫁给他人。其中，正外部性仅存在保护者与其他受益方利益不均衡问题，不存在对生态环境质量的减损。与之不同，负外部性不仅存在利用者与其他社会成员之间的利益不均衡问题，而且还对生态环境质量造成了实质性损害。因此，后者应作为解决绿色发展问题的关键。

外部性问题之所以难以解决，是因为生态效益价值尚未通过相应的机制得以完全实现，企业发展重经济效益而忽略生态环境效益的问题依旧突出，生态环境无序利用的状态尚未彻底扭转。只有解决好生态环境利用外部性问题，使绿色企业从生态环境保护工作中受益、污染企业的生态环境治理成本内化，才能形成良性的生态环境利用秩序，实现生态产品价值，确保工业绿色发展。

《建议》提出要“建立生态产品价值实现机制”。这要求我们通过建立相应的机制，使生态系统的产品价值和功能价值都能得以实现，为绿色发展提供必要的机制保障。为解决好工业发展的外部不经济问题，建议以构建生态产品价值实现机制为着力点，重点抓好以下 4 个方面工作。

一、治理存量污染和生态破坏

在我国工业发展进程中，污染物过度排放、资源无序开采现象一度十分普遍，生态环境利用的负外部性问题突出，生态环境治理的历史欠账较多，存量工业污染和生态破坏问题严重。据统计，截至 2018 年 5 月，我国工业固体废物年产生量约 33 亿吨，历史累计堆存量超过 600 亿吨。《全国土壤污染状况调查公报》显示，全国土壤污染超标率为 16.1%。推动工业绿色发展，在面向未来的同时，也要反思过去，还清历史欠账。值得注意的是，治理工业固废、土壤污染等历史遗留问题往往投入高、周期长、见效慢，企业主动作为的意愿不强。解决此类问题，需要加强政府引导，创新治理模式，合理评估生态环境修复所产生的生态功能价值，对推进治理工作的企业给予适当支持。可以重点通过政府和企业合作的模式，解决存量工业污染和生态破坏问题。

二、减少新增污染和生态破坏

工业发展对生态环境的依赖性较强，必然会消耗资源、排放污染物，导致生态环境质量减损。实现工业绿色发展，需要将资源消耗和污染排放降至最低，尽可能减少新增工业污染和生态破坏。为此，在污染排放、资源利用等政策设计方面，应当将维持生态系统服务功能的相关费用包括在内，内化生态环境治理的成本，引导企业减少污染物排放和提高资源利用效率。同时，还应关注绿色企业为改善生态功能所作的努力和贡献，为其额外付出提供必要的补偿，内化环境保护工作正外部性，使绿色企业可以从生态环保中受益。

三、深化绿色发展的供给侧改革

在新发展格局下，深化供给侧结构性改革是主线。《建议》明确提出要“补齐产业链供应链短板”。对于我国产业链供应链的绿色短板，同样需要通过供给侧结构性改革予以补齐。下一步，应重点围绕 2030 年和 2060 年的减碳目标，打造绿色低碳循环的工业发展体系。在工业绿色发展供给侧结构性改革方面，建议充分发挥功能性产业政策的作用，在加强政府监管和严罚污染企业的同时，广泛应用绿色采购、绿色税收、绿色信贷等市场化手段。对于绿色企业，无论是国有企业、民营企业还是外资企业，都应一视同仁对待，该奖励的都要奖励，全面激发企业绿色转型的内生动力。

四、加强绿色发展的消费侧支撑

工业绿色发展往往会增加企业运营成本，而这些新增成本会通过产业链逐级向下游传递，最终体现在终端产品价格上。如果没有强有力的绿色消费支撑，工业绿色发展将难以为继。为此，在深化供给侧结构性改革的同时，也要优化消费侧，形成供给侧和消费侧的有效联动，以绿色生产服务绿色消费、以绿色消费支撑绿色生产。《建议》提出要“广泛形成绿色生产生活方式”，其中绿色生活方式就含有绿色消费之意。中央全面深化改革委员会第十七次会议更是明确提出要进行“绿色消费”。下一步，建议通过理念宣传、制度建设等方式，加快形成绿色消费氛围，为工业绿色发展提供消费市场支撑。

第四节　绿色发展的制度保障

绿色发展目标的实现需要相应的制度保障。为如期实现《建议》提出的绿色发展目标，应当用好各种政策手段，形成“以行政手段为基础，以市场手段为主体，以社会化手段为补充”的制度体系。

一、以科学的行政手段打牢绿色发展的基础

在经济社会发展过程中，行政管制守护着生态环境利用的“底线”和“红线”。政府通过标准、许可、授权等，允许特定市场主体从事对生态环境有影响的活动，并对这些活动进行监督管理，对违法行为进行处罚，维持着生态环境利用的基本秩序。《建议》对于完善行政管制手段提出了明确指引，既提到排污许可、自然资源确权登记等授权手段，也提到节能减排约束性指标管理、水资源刚性约束制度等约束手段，还提到中央生态环境保护督察、生态保护红线监管等监管手段。可以看出国家对生态环境监督管理工作的重视。下一步，在完善行政手段方面，应当统筹考量生态环境保护要求与经济高质量发展需求，相关制度设计要体现科学性，特别是在设计总量控制、能耗限额、用水限额等约束性指标时不能急于求成，具体要求应当与产业发展实际相适应，稳步推进节能减排工作。同时，应严格执法，加强对企业能源资源利用和污染物排放行为的监督管理，做到有法必依、执法必严、违法必究，彻底扭转“劣币驱逐良币”的现象，夯实绿色发展的基础。在此，需要注意

的是，行政手段存在着难以克服的固有缺陷：在生态环境保护工作中，企业只要不违反法律规定就不会受到处罚，运用行政手段可以实现企业环保合规，却很难推动企业持续提升环境绩效。因此，在环保合规之上，为了提升企业的绿色发展水平，还应广泛应用其他政策手段。

二、以充足的市场手段激活绿色发展的潜力

市场手段的作用力主要源自市场，以数量或价格控制为特征。通过征税、收费等方式，可以内化生态环境利用的外部不经济性，让环境污染者、生态利用者或破坏者支付相关费用，也可以为生态环境修复、节能环保技术研发应用、新能源推广等工作筹集到必要的资金。通过采购、金融、信贷等手段，可以形成普适性的正向激励，让企业能够从绿色发展工作中受益，进而引导企业广泛参与绿色发展工作，带动企业在环保合规之上持续提升环境绩效。通过排污权、碳排放权交易等手段，在推动技术进步的同时，可以降低部分企业的运营成本，实现环境效益和经济效益的双赢。《建议》提出的“全面实行排污许可制，推进排污权、用能权、用水权、碳排放权市场化交易”等要求，为完善绿色发展市场化手段提出了明确的方向指引。下一步，应加强市场手段的应用，将其作为推动企业绿色发展的主要手段，在大力推广应用碳排放权、用水权等交易制度的同时，尽快完善绿色采购、绿色信贷、绿色税收等普惠手段，并积极营造绿色消费氛围，推动形成绿色生产和绿色消费的协同，使绿色企业能够充分享受到政策红利，进而激发企业特别是广大中小企业绿色发展和持续提升环境绩效的内在动力。

三、以自发的社会化手段形成绿色发展的典范

社会化手段的作用力来自公众自身，以自愿参与为原则。由于社会化手段完全基于自愿，参与者往往是负有社会责任感的企业，他们会在环保合规之上对自身乃至上下游企业提出更高的绿色要求。现阶段，

社会化手段虽然运用较少，但是不可或缺，其有着很好的带动性和示范性，既可以带动整个产业链条提升绿色化水平，又可以形成可推广、可复制的典型模式。下一步，应当将社会化手段作为行政手段和市场手段的必要补充，积极引导企业尤其是行业龙头企业开展自愿减排承诺、生态设计、绿色供应链管理等工作，推动形成一批引领绿色发展的行业典范。

第十四章

构建高水平社会主义市场经济体制

当今世界正经历百年未有之大变局，中国迎来重回几百年前所具有的文明引领地位的大机遇。“十四五”时期我国将进入新发展阶段，强起来是新发展阶段的重要特征。未来30年我国将完成全面建设社会主义现代化国家这个历史宏愿，到2035年基本实现社会主义现代化，到2050年全面建成富强民主文明和谐美丽的社会主义现代化强国。新发展理念的根本和灵魂是为人民谋幸福、为民族谋复兴，这也是现代化建设的出发点和落脚点。构建新发展格局的关键在于经济循环畅通无阻，最本质特征是实现高水平自立自强。新发展阶段、新发展理念、新发展格局需要进一步处理好政府和市场的关系，让“看不见的手”和“看得见的手”更好地协同配合，推动高质量发展。

第一节　构建高水平社会主义市场经济体制必须遵循市场决定资源配置这条规律

理论和实践都证明，资源配置是市场经济的一般规律，市场经济本质上就是市场决定资源配置的经济。市场配置资源是最有效率的形式，构建高水平社会主义市场经济体制必须遵循这条规律。进入新发展阶段后，重点领域关键环节改革任务仍然艰巨，创新能力不适应高质量发展要求，城乡区域发展和收入分配差距较大，民生保障存在短板等发展不平衡不充分问题仍然突出。这就需要构建一个能够最大程度和不断激发市场潜力、释放制度活力、保持社会创造力的市场经济体制。

社会主义市场经济与资本主义市场经济有着本质不同。资本主义经济是实行资本主义私有制和少数人剥削广大劳动者的经济。社会主义市场经济就是同社会主义基本社会制度结合在一起的市场经济，体现社会主义的根本性质，是使市场在社会主义国家宏观调控下对资源配置起决定性作用的经济体制。宏观调控能较好地发挥作用；劳动者能自觉地充分发挥生产积极性，有力地推动生产力的发展；可以防止贫富悬殊和两极分化，逐步达到共同富裕。社会主义市场经济在发挥市场对于资源配置的积极作用的同时，加强国家宏观调控的作用，能够很好地解决国家与集体、集体与个人、个人与国家、局部和全局、近期和长远之间的关系。在收入分配上，社会主义市场经济的宏观调控更强调公平原则，强调按劳分配，其根本目的是防止和避免贫富悬殊、两极分化，最终实现共同富裕。这也是社会主义市场经济的优越性所在。

我国社会主义基本经济制度不但要求公有制经济占主体地位，而且要求国有经济起主导作用。而要保证国有经济对国民经济起主导作用，国有经济必须掌握关系国民经济命脉的产业，增强国有经济的控制力、影响力和竞争力。

社会主义市场经济与资本主义市场经济都有价格规律、供求关系、价格信号、竞争机制在资源配置中的作用的特点。在规律和机制上，社会主义市场经济同样要遵从统一的价值规律，凭借统一的市场，适应市场机制的一般要求。这是社会主义市场经济同资本主义市场经济的联系和共性。在调控手段上，社会主义市场经济同样要采用经济、法律、行政等各种手段，实行国家宏观调控，这是二者的又一共同点。资源配置市场化，市场机制是推动生产要素流动和促进资源优化配置的基本运行机制，一切经济活动都直接或间接地处于市场关系当中。

构建高水平社会主义市场经济体制需要通过包括体制机制创新、政策机制创新、实施机制创新等全方位创新，进一步改善资源的市场化配置效率，即充分发挥市场在资源配置中的决定性作用。这也是高水平社会主义市场经济的本质要求和基本特征。

从富到强的历史性跨越和经济高质量发展必然要求与之相适应的高水平的市场经济体制。习近平总书记指出，新发展阶段是我们党带领人民迎来从站起来、富起来到强起来历史性跨越的新阶段。“强”是新阶段的关键词和重要特征。要实现从富到强的历史性跨越，需要付出艰辛的努力，需要国家这个有机体各方面系统地配合起来。

经济基础决定上层建筑，上层建筑也反作用于经济基础，二者是对立统一的辩证关系。经济高质量与体制高水平必然要协同起来。

第二节 “看不见的手”强劲有力，充分激发市场活力

构建高水平社会主义市场经济体制，必须使“看不见的手”强劲有力，充分激发市场活力。在加快构建以国内大循环为主体、国内国际双循环相互促进的新发展格局的大背景下，首先要培育和激发国内市场潜力。促进形成强大国内市场，促进国内国际市场相互促进发展，是新发展阶段应对外部环境复杂变化，保持我国经济持续健康发展的

必然选择。破除妨碍生产要素市场化配置和商品服务流通的体制机制障碍，降低全社会交易成本。完善扩大内需的政策支撑体系，形成需求牵引供给、供给创造需求的更高水平动态平衡。完善内外贸一体化调控体系，促进内外贸法律法规、监管体制、经营资质、质量标准、检验检疫、认证认可等相衔接，推进同线同标同质。全面促进消费。发挥政府投资引导作用，激发民间投资活力，形成市场主导的投资内生增长机制。

其次要充分激发市场主体活力。国有企业是中国特色社会主义的重要物质基础和政治基础，在加快构建以国内大循环为主体、国内国际双循环相互促进的新发展格局的任务中必须承担起战略支撑的使命。一是国有企业要进一步立足国内大市场，加强关系国计民生、国民经济命脉的重要行业、重要能源、重要物资和产品保障能力建设，同时还要注意切实加强涉及国家安全和民生的重要产品及产能储备。二是国有企业要进一步以创新发展为引领，加强战略设计能力建设，加强前沿技术的基础研究和技术储备，进一步巩固传统产业优势、强化优势产业，抓紧布局战略性新兴产业和未来产业，从而提升我国产业基础高级化和产业链现代化水平。三是国有企业要进一步提高国有资本经营的效率和效益，通过自身表率作用促进我国经济高质量发展。四是国有企业要改变过去“大而全、小而全”，依靠设机构、铺摊子的外延式扩张粗放发展的模式，加快自身主业核心竞争力建设，形成全球产业链中难以替代的关键优势，从根本上解决“卡脖子”问题，实现与外部世界共生共赢发展。五是国有企业要按照《国企改革三年行动方案（2020—2022年）》要求，加快完善法人治理结构，加快自身市场化体制机制建设，进一步培育国际化经营能力，培育核心竞争力，与其他企业在国际国内市场公平竞争，为实现供给侧结构性改革目标、高质量繁荣国内市场贡献力量。

激发民营企业活力和创造力，优化民营经济发展环境。良好的营商环境是民营企业健康发展的基础，在基础设施、社会事业、金融服务业等领域大幅放宽市场准入，打破“玻璃门”“弹簧门”等壁垒，营造更公平的竞争环境；完善民营企业融资支持制度，实实在在为民营企业“减负”“造血”。让民营企业的环境更透明，赛场更公平，舞台更宽广。构建亲清政商关系，畅通企业家提出意见诉求通道、建立政务服务“好差评”制度、开展面向民营企业家的政策培训等，鼓励引导民营企业通过转型升级优化重组、参与国家重大战略等方式改革创新，推动民营企业做到守法合规经营、履行社会责任。建立健全统一规范、竞争有序的人才资源市场，实行与国际科研机构接轨的人员聘用制、薪酬灵活化等模式，推动高端人才培育与自由流动。同时锁定中端人才，制定中端骨干人才专项引进政策，满足企业共性需求。促进非公有制经济健康发展和非公有制经济人士健康成长，依法平等保护民营企业产权和企业家权益。

第三节 “看得见的手”稳妥灵活，更好发挥政府作用

通常来说，政府主要起到如下作用：一是引导性作用。市场配置资源具有一定的盲目性，有时不能很好解决社会化大生产所要求的社会总供给和社会总需求平衡以及产业结构合理化问题，容易出现经济周期性波动和区域性、系统性经济风险以及地区经济发展的过度不平衡。政府可以通过发挥引导性作用来间接影响资源配置，保持宏观经济稳定、均衡和健康发展，促进经济转型升级。二是弥补性作用。市场失灵是普遍存在的。由于外部性、信息不对称、竞争不完全、自然垄断等因素，市场不能有效解决公共产品供给、分配公平等问题，需要政府发挥弥补性作用，通过提供公共服务、促进共同富裕、推动可持续发展来纠正市场失灵。三是规制性作用。自发的市场机制有时会损害公平和公共利益。政府必须为市场提供规则、营造环境，实施市场监管，维护市场

秩序，保障公平竞争，保护消费者权益，提高资源配置效率和公平性。这些必要的规制是政府的职能。政府在资源配置中发挥规制性作用，就是通过制定规则对市场进行管理和制约。在公共服务方面，政府是最主要的供给主体，也是管理者，应该承担必要的责任，建设公共服务型政府。同时，政府在公共服务供给中应注意发挥市场的作用，使公共服务的提供与生产适当分离，在生产环节善于运用市场力量，引入竞争机制。在收入分配方面，市场配置资源的机制能够提高效率，但也容易造成收入差距过大，影响社会公平和稳定。这就需要政府发挥作用，在保持合理的初次分配格局基础上，通过再分配为低收入群体提供必要保障。保护各种所有制经济的产权和合法利益，建设统一开放、竞争有序的市场体系，破除各种形式的垄断，反对市场封锁和不正当竞争，规范中介组织发展，保护劳动者权益，建立健全社会征信体系，完善企业破产制度等。收入分配制度是一项带有根本性、基础性的制度安排。构建高水平社会主义市场经济体制，必须在深化社会主义市场经济体制改革的同时进一步完善社会主义分配制度，推动社会主义市场经济体制改革与社会主义分配制度改革同向发力。构建高水平社会主义市场经济体制，要坚持公有制为主体、多种所有制经济共同发展，坚持按劳分配为主体、多种分配方式并存，推动居民收入增长和经济增长同步、劳动报酬提高和劳动生产率提高同步。要健全和完善收入分配体制机制，通过调整国民收入分配格局，逐步缩小收入分配差距，为全体人民共享发展成果提供制度性保证。要健全体现效率、促进公平的收入分配体系，形成公平合理的收入分配关系，努力实现收入分配公平、全体人民共同富裕。要建立健全社会公平保障体系，推进基本公共服务均等化，着力构建公平公正、共建共享的发展新机制。通过制度安排解决民生问题，在更高经济发展水平上促进社会公平正义、实现发展成果由人民共享。

完善宏观经济治理。健全以国家发展规划为战略导向，以财政政策和货币政策为主要手段，就业、产业、投资、消费、环保、区域等政策紧密配合，目标优化、分工合理、高效协同的宏观经济治理体系。通过制定和实施中长期经济发展战略、产业规划、市场准入标准等，引导一定资源向某些产业、区域流动；以财政政策、货币政策、产业政策等为主要手段，实现对经济活动的宏观调控，平抑经济波动，促进经济均衡、可持续发展。完善宏观经济政策制定和执行机制，重视预期管理，提高调控的科学性。加强国际宏观经济政策协调，搞好跨周期政策设计，提高逆周期调节能力，促进经济总量平衡、结构优化、内外均衡。国家治理效能要实现新的提升，尤其是国家行政体系更加完善，政府作用更好发挥，行政效率和公信力得到显著提高。

加快转变政府职能。建设职责明确、依法行政的政府治理体系。首先是深化简政放权、放管结合、优化服务改革，全面实行政府权责清单制度。通过编制边界清晰、分工合理的权力清单和责任清单，全面规范政府权力、强化政府职责，进一步理顺政府内部和外部关系，对公权力再进行一场深刻的自我革命。

要实施涉企经营许可事项清单管理，通过清单管理实现对所有涉企经营许可事项全覆盖，清单以外一律不得违规限制企业进入特定行业或领域开展经营，营造稳定公平透明、可预期的市场准入环境。

第四节　秉承“三新”，推动有效市场和有为政府更好结合

构建高水平社会主义市场经济体制，重点在于统筹协调好市场与政府的关系。进入新发展阶段，贯彻新发展理念，构建新发展格局，更需要正确处理政府与市场的关系。必须进一步明确市场和政府在经济社会发展中的作用定位，厘清市场和政府的边界，在社会主义基本制度与市场经济的结合上下工夫，增强二者的适应性、匹配度、融

合度，充分发挥两个方面的作用和优势，更好发挥我国制度优势，实现市场机制灵活高效、微观主体富有活力、宏观调控适时适度，推动经济高质量发展。

准确把握新发展阶段，立足于推动高质量发展和满足人民日益增长的美好生活需要，要求我们在有效市场与有为政府之间找到一个科学的平衡点、结合点来加快转变政府职能；深入贯彻新发展理念，立足于创新为第一动力、协调为内生特点、绿色为普遍形态、开放为必由之路、共享为根本目的的要求，努力营造一个让新发展理念落地生根的政府治理体系；加快构建新发展格局，坚持扩大内需这个战略基点，畅通国内大循环，促进国内国际双循环，需要政府治理体系和治理能力及时调整、积极跟进。

深化简政放权、放管结合、优化服务改革，全面实行政府权责清单制度；持续优化市场化法治化国际化营商环境，实施涉企经营许可事项清单管理，加强事中事后监管，对新产业新业态实行包容审慎监管；建立健全重大政策事前评估和事后评价制度，畅通参与政策制定的渠道，提高决策科学化、民主化、法治化水平；推进政务服务标准化、规范化、便利化，深化政务公开。

围绕构建新发展格局，加快构建高水平社会主义市场经济体制，更加注重以深化改革开放增强发展内生动力，在一些关键点上发力争取见到实效，起到牵一发而动全身的效果。其中，将建设高标准市场体系，制订实施建设高标准市场体系行动方案，完善产权保护制度，修订印发《市场准入负面清单（2021年版）》，制定出台海南自由贸易港、深圳中国特色社会主义先行示范区放宽市场准入特别措施。促进公平竞争，增强公平竞争审查制度刚性约束，破除区域分割和地方保护，建设统一大市场。同时，积极推进重要改革试点。深入推进深圳综合改革试点，全面落实40条首批授权事项。研究在上海浦东等地开展综合改革试点，鼓励地方积极探索。此外，还将推进要素市场化配置改革，深入推进重点行业改革，努力激发各类市场主体活力。“强化国家战略科技力量”位列 2021 年经济工作首位，在布局创新体系、完善相关政策方面，国家发改委将加快推进创新高地和创新平台建设，组织开展核心技术攻关和重大科技基础设施建设，不断强化国家战略科技力量。在完善区域创新布局方面，国家发改委将大力推动怀柔、张江、合肥、大湾区等综合性国家科学中心建设，推动优势科研力量和重大科技基础设施集群发展，进一步提高集中度、显示度和国际影响力，支持北京、上海、粤港澳大湾区加快形成国际科技创新中心。

各级政府要坚定不移贯彻新发展理念，在构建高水平社会主义市场经济体制中克服错位、越位、缺位现象。一要全面完善产权制度，健全以公平为核心的产权保护制度，全面依法平等保护民营经济产权，强化知识产权保护等。二要消除制约要素自由流动的各类体制机制障碍，建立健全统一开放的要素市场，促进要素有序自由流动，提升资源配置效率。三要深入推进能源、公共服务等重点领域价格改革，适时放开竞争性环节价格，完善教育、医疗、养老等领域价格改革。四要进一步优化营商环境，扎实推进“放管服”改革，提高营商环境的市场化、法治化和国际化水平，促进经济高质量发展。

第五节　绿化现代财税金融制度

2020 年 9 月，习近平总书记郑重宣布中国“二氧化碳排放力争于 2030 年前达到峰值，努力争取 2060 年前实现碳中和”。党的十九届五中全会强调，要“加快推动绿色低碳发展”。习近平总书记重要讲话和党的十九届五中全会精神，体现了中国积极应对气候变化、推动构建人类命运共同体的负责任大国担当，也为中国绿色低碳高质量发展指明了方向，明确了“十四五”期间财政金融改革发展的总目标。

一、以碳中和为目标完善绿色金融体系

我国已经构建了绿色金融体系的基本框架，但绿色金融标准、信息披露水平和激励机制尚未充分反映碳中和的要求，产品体系还没有充分解决低碳投资所面临的瓶颈，金融机构还没有充分意识到气候转型所带来的金融风险，也没有采取充分的措施来防范和管理这些风险。所以，必须积极构建符合碳中和目标要求的绿色金融体系，保证社会资本充分参与低碳、零碳建设，有效应对气候变化。

未来几十年内，在全国实现碳中和可能需要数百万亿元的绿色低碳投资。根据绿色金融发展的经验，要满足如此大规模的投资需求，90%左右的资金必须依靠金融体系来动员和组织。因此，应以碳中和为目标，完善绿色金融体系，包括修改绿色金融标准，建立强制性的环境信息披露要求，强化对绿色低碳投融资的激励机制，支持低碳投融资的金融产品创新，具体建议如下。

一是以碳中和为约束条件，修订绿色金融标准。虽然人民银行牵头修订的新版《绿色债券支持项目目录（征求意见稿）》已经剔除了“清洁煤炭技术”等化石能源相关的高碳项目，但其他绿色金融的界定标准（包括绿色信贷标准、绿色产业目录等）还没有作相应的调整。未来，应该按照碳中和目标修订绿色信贷、绿色产业标准，建立绿色基金、绿色保险的界定标准，同时保证符合这些绿色标准的项目不会对其他可持续发展目标产生重大负面影响。

二是金融监管部门应明确提出对金融机构开展环境和气候信息披露的要求。可以要求金融机构披露其持有的高碳行业资产风险敞口（如煤电、钢铁、水泥、化工、铝业等行业的贷款和投资），并计算和披露接受贷款和投资的企业碳排放和碳足迹。监管部门、行业协会等应组织金融机构开展环境信息披露方面的能力建设，推广领先机构的最佳实践。

三是金融机构应开展前瞻性的环境和气候风险分析，包括压力测试和情景分析。行业协会、研究机构、教育培训机构也应组织专家支持金融机构开展能力建设，并重点开展这个领域的国际交流。央行和金融监管部门应牵头组织宏观层面的环境和气候风险分析，研判这些风险对金融稳定的影响，并考虑逐步要求大中型金融机构披露环境和气候风险分析的结果。

四是建立绿色金融激励机制。建议人民银行考虑设立较大规模的再贷款机制（数千亿元级别），专门用于支持低碳项目；将较低风险的绿色资产纳入商业银行向央行借款的合格抵押品范围；将银行资产的碳足迹纳入绿色银行的考核评估机制，并将银行的碳足迹与央行货币政策工具的使用挂钩。

五是外汇管理局和主权基金应开展绿色可持续发展（ESG）投资，培育绿色投资管理机构。外汇管理部门和主权基金可以参考央行与监管机构绿色金融合作网络（NGFS）的建议，主动开展可持续投资，以引领私营部门和社会资金的参与。建议外汇管理局和主权基金按绿色可持续发展原则建立对投资标的和基金管理人的筛选机制，建立环境和气候风险的分析能力，披露 ESG 信息，支持绿色债券市场的发展，积极发挥股东作用，推动被投资企业提升 ESG 表现。

六是鼓励金融机构探索转型融资，包括设立转型基金和发行转型债券。支持化石能源企业向清洁能源转型、高碳工业企业的节能减排和减碳项目等。这些转型经济活动，需要大量融资和激励机制。应在认定标准、披露要求、激励机制等方面探索建立支持转型融资的机制，支持金融机构推出转型债券、转型基金、转型保险等金融工具。

二、以碳中和为目标完善绿色财税体系

生态环境的保护与补偿，资源能源的开发和利用，绿色技术的研发与应用均属于绿色基础设施，是绿色经济发展的基础支撑。环保产业、

能源产业、绿色制造业等绿色产业是绿色经济发展的基础产业，是发展绿色经济的支柱，是绿色经济运行过程中的关键领域。绿色财税政策设计应着眼于为绿色经济运行过程中各环节的“绿化”提供合理的激励性措施安排，促进绿色经济发展。

（一）财政支出政策

加大财政补贴力度。建立激励环境保护与生态建设的财政补贴制度，增加对生态保护良好区域或生态环境保护成绩显著区域的补助，提高其生态补偿的积极主动性。

规范转移支付制度。要科学界定专项转移支付的标准，控制其准入的条件和规模。通常来看，列入专项转移支付的项目，应是具有外溢性、突发性、特殊性、非固定性等特征的项目。例如，跨地区的大江大河的治理，防护林带的建设，突发性的自然灾害和疫情的救治，特困县的脱贫救济，中央委托地方的项目等。专项转移支付，只能是次要的、辅助的形式，因此规模不能过大。要加强对专项转移支付项目的监督检查和绩效评估，防止被截留、挪用，提高其使用效果。

加大绿色技术的研究与试验发展（R&D）经费投入。鉴于绿色技术对绿色经济发展的重大作用，以及它的重大的外部效应，政府投入足量的财政资金作为“启动资金”尤为重要。市场需求是推动企业技术创新的第一位因素。政府作为企业绿色技术创新的启动和推进者，可以通过创造一定的产品市场，鼓励企业的绿色技术创新行为。政府采购可以创造和增加企业技术创新产品的市场需求，产生绿色技术创新的“市场拉动”效应。这样的安排，可以使企业的创新产品在市场开拓期有比较稳定的市场保证，同时也使企业在绿色技术创新过程中与市场有关的风险得到一定程度的降低。

政府在加大财政投入的同时，应转变财政资金的使用方式，更多地引进市场竞争机制。充分运用财政贴息、财政参股、财政担保等经济手段，以充分调动和吸纳社会资金参与进来，激发微观经济主体的投资和活力，实行投资主体多元化，借以带动整个投资水平的扩张，以期取得财政资金“四两拨千斤”的效果。

（二）税收政策

依据产品生命周期设计绿色税收体系。绿色税收体系在设计时，应该与产品生命周期的各个阶段相结合。在资源开采阶段，应对开采者征收开采税、资源税或矿区使用费等，提高资源的开发成本，以减缓资源开采的速度，维护其可持续性，从源头对污染加以控制，提高征管效率。课税范围应包括不可再生资源和可再生但破坏严重的资源，如森林、水、土地、海洋、矿产资源等。在生产企业对原料的投入使用及燃料使用的阶段，根据税收理论，当原料、燃料的使用与污染的联系很直接、明确，而污染排放位置及污染量的测定因受条件限制成本很高时，对原料、燃料的投入征税要比对污染排放征税更有效。不同原料应根据其污染物含量征收原料投入税，减少和改变企业资源的需求取向。当原料的投入与污染的联系不明确时，就需对生产过程征税，即我们通常所说的排污税（费），促使企业淘汰高污染的生产工艺或生产方式，提高资源的利用效率。在产品的消费阶段，可通过产品税或消费税使用过程中引起污染的产品征税，提高其消费价格，引导人们的消费方向，实现可持续消费，这对于环保消费意识淡薄的企业和个人尤为重要。对处置方式的控制。对产品消费使用后产生的废弃物，根据处置方式以及其能否再用等方面的不同给予不同的税收待遇，引导人们的偏好和行为选择，使人们在经济利益的引导下自觉地改变其偏好和行为，税收政策能够起到全面和动态的刺激效果。税收的加入，使税收成为产品生产决策的一个重要因素。这能促使企业对其生产过程进行审查并改进，减少生产性排污，促进无废工艺，推进清洁生产；促使企业在产品的设计阶段要考虑资源的消耗和保护环境的要求。产品设计中不仅要考虑经济原则，也要遵循环境原则，还能促进企业对其产品的包装、运销、使用、回收、处置做出反应。清洁生产是国际社会在总结末端治理的经验教训后提出的新型环境保护战略，受到国际社会的广泛关注。清洁生产的核心，就是在确保产品满足人类物质文化需求的前提下，通过不断改进管理和利用绿色技术等措施，达到提高资源利用率、减少乃至消除污染物的产生，使其生产过程和产品达到对人类和环境危害最小的目的。可见，清洁生产就是把环保、低耗、减排贯穿于生产过程，在给企业带来经济效益的同时又取得良好的社会效益。它借助于各种相关的理论和技术，在产品整个生命周期的各个环节中采取预防污染物产生措施，将生产技术、生产过程、经营管理及产品等方面与物流、能量、信息等要素有机结合，优化运行方式，从而以最小的环境影响、最少的资源能源使用和最佳的管理模式实现最合理的经济增长。

完善税收优惠政策。实行多样的税收优惠方式，刺激绿色技术研发。实行研究与试验发展（R&D）经费税前抵扣或向后结转抵扣，提取绿色技术准备金等措施，为了鼓励绿色技术成果的交易，可以允许对符合一定条件的绿色技术成果免征营业税。绿色技术设备加速折旧。对风险投资机构实行税收优惠，如对风险投资企业从业人员给予个人所得税优惠。比如，除现行个人所得税规定的费用扣除标准之外，可以允许风险企业内的就职者适用一个附加费用减除标准。允许风险企业在税前提取风险准备金。对风险投资公司的投资收益免征企业所得税。允许有限合伙制风险投资公司的存在。允许把风险投资的损失直接用于抵减投资的资本利得。延长风险投资企业对亏损的弥补年限。

对清洁产品或对环境标志产品应给予税收优惠。对以可再生资源或替代品为原材料的产品，可给予减税、免税或先征税后返还的优惠政策，以体现对可再生资源及替代品开发、研制、使用的鼓励；对于回收和利用废旧物资的，应在现行增值税法规定的基础上适当提高抵扣率，以鼓励对废旧物资的回收利用；对进口的环保设备、仪器用于生产环保设备的材料、零部件等在进口环节给予一定的增值税减免优惠。

在企业所得税中，增加利用清洁能源、无污染或少污染的清洁工艺、清洁产品等方面的税收优惠措施；对污染控制新技术和生产污染替代品予以减免所得税；对环保设备生产企业和污水处理厂、垃圾处理厂等防治污染企业的固定资产实行加倍折旧扣除。在个人所得税中，对个体经营者为治理污染而进行的产品、工艺、设备的调整可给予税收抵免。从事环保事业的个体经营者、环保类企业的技术人员可以在计算个人所得税时加计扣除额。

第十五章

以高水平对外开放开拓合作共赢新局面

《建议》提出，坚持实施更大范围、更宽领域、更深层次对外开放，依托我国大市场优势，促进国际合作，实现互利共赢。高水平对外开放是新时代建设现代化强国的应有之义，是立足新发展阶段、贯彻新发展理念的主动作为，是构建新发展格局、打造国际合作竞争新优势的战略选择。

第一节　坚定不移实行高水平对外开放

进入新发展阶段、基本实现现代化，必须贯彻新发展理念、构建新发展格局、推动高质量发展。高水平对外开放既是构建新发展格局的必然要求，也是高质量发展的重要内容。要统筹百年未有之大变局和中华民族伟大复兴战略全局，进一步深化对高水平对外开放内涵与特征的分析，明确目标和思路，推动我国对外开放向制度型开放、创新型开放、自主型开放、系统型开放迈进。

一、我国对外开放面临的新形势

谋大事必先观大势，开新局必先识变局。当前和今后一个时期，我国发展仍然处于重要战略机遇期，但机遇和挑战都有新的发展变化。这一重大判断充分体现了以习近平同志为核心的党中央对国内外形势的精准把握，也为我们完善对外开放战略提供了根本遵循。

从国际形势看，世界将处于较长时间的动荡变革期。当前，国际力量对比深刻调整，和平与发展仍然是时代主题，人类命运共同体理念深入人心；但国际环境日趋复杂，经济全球化遭遇逆流，单边主义、保护主义、霸权主义对世界和平与发展构成威胁，中美战略博弈持续升级，国际环境不稳定性不确定性不平衡性显著增多。美国的单边主义同我国积极倡导的多边主义形成强烈对比，也为我国影响和引领经济全球化走向提供了难得机遇。新一轮科技革命和产业变革深入发展，特别是信息技术、人工智能技术等深度发展及其与生物、材料等多学科多技术领域相互渗透、交叉融合，为应对和解决全球性发展难题提供了新手段，也为我国通过开放加入全球创新体系提供了新机遇。

从国内形势看，我国正在加速构建形成新发展格局。我国经济进入高质量发展阶段，经济长期向好，物质基础雄厚，人力资源丰富，市场空间广阔，发展韧性强劲，继续发展具有多方面优势和条件。进入新发展阶段、贯彻新发展理念、构建新发展格局成为我国对外开放的根本遵循和前进方向。《建议》提出，要坚持实施更大范围、更宽领域、更深层次对外开放，依托我国大市场优势，促进国际合作，实现互利共赢。立足国内大循环，发挥比较优势，协同推进强大国内市场和贸易强国建设，以国内大循环吸引全球资源要素，充分利用国内国际两个市场两种资源，积极促进内需和外需、进口和出口、引进外资和对外投资协调发展，促进国际收支基本平衡。

二、高水平对外开放内涵和特征

面向 2035 年，要深刻理解我国高水平对外开放的新内涵和新特征，既包括开放范围扩大、领域拓宽、层次加深，也包括开放方式创新、布局优化、质量提升。

（一）更加注重制度型开放，建设更高水平开放型经济新体制

当前全球开放的主攻方向，已经由关税、股比限制等准入的“边境”领域逐渐转向产业政策、知识产权政策、环境政策、投资政策等“边境后”领域。从《跨大西洋贸易与投资伙伴关系协定》（TTIP）、美韩“自由贸易协定”、日本—欧盟“自由贸易协定”和《全面与进步跨太平洋伙伴关系协定》（CPTPP）的谈判内容看，“边境后”开放措施的内容均超过了“边境”开放措施。新一轮国际贸易规则的重构更加强调了高标准，更多反映出西方国家抢占未来世界经济发展和国际竞争制高点的意图。我国宜顺应国际经贸规则由“边境”措施向“边境后”措施不断延伸新趋势，推动对外开放由以前注重商品和要素流动型开放向规则、规制、标准、管理等制度型开放转换，把全面深化国内改革同推进全球治理体系变革有机统筹，把技术创新和知识产权保护、经贸合作和援助、环境保护、互联互通、公平分配领域等作为重点，推动在全球形成有利于创新发展、协调发展、绿色发展、开放发展、共享发展的组

织机构、治理体系、政策机制等，坚定维护多边贸易体制，积极参与WTO 改革，引领全球经济合作机制建设和治理体系改革走向，在全球建设更高水平开放型经济新体制。

（二）更加注重创新型开放，推动科技创新更好造福人类

当今世界正经历百年未有之大变局，新一轮科技革命和产业变革迅猛发展，正在重塑全球创新版图和经济格局。创新是当今时代的重大命题，也是引领发展的第一动力。要加大全球科技交流、人才流动、知识产权保护，优先引智、注重引技，在资源能源、气候变化、人类健康等共性问题方面加强科学交流、技术共享，主动融入全球创新体系。推动成立全球科技促进多边国际机构，推动实施开放包容、互惠共享的国际科技合作战略；倡议发起更多国际大科学计划，组织全球顶尖科学家、国际科技组织一道，就事关人类发展的健康科技、安全科技、人文科技、数字科技等加强重大科学问题研究；加大共性科学技术破解，加深重点战略科学项目协作，共同推进世界科学事业进步。秉持人类命运共同体理念，坚决反对技术霸权和技术封锁，积极推动全球技术转移转化，深度参与世界知识产权组织框架下的全球知识产权治理，处理好激励和共享、保护和开发的平衡，推动全球知识产权治理体制向着更加公正合理方向发展。

（三）更加注重自主型开放，牢牢把握对外开放的主动权

加快形成以国内大循环为主体、国内国际双循环相互促进的新发展格局，要求对外开放必须更加注重自主型开放，努力推动以我为主体、主场、主角的经济全球化。要以国内市场牵引国际市场，坚持供给侧结构性改革这个战略方向，扭住扩大内需这个战略基点，形成需求牵引供给、供给创造需求的更高水平动态平衡。在实现经济高质量发展的同时，为经济全球化注入新动能、注入确定性，为其他国家提供更加广阔的市场机会和发展空间。要打造自主可控、根深叶茂的产业链供应链，大力推动自主创新，推动科技实现高水平自立自强，强化关键环节、关键领域、关键产品保障能力，实现创新链和产业链有效对接。尤其要利用我国全球最完备产业配套体系和超大规模市场的独特优势，巩固传统产业优势，强化优势产业领先地位，抓紧布局战略性新兴产业、未来产业，加快形成一批扎根国内、辐射周边、连通全球的跨国公司，持续做全球产业链供应链的"动力源"和"稳定器"。

（四）更加注重系统型开放，提高对外开放的整体效能

深入研究全球科技创新走势、产业链布局态势、经济全球化趋势，准确把握各项开放举措的逻辑关系和优先顺序，据此优化我国对外开放的顶层设计。优化国内开放区域布局，加快中西部和东北老工业基地对外开放布局，改变我国对外开放东快西慢、沿海强内陆弱的格局，加快形成沿海内陆沿边分工协作、互动发展的全方位开放新局面。优化对外开放区域布局，以区域全面经济伙伴关系（RCEP）合作和中欧合作为双核引擎，以"一带一路"为重点和纽带，设计一批重大合作平台和重大项目，扎实推动政策沟通、设施联通、贸易畅通、资金融通、民心相通，以"五通"助力实现国内国际循环畅通。实现"物"的开放和"人"的开放并重，继续推动商品、资本、技术、数据等生产要素跨境自由高效流动，做强做优对外贸易、利用外资、对外投资等；更加重视人文交流和文明互鉴，在执业资格互认、人才引进、自然人跨境移动等方面加大力度，推动对外开放迈向更深层次和更高水平。提高统筹开放和安全能力，把握好发展、开放与安全之间的关系，做好关键领域开放的风险评估、方案应对、制度建设等配套举措，凡是国内监管能力跟不上的领域不能提前开放，凡是出现系统性风险隐患的领域要及时研究应对之策，增强自身竞争能力、开放监管能力、风险防控能力，织密织牢开放安全网，构建海外利益保护和风险预警防范体系。

基于以上内涵和特征，我国对外开放必须坚持"以内引外、内外互促，价值提升、规则引领，互联互通、互利共赢，协调联动、安全可控"的思路加以推进，以高水平开放带动我国高质量发展和世界高标准联通，推动经济全球化逆势上扬、行稳致远，推动国内国际双循环相互促进。

力争到 2025 年，基本形成更高水平开放型经济新体制，国内国际双循环相互促进：外贸创新发展取得新成效，整体处于全球价值链中高端；吸引外资和“走出去”步伐更加稳健，配置全球资源能力明显提升；自贸区提升战略纵深推进，区域经济合作扩容提质；参与全球治理体系改革能力明显增强，基本形成以国内大循环为主体、国内国际双循环相互促进的新发展格局。

力争到 2035 年，经贸强国基本建成，对外开放新格局全面形成，参与国际经济合作和竞争新优势明显增强：外贸创新发展取得新进展，整体处于全球价值链高中端；吸引外资和“走出去”相互协同，成为全球资源配置中心；自贸区提升战略持续推进，我国成为全球开放高地和经济中心；引领全球治理体系改革能力明显增强，形成以国内大循环为主体、国内国际双循环相互促进的新发展格局。

第二节　建设更高水平开放型经济新体制

随着新一轮产业技术革命深入推进，国际经贸竞争格局深刻调整，这既给我国构建更高水平开放型经济新体制带来诸多机遇，同时也面临前所未有的挑战。面向 2035 年，要制定实施“价值链跃升战略”，推动创新链、产业链、供应链同价值链贯通联动。为此，要重点建好三个“网络体系”：统筹双向投资和双向贸易，健全内外互动的一体化生产网络体系；统筹境内外经济园区合作机制，健全内外互补的开放型载体网络体系；统筹对外开放平台合理分工和数字化转型，健全专业化服务体系。

一、实施对外贸易创新工程，增强外贸综合竞争力

改革开放 40 多年来，我国对外贸易取得了巨大的发展成就，目前

我国已是世界货物贸易第一大国和服务贸易第二大国。未来15年，是我国由贸易大国向贸易强国迈进的关键时期，要突出创新在贸易发展中的主导驱动作用，促进知识、技术、信息、数据等新型生产要素在贸易领域的集聚与嬗变，推动形成以技术、品牌、质量、服务为核心的综合竞争优势，提升我国在全球产业链、供应链与价值链中的地位。

第一，以创新驱动为引领，做强对外贸易主体，推动优势企业跨地区兼并重组和对外投资合作，培育一批组织化程度高、产业链条长、市场竞争力强的跨国公司，鼓励创新型中小微企业发展，与大企业协同配套，全面参与并力争主导全球产业链、供应链、价值链重构。

第二，推动各类外贸载体创新发展，继续发挥各类园区在外贸发展中的引擎作用与示范功能，推动综保区、经开区、高新区、自贸试验区等各类园区载体转型升级，强化其聚集、服务、创新功能，打造成为我国高端制造、物流、研发、销售、结算、维修中心。

第三，加快国际营销网络建设，支持商会、协会、企业通过自建、合建、委托等多种方式在境外建设展示中心、分拨中心、批发市场、零售网点、服务体系等，加强实际商业存在。建立满足市场需求的国际结算机构、人民币在岸和离岸结算中心，最终形成以结算中心为连接点的网络化、多功能、多币种结算系统，构建支持对外贸易发展的全球金融结算、物流服务和法律服务体系。

第四，积极打造促进国内国际双循环的会展平台体系。发挥好中国国际进口博览会、中国国际服务贸易交易会、中国国际消费品博览会、中国进出口商品交易会等重要展会平台的作用，培育若干国际知名度高、影响力大的国家级专业展会平台，更好发挥平台链接线上线下、境内境外、贸易投资的集成功能，打造永不落幕的博览会与交易会。

第五，支持对外贸易新业态与新模式发展。进一步扩大跨境电商综合试验区试点范围，鼓励跨境电子商务企业通过规范的“海外仓”、体验店和配送网店等模式，融入境外零售体系。加快数字技术对传统产业的改造与融合，大力发展数字娱乐、数字传媒、数字教育、数字医疗、数字出版等数字内容服务，实现数字服务贸易的标准化、平台化与生态化发展。

二、实施利用外资提质工程，实现高质量引进来

利用外资是我国对外开放基本国策和构建开放型经济新体制的重要内容。当前，我国已成为利用外资第一大国，要对标国际先进水平，营造更加公平透明便利、更有吸引力的投资环境，保持我国全球外商投资主要目的地地位，进一步促进外商投资稳定增长，实现以高水平开放推动经济高质量发展。

第一，进一步健全外商投资法律制度，加快形成与国际投资、贸易通行规则相衔接的基本制度体系和监管模式。在全面落实《中华人民共和国外商投资法》的基础上，对照国际标准与做法，加快清理国内法规、规章中与国际通行规则不相符的部分，在许可、产业政策、竞争政策、环境保护、知识产权、营商环境等方面加大改革力度，实现规则平等、权利平等、机会平等。继续完善“准入前国民待遇+负面清单+外资促进政策”的新型管理体制，进一步缩减外资准入负面清单，建设政策稳定、透明、可预期和服务高效便捷的外商投资环境。完善外资国家安全审查制度和事中事后监管体系，建立健全国家安全审查机制，考虑设立“国家安全审查委员会”，完善反垄断和反不正当竞争法。

第二，优化利用外资产业结构。鼓励外资进入生物育种、农业绿色生产、农业智能装备、农业生物制造等现代农业领域，扩大在电子信息、生物制药、节能环保、新能源汽车、新材料及关键零部件等高端制造领域对华投资，继续提高金融保险、信息技术、现代物流、电子商务、研发设计等生产性服务业，以及文化创意、教育、医疗、育幼养老等生活性服务业的开放水平，鼓励外资在数字技术、跨境电商、共享经济等新经济领域扩大投资。

第三，优化利用外资区域布局，积极推动外资来源多元化。目前，欧盟在中国的投资仅占其对外投资比重的2.1%，要以中欧投资协定签署为契机，推动更多欧盟企业与项目在华落地。结合乡村振兴战略，发挥中西部农村地区劳动力丰富、成本低廉等优势，给予中西部欠发达地区更大的财税优惠政策，引导更多劳动密集型外资企业向中西部转移。

三、实施对外投资强国工程，推动高水平走出去

对外投资合作是我国对外开放战略的重要组成部分，是深度融入全球价值链、产业链、资金链的重要路径，也是增强国家综合竞争力、加深与世界各国经济社会联系的关键手段。党的十八大以来，我国对外投资合作稳步健康发展，规模不断扩大、结构不断优化、效益不断提升，对外投资合作大国地位持续巩固，成为全球资本市场不可或缺的参与主体。展望未来，应进一步深化对外投资合作的广度与深度，力争成为具有全球影响力的对外投资合作强国。

第一，健全促进和保障境外投资的法律、政策和服务体系，完善东道国法律政策研究、投资环境分析、市场风险咨询等综合性和一站式服务平台，坚定维护中国企业海外合法权益。加强对境外经贸合作区建设的指导，注重提高集聚效应、强化主导产业、加强技术创新，完善研发、设计、物流、金融、教育、培训、商贸网点等各类生产性和生活性服务配套，促进产业链集群化和供应链系统化发展。

第二，加强对企业引导，提升企业国际化水平和风险防控能力，打造一批具有长远性、稳定性、竞争性、系统性、协同性，国际化程度高，区域或全球影响力强，具备抵御风险能力的跨国公司，构建由中国企业主导和引领的跨境产业链与全球价值链。增强对重点国别市场、关键基础设施、重要战略资源的掌控力和影响力，提高我国在全球配置资源的能力。通过企业“走出去”，培养一批具有国际视野与判断力的优秀企业家。

第三，稳慎推进人民币国际化，强化对外投资合作主导权。坚持市场驱动和企业自主选择，扩大人民币在跨境贸易和投资中的使用，继续完善人民币汇率形成机制。鼓励金融机构“走出去”，加快金融机构海外布局，鼓励企业使用人民币对外投资，境外企业使用人民币结算，营造以人民币自由使用为基础的新型互利合作关系。要充分利用数字化机遇，加快我国央行数字货币的跨境场景落地应用，在新的起点上推进人民币国际化，通过数字化破解瓶颈制约，化解可能带来的风险，把人民币国际化成本和风险降到最低。

四、实施开放高地引领工程，加速形成双循环新格局

自由贸易试验区与自贸港是新时代高水平对外开放的试验田与领头羊，要立足于制度型开放与创新型开放，赋予其更大改革自主权，在要素自由有序流动、对接国际经贸新规则等方面先行先试，为全面建设高水平开放型经济新体制提供可复制推广的经验。

一方面，加大自由贸易试验区创新开放力度。要继续完善自由贸易试验区布局，鼓励更多符合条件的地区探索各具特色的自贸试验区。要对接《全面与进步跨太平洋伙伴关系协定》（CPTPP）等高标准国际经贸规则，进一步缩减自由贸易试验区外资准入负面清单，推动货物、服务、资金、人员、信息、数据等要素自由流动，形成与之相衔接的知识产权保护、环境保护、公平竞争、监管一致性等营商环境。

另一方面，加快将海南自由贸易港建成全球一流的开放高地。自由港是一国境内关外、资金货物人员自由进出，开放水平最高的特殊经济区域。要大胆借鉴国际自由港的模式，以贸易投资自由化便利化为重点，推动各类生产要素跨境自由有序安全便捷流动，实现贸易自由便利、投资自由便利、跨境资金流动自由便利、人员进出自由便利、运输来往自由便利和数据安全有序流动，分步骤实施零关税、低税率、简税制的安排，最终形成具有国际竞争力的全球物流、资金流、信息流和

人才汇聚高地。

第三节　推动共建"一带一路"高质量发展

"一带一路"倡议是新时代对外开放的重大抉择，已经取得丰硕成果。在新发展阶段，要推动"一带一路"高质量发展，同时不失时机地制定实施"全球互联互通战略"，推动"一带一路"倡议同全球可持续发展战略、相关区域发展战略以及各国发展战略和倡议更好对接，推动政策沟通、设施联通、贸易畅通、资金融通、民心相通，推动全球范围的全方位对接和联通，积极构建全球互联互通伙伴关系。

一、加强政策沟通，实现战略、规则、标准对接

政策沟通是共建"一带一路"的重要保障，是形成携手共建行动的重要先导。自"一带一路"倡议提出以来，中国在充分发挥现有双多边合作机制的作用的同时，与有关国家和国际组织充分沟通协调，形成了共建"一带一路"的广泛国际合作共识。目前，共建"一带一路"倡议及其核心理念已写入联合国、二十国集团、亚太经合组织以及其他区域组织等有关文件中。在共建"一带一路"框架下，各参与国和国际组织本着求同存异原则，就经济发展规划和政策进行充分交流，协商制定经济合作规划和措施。截至 2021 年 1 月，我国已经与 171 个国家和国际组织签署 205 份共建"一带一路"合作文件，涵盖互联互通、产能、投资、经贸、金融、科技、社会、人文、民生、海洋等合作领域，覆盖了亚欧大陆、非洲、拉丁美洲及南太平洋等众多国家和地区。

面向未来，要更加重视以政策和规则标准对接为重要内容的"软联通"，完善区域与双边合作机制，研究推进共建"一带一路"的实施方案、行动路线图。在借鉴应用国际通行规则标准的基础上，统一规则

体制和技术标准，实现战略规划和建设项目协同效应最大化。要继续推动共建“一带一路”倡议与沿线国家（地区）的发展战略对接，强化与欧盟“欧亚互联互通战略”、东盟“互联互通总体规划2025”、非盟“2063年议程”、中亚地区的哈萨克斯坦“光明之路”、蒙古国“草原之路”、中东地区的沙特阿拉伯“西部规划”等战略的广泛对接，寻求合作的最大公约数。进一步完善《标准联通共建“一带一路”行动计划》，与沿线国家和地区签署更多标准化合作协议。完善国际商事法庭运行机制和“一站式”国际商事纠纷多元化解决机制，在数字经济、农业、技术、税收、能源、生态、减贫、知识产权等专业领域展开深度规则对接。

二、推动设施联通，拓展第三方市场合作

设施联通是共建“一带一路”的优先领域，是沿线国家（地区）联动发展的基础。在各国的共同努力下，“一带一路”沿线“六廊六路多国多港”设施联通的总体布局已经基本形成并不断延伸和拓展。国际经济合作走廊和通道建设取得明显进展，在中国—中亚—西亚、中蒙俄、新亚欧大陆桥、中国—中南半岛、孟中印缅、中巴等“六大经济走廊”顶层设计的基础上，我国又先后与相关国家达成构建中尼印经济走廊、中缅经济走廊、澜湄流域经济发展带等共识，初步形成陆海内外联动、东西双向互济的双栖对外开放新格局。以公路、铁路、水路、空路、管路、信息高速路等“六路”为核心的全方位、多层次、复合型基础设施网络正在加快形成，为建立和加强各国互联互通伙伴关系，构建高效畅通的“一带一路”大市场发挥了重要作用。

下一步，要在加强与沿线国家两两合作的同时，与有关发达国家一道，发挥技术、资金、产能、市场等互补优势，按照共商共建共享原则，遵循市场规律，在“一带一路”沿线国家扩大基础设施建设第三方合作，促进多方共赢。按照“政府引导、企业主体、市场运作、国

际惯例”的原则，鼓励国企、民企与外资合作，注重发挥国企的资金优势和外企的国际化网络优势，携手开拓第三方市场。发挥我国在5G、大数据、云计算、人工智能、物联网等领域的优势，加强顶层设计，从政策、资金、法律上予以扶持，积极支持我国企业“走出去”，参与“一带一路”沿线5G网络、特高压输电、大数据中心、智慧城市、工业互联网等领域的新型基础设施建设与互联互通。

三、提升贸易畅通，构建产业链供应链合作体系

贸易畅通是共建“一带一路”的核心内容，是推动沿线国家（地区）实现互利共赢的重要手段。目前，我国与“一带一路”相关国家的货物贸易额累计超过7万亿美元，服务贸易额超过1000亿美元，对外直接投资超过600亿美元，为当地创造20多万个就业岗位。中国已经和19个国家建立了双边电子商务合作机制，“丝路电商”正成为“一带一路”国家间经贸合作的新渠道。根据国际咨询机构麦肯锡公司的预测，到2050年，“一带一路”沿线国家对世界经济增长的贡献率将达到80%。

下一步，要以“一带一路”国际产能合作和装备合作为重点，鼓励制造企业在境外设立研发中心、加工组装、分销、售后服务和维修基地，支持科技型企业与沿线知名高校、实验室、跨国公司等机构开展合作，拓展全球创新网络。着力培育一批具有现代供应链运营能力的龙头企业，提升组织运营国际化水平，打造“一带一路”沿线供应链枢纽与节点，构筑互利共赢的产业链供应链合作体系，不断完善供应链和创新链体系的全球布局。同时，要充分挖掘我国与“一带一路”沿线国家和地区服务贸易发展潜力，与更多“一带一路”相关国家和地区建立服务贸易双边工作组，签署服务贸易双边合作协议，开展服务贸易领域合作对话。推动旅游、留学、运输、建筑等传统服务贸易扩大规模，大力发展金融保险、商贸物流、研发设计、信息技术、跨境电商、广告营销、专业服务、文化娱乐等生产性服务贸易与新兴服务贸易。

四、促进资金融通，健全多元化投融资体系

资金融通是共建“一带一路”的重要支撑，为“一带一路”高质量发展注入持续动力。我国作为“一带一路”倡议国出资设立“丝路基金”，并发起成立亚洲基础设施投资银行。截至 2020 年 9 月，亚投行已发展到 103 个成员，是仅次于世界银行的全球第二大多边开发平台，并在 24 个成员投资 87 个项目，金额近 200 亿美元，覆盖能源、交通、电信、城市发展等多个领域。我国先后与 20 多个沿线国家建立了双边本币互换安排，与 7 个沿线国家建立了人民币清算安排，与 35 个沿线国家的金融监管当局签署了合作文件。人民币国际支付、投资、交易、储备功能稳步提高。2019 年，我国与“一带一路”相关国家货币外汇交易规模达 2042 亿元，同比增长 43%。新冠肺炎疫情暴发后，亚投行还专门设立新冠肺炎危机恢复基金 100 亿美元，用于支持成员抗疫。

下一步，要借助亚投行、金砖国家新开发银行等合作框架和交流平台，加强与“一带一路”沿线国家金融机构合作，在金融政策协调、金融机构互设、金融市场合作、货币清算、金融监管等方面开展更多沟通交流，对基础设施、贸易投资、产能合作等领域予以融资支持。坚持以企业为主体，以市场为导向，遵循国际惯例和债务可持续原则，健全多元化、可持续、风险可控的投融资体系。继续创新融资合作体系，参照中欧共同投资基金模式，与沿线国家合作设立更多共同投资基金，促进“一带一路”重点项目融资。建立覆盖“一带一路”沿线国家的区域债券市场，发行人民币计价的债券投融资工具，为“一带一路”大型项目建设提供多样化、长期限的资金支持。鼓励金融机构和企业协同开展绿地投资、并购投资、证券投资等多种方式的境外投资，建立金融机构与实体企业对外投资、工程承包、国际合作的风险共担和利益共享机制。鼓励内外资金融机构合作通过银团贷款、联合融资、银

保合作等方式为企业“走出去”提供贷款。

五、深化民心相通，开展科教文卫全方位合作

民心相通是共建“一带一路”的人文基础，有利于推动“一带一路”行稳致远。通过开展形式多样、领域广泛的公共外交和文化交流，共建“一带一路”与人类命运共同体在沿线国家和地区中已深入人心。中国与沿线国家互办艺术节、电影节、音乐节、文物展、图书展等活动，合作开展图书广播影视精品创作和互译互播。“丝绸之路”国际剧院、博物馆、艺术节、图书馆、美术馆联盟相继成立。中国设立“丝绸之路”中国政府奖学金项目，与 24 个沿线国家签署高等教育学历学位互认协议。中国与“一带一路”沿线国家合作建设“数字丝绸之路”，弥合数字鸿沟，加强数字互联。中国倡导共建“健康丝绸之路”，推进“一带一路”卫生健康领域合作，与共建国家分享抗击疫情经验、合作开展疫苗研发、组织医护人员培训等，推动共建人类卫生健康共同体。

展望未来，中国实施“全球互联互通战略”，将为实现人类命运共同体的美好愿景作出更大贡献。

建设合作创新之路。坚持创新驱动发展，加强在人工智能、纳米技术、量子计算机等前沿领域合作，推动大数据、云计算、智慧城市建设。通过共建联合科研平台，深化长期稳定的科技创新合作机制，提升全球的科技创新能力。推动更加有效地保护和使用知识产权，构建高水平知识产权保护体系。

建设文明互鉴之路。促进不同国家、不同文化、不同历史背景人群的深入交流，推动全球在文化、艺术、创意经济、农村发展和民间工艺、考古和古生物、文化和自然遗产保护、旅游、卫生、体育等领域进一步开展交流和合作。

建设绿色发展之路。践行绿色发展理念，与各国开展生态环保产业

合作，建设一批绿色产业合作示范基地、绿色技术交流与转移基地、技术示范推广基地、科技园区等国际绿色产业合作平台，打造绿色供应链平台，共同实现 2030 年可持续发展目标。

第四节　构建高标准自由贸易区网络

当今世界，区域经济合作方兴未艾，签署高水平高标准自由贸易协定、提升区域贸易投资自由化便利化水平成为世界各国加深经贸投资合作的重要手段。我国应顺应趋势，加速实施“自贸区提升战略”，构建面向全球的高标准自贸区网络，有效联通国内国际两个市场、两种资源、两类规则，推动更大范围与更高水平区域经济合作，为构建新发展格局提供更高水平的机制性保障。

一、实施自由贸易区提升战略

改革开放以来，我国参与区域经济合作逐步深入，党的十八大提出要加快实施自由贸易区战略，我国自贸区建设网络布局加快，自贸区建设进入提速增质发展阶段。面向 2035 年，我国将实施自由贸易区提升战略，更加积极参与多双边区域投资贸易合作机制，构筑立足周边、辐射“一带一路”、面向全球的高标准自由贸易区网络。

（一）全面把握 RCEP 带来的机遇

2020 年 11 月 15 日，RCEP 正式签署，标志着当前世界人口最多、经贸规模最大、最具发展潜力的自由贸易区正式启航。RCEP 由东盟于 2012 年发起，历经 8 年谈判，最终克服重重困难如期签署，成为东亚经济一体化建设近 20 年来最重要的成果。RCEP 不仅是目前全球最大的自贸协定，而且是一个全面、现代、高质量和互惠的自贸协定。根据协定，各成员国整体相互削减约 90% 税目商品的关税，大幅提升贸易自由化与便利化水平，这将激发区域各国贸易投资增长的潜力，有力提振区域贸易投资信心，加强产业链供应链合作，助推各国经济复苏，并促进本地区长期繁荣发展。据统计，2019年RCEP15个成员国总人口达22.7亿人，GDP达26万亿美元，出口总额达5.2万亿美元，均占全球总量约30%。2020年，中国对其他14个RCEP成员国进出口总额10.2万亿元人民币，增长3.5%，占同期我国进出口总额的31.7%。其中，出口4.83万亿元，增长了5%；进口5.37万亿元，增长2.2%。来自RCEP成员国的投资额占我国实际使用外资超过10%。根据美国彼得森国际经济研究所测算，2030年，RCEP可望带动成员国出口净增加5190亿美元，国民收入净增加1860亿美元。RCEP签署后，我国对外签署的自贸协定达到19个，自贸伙伴达到26个。协定正式生效实施后，中国与自贸伙伴的贸易占全部贸易覆盖率将由目前的27%提升到35%左右，超过1/3的对外贸易实现零关税。未来应利用好产品零关税与原产地区域累积规则，扩大优势产品出口与先进技术、关键设备及零部件进口，履行好制造业研发、管理咨询、养老服务、专业设计等服务开放承诺，加强行政措施和程序合规建设，推动协定高标准规则落地，稳固并提升我国在区域产业链供应链中的地位。

（二）加快推动中日韩自贸协定谈判签署

RCEP的签署使得中国与日本建立了自由贸易协定关系，实现了我国与世界前十大经济体建立自贸关系的重大突破，向更高质量自由贸易区网络迈进一大步。同时，也为实质性推动中日韩自贸区谈判，打造更高水平的自贸协定奠定了良好基础。中日韩自贸区谈判于2012年11月启动，迄今已举行16轮，三方就货物贸易、服务贸易、投资和规则议题方面已取得积极进展。未来应加快推进中日韩自贸协定谈判，力争尽早取得实质性成果，进一步提升市场准入和规则水平，打造“RCEP+”的自贸协定。

（三）积极考虑并推动加入《全面与进步跨太平洋伙伴关系协定》（CPTPP）

CPTPP 作为一个较为全面、高标准、平衡的区域贸易协定，保留了 TPP 大部分的货物贸易关税减让措施和服务市场开放框架，其中绝大部分成员国零关税的比重将达到 80% 以上，部分国家的零关税将达到 90% 以上；在服务贸易领域，CPTPP 采用彻底的负面清单方式，服务部门承诺的开放水平大大提高；在投资领域，CPTPP 旨在为成员国海外投资建立一个稳定、透明、可预见和非歧视的保护框架。因此，尽管与 TPP 相比 CPTPP 的贸易投资自由化标准与水平有所降低，但仍然在 21 世纪国际经贸规则的制定和实施方面起到了引领作用。2020 年中央经济工作会议已提出明确要求，要积极考虑加入 CPTPP。因此，要积极开展对 CPTPP 各项条款的研究，适时启动试点地区与试点行业压力测试，推动国内相关规制、规则与标准完善。就"边境"措施而言，应逐步降低货物贸易的关税水平和非关税壁垒，提高电信、金融、环境等服务部门的开放承诺以及商务人员临时入境的开放承诺。就"边境后"规则而言，应深入推进国有企业、知识产权等相关领域的改革，努力加强数字贸易、竞争政策、劳工标准、跨境监管等方面的规则对接。

（四）推动与其他贸易伙伴的自贸协定谈判与签署

做好中国—新西兰自贸协定升级的实施工作，推进中国—海合会自贸区、中国—斯里兰卡自贸区、中国—韩国自贸协定第二阶段等谈判。在开展中国—哥伦比亚、中国—孟加拉国、中国—蒙古国等自贸协定以及中国—瑞士自贸协定升级等联合研究的基础上，力争早日启动谈判。积极推动同"一带一路"沿线国家和地区共同商建自贸区，考虑同欧亚经济联盟、南亚区域国家及南太平洋地区国家进行自贸区建设的联合研究和谈判，争取与更多大型发展中经济体建立自贸伙伴关系。针对我国与发达经济体签署的自贸协定较少的现状，适时启动同欧盟、英国、加拿大等部分发达经济体开展自贸区建设的谈判，使自贸协定涵盖的区域范围更广，领域更全面，内涵质量更高。

二、推动更大范围与更高水平区域经贸合作

（一）推动亚太自贸区（FTAAP）从愿景变为现实

早在20世纪60年代，日本一桥大学教授小岛清就提出建立太平洋自由贸易区的构想。APEC成立后，作为亚太地区覆盖面积最广、纳入成员最多、包容性最强的区域经济合作组织，APEC一直致力于推动亚太区域贸易投资自由化。2006年美国正式在APEC河内会议上提出建立亚太自由贸易区的建议，当年APEC首次把建设亚太自由贸易区确立为远景目标。2014年，习近平主席在APEC第二十二次领导人非正式会议上提出，大力推进亚太自由贸易区进程，明确目标、方向、路线图，尽早将愿景变为现实，实现横跨太平洋两岸、高度开放的一体化安排。2016年，APEC利马会议通过了《亚太自贸区利马宣言》，重申"亚太自贸区应当建立在正在开展的区域安排基础上的承诺，包括通过《跨太平洋伙伴关系协定》《区域全面经济伙伴关系协定》等可能路径加以实现"。目前，RCEP和CPTPP两条路径都已经成型，亚太自由贸易区的建立具备了广泛而又相互关联的机制基础，尽管整合这些具有一定竞争关系的机制需要新的共识和时间，但亚太自由贸易区有望在不远的将来成为现实。

（二）以中欧投资协定签署推动中欧自贸区建设

欧盟与中国都是全球最重要的经济体，中欧互为重要的贸易投资伙伴。目前欧盟是中国第二大货物贸易伙伴，占我国外贸份额的13.9%，2020年中国超越美国成为欧盟最大的贸易伙伴。近年来，中欧双边贸易额保持在6000亿美元左右，但双边投资规模仍然较低。2013年11月，在第十六次中国—欧盟领导人会晤上，双方共同宣布启动中欧投资协定谈判，其间历经35轮谈判。2020年12月30日，中欧领导人共同宣布如期完成中欧投资协定谈判。中欧投资协定对标国际高水平

经贸规则，涉及领域远远超越传统双边投资协定，谈判成果涵盖市场准入承诺、公平竞争规则、可持续发展和争端解决 4 个方面内容。“条件成熟时签订全面深入的自贸协定”是中欧领导人确定的“深化互利共赢的中欧全面战略伙伴关系”的一项重要内容。中欧双边投资协定完成谈判，为中欧推进自贸协定谈判奠定了良好基础。展望未来，高水平的中欧自由贸易协定将进一步提升中欧双边经贸合作水平，根据测算，零关税模拟下，2030 年中欧双边贸易额（货物贸易 + 服务贸易）将达到 16029 亿美元；如进一步削减 25% 非关税措施，则中欧贸易总额有望接近 2 万亿美元。同时，中欧自贸协定一旦签署，意味着贸易多边主义的重大胜利，将为全球化进程与世界经济复苏提供强劲动力。

第五节　推动全球经济治理体系改革

当今世界正处于百年未有之大变局，新冠肺炎疫情冲击下单边主义、孤立主义盛行，经济全球化面临前所未有的挑战。我国宜顺应全球化大势，站在历史正确一边，顺势实施“全球治理体系引领战略”，倡导多边主义和合作主义，致力于建立以平等为基础、以开放为导向、以合作为动力、以共享为目标的全球经济治理体系，推动经济全球化朝着更加开放、包容、普惠、平衡、共赢的方向发展，主动引领百年变局走向。

一、推动全球多边机构职能改革

一直以来，发展中国家和贫穷国家在国际组织中缺乏话语权。随着中国等发展中国家影响力日益增强并在全球经济活动中扮演重要角色，针对 WTO、IMF 等国际组织改革的呼声日益高涨。面对全球贸易保护主义、单边主义不断升级的势头，WTO 在争端解决、谈判、政策审议监督等方面的功能受到挑战，我国在其中发挥的作用受到一定程度的掣肘。2015 年 12 月，IMF 2010 年份额和治理改革方案正式实施，我国成功跻身 IMF 第三大成员国。但是当前我国在 IMF 的份额仍仅为 6.39%，与其世界第二大经济体地位不相适应，在全球重大事务决策中无法发挥应有的影响力。

展望未来，要坚定维护以规则为基础、透明、非歧视、开放、包容的多边贸易体制，继续发挥 WTO 在国际经贸规则变革中的基础地位和主渠道作用，秉持“三个原则，五点主张”的总体框架，支持 WTO 改革，增强其有效性和权威性。维护多边贸易体制，反对单边主义和保护主义，维护公平竞争，保障发展中国家发展权益和空间，力争在 WTO 议题设置、争端解决机制和管理机制、贸易审议、电子商务、公平竞争标准和产业政策等领域拥有更多话语权和决策权。要继续改革国际金融体系，推动国际货币基金组织改革投票制度，推动 IMF 份额改革，扩大特别提款权作用，提高发展中国家的代表性和发言权。完善决策机制，加强监管与资金筹集，提高危机应对能力，筑牢全球金融安全网。

二、加强宏观经济政策国际协调

坚定维护以联合国宪章宗旨及原则为核心的国际秩序和国际体系，促进全球经济平衡、金融安全、稳定增长。加强国际社会应对资源能源安全、粮食安全、网络安全的合作，共同应对气候变化，打击恐怖主义，防范重大传染性疾病等全球性挑战。加强与世界银行、世界海关组织（WCO）、金融稳定委员会等多边国际组织的合作，在推动经济增长、结构性改革、科技创新、数字经济、基础设施投资、税收合作、国际金融改革、货币与汇率政策、绿色可持续发展、贸易投资自由化便利化、产业政策协调等议题中积极贡献中国方案。健全相关部门参与国际宏观经济政策协调机制，建立多层次参与国际宏观经济政策协调的工作体系，打造智库参与多边对话交流机制，建立与主要经济体的“二轨”对话机制，建立参与国际宏观经济政策协调风险防范体系。

坚持平等协商、互利共赢，推动二十国集团等发挥国际经济合作功能。积极参与二十国集团等多边对话机制，在议题设置、平台机制化运行等方面发出中国声音，推动成员国在贸易增长、投资促进与便利化、全球经贸治理、发展中国家能力建设、中小企业融入全球价值链等领域开展务实合作，实现全球经贸包容联动式发展。推动金砖国家合作机制建设，深化同七十七国集团等广大发展中国家的共同利益，以上海合作组织为基础丰富区域合作机制，提高新兴市场和发展中国家的代表性和话语权。

坚持发展中国家定位，积极承担与本国经济实力和发展水平相适应的责任和义务。完善与联合国和平与发展基金、南南合作援助基金等合作机制，继续扩大对外援助规模、丰富援外方式，为发展中国家提供更多免费的人力资源、发展规划、经济政策等方面的咨询培训，扩大科技教育、医疗卫生、防灾减灾、环境治理、野生动植物保护、减贫等领域的对外援助。

三、引领全球经济治理规则制定

积极参与新规则、新标准制定的多边谈判，研究提出具有前沿性、合理性和可行性的规则制度等公共产品，引领投资、竞争等新议题谈判。积极参与国际多边组织重要报告的调查和数据提供、讨论撰写及联合发布等，发出、传递加强参与多边治理改革立场的声音。推动新兴领域经济治理规则制定，在数字经济、人工智能、大数据、电子商务、数字货币、绿色金融等领域加快新技术标准及安全规则研制、游说和推广。以中方提出的《全球数据安全倡议》为基础，与各方探讨并制定全球数字治理规则、全球法定数字货币标准和原则等前沿议题。

第十六章

推进国家治理体系和治理能力现代化

党的十九届四中全会通过的《中共中央关于坚持和完善中国特色社会主义制度、推进国家治理体系和治理能力现代化若干重大问题的决定》(以下简称《决定》)，是在当今世界正经历百年未有之大变局，国际形势复杂多变，改革发展稳定、内政外交国防、治党治国治军各方面任务之繁重前所未有，我们面临的风险挑战之严峻前所未有的情况下作出的，是实现“两个一百年”奋斗目标的重大任务，是把新时代改革开放推向前进的根本要求，是应对风险挑战、赢得主动的有力保证。

第一节　推进国家治理体系和治理能力现代化是中国特色社会主义制度及其执行力的集中体现

一、推进国家治理体系和治理能力现代化必须坚持在中国特色社会主义制度的方向上进行

中国特色社会主义制度是中国共产党长期团结带领人民，把马克思主义基本原理同中国具体实际相结合的产物，并经过中国革命胜利、深刻总结国内外正反两方面经验，不断探索实践、不断改革创新，建立和完善社会主义制度所取得的历史成就。

习近平总书记指出："怎样治理社会主义社会这样全新的社会，在以往的世界社会主义中没有解决得很好。""我们党在全国执政以后，不断探索这个问题，虽然也发生了严重曲折，但在国家治理体系和治理能力上积累了丰富经验、取得了重大成果，改革开放以来的进展尤为显著。"[①] 特别是党的十八大以来，以习近平同志为核心的党中央通过推进新的历史起点、新的历史方位上的全面深化改革，使中国特色社会主义制度日趋成熟定型，同时在推进国家治理体系和治理能力现代化上取得前所未有的理论成果、实践成果、制度成果。推进国家治理体系和治理能力现代化，必须坚持中国特色社会主义的科学理论指导，特别是坚持习近平新时代中国特色社会主义思想的重要指导作用。

二、推进国家治理体系和治理能力现代化是中国特色社会主义制度发挥作用的集中表现

中国特色社会主义制度，是中国进步和发展、实现"两个一百年"

---

① 习近平：《切实把思想统一到党的十八届三中全会精神上来》，《人民日报》2014 年 1 月 1 日。

奋斗目标、实现中华民族伟大复兴的根本制度保障。我们推进国家治理体系和治理能力现代化，就是在经济、政治、文化、社会等各个领域形成一整套深入贯彻中国特色社会主义制度的治理体系。

推进国家治理体系和治理能力现代化，就是要把我国制度优势更好转化为国家治理效能。在转化过程中，任务艰巨，工作繁重。要善于在工作中找差距、补短板，要充分认识到工作中的不足和薄弱环节，久久为功，要把制度优势充分发挥出来，持续推动我国进步和发展，并不断完善、创新和发展中国特色社会主义制度。

三、推进国家治理体系和治理能力现代化的总体目标

党的十九届四中全会提出的坚持和完善中国特色社会主义制度、推进国家治理体系和治理能力现代化的总体目标，我们可以称之为国家治理体系和治理能力现代化的“三步走”发展目标。第一步是到我们党成立 100 年时，在各方面制度更加成熟更加定型上取得明显成效；第二步是到 2035 年，各方面制度更加完善，基本实现国家治理体系和治理能力现代化；第三步是到新中国成立 100 年时，全面实现国家治理体系和治理能力现代化，使中国特色社会主义制度更加巩固，优越性充分展现。

第二节　把党的领导落实到国家治理各领域各方面各环节

一、坚持党政军民学，东西南北中，党是领导一切的

坚持党领导一切，就是党总揽全局、协调各方，确保党始终是中国特色社会主义事业的坚强领导核心，是我们推进国家治理体系和治理能力现代化的领导核心。新中国成立前的历史事实可以证明，只有党才能结束中国近代一盘散沙、四分五裂、军阀混战的悲剧。在我国社会主义建设过

程中，正是因为党领导我们艰辛探索、改革开放，我们今天才走在世界前列、更接近世界舞台中央、更接近中华民族伟大复兴的目标。

党的领导是全面、整体的，社会领域各个方面都要接受党的领导。在治国理政的各项重要工作中，都是党在进行整体部署和统筹，提出总目标、明确总任务、推进总布局。党对各个领域的工作进行布局和领导，不仅要领导中国特色社会主义民主政治建设，还要领导社会主义市场经济建设、先进文化建设、生态文明建设、法制建设、国家安全、国防和军队建设等各个方面。

二、坚决维护党中央权威和集中统一领导

坚决维护以习近平同志为核心的党中央权威和集中统一领导，是党和国家团结、统一、稳定、繁荣的制胜机理，是进行伟大斗争、建设伟大工程、推进伟大事业、实现伟大梦想的根本保证。要牢固树立“四个意识”、坚定“四个自信”，坚持和加强党的全面领导，不折不扣贯彻执行党中央决策部署，坚持民主集中制原则、坚决做到“四个服从”，严格执行请示报告制度。领导干部要增强政治自觉、政治定力、政治历练、政治担当、政治自律，坚定理想信念，对党忠诚老实，自觉做维护以习近平同志为核心的党中央权威和集中统一领导的表率。

三、建立健全党的领导制度体系，提高党的执政能力和执政水平

党的领导制度建设是推进国家治理体系和治理能力现代化的核心工作，建立不忘初心、牢记使命的制度，健全党的全面领导制度；健全为人民执政、靠人民执政各项制度，健全提高党的执政能力和领导水平制度，完善全面从严治党制度。

党的制度建设是把长期以来党的领导工作中和党内生活中的经验教训加以总结和概括，形成全体党员必须共同遵守的党内法规、条例、规则等党的制度，并狠抓贯彻落实。其作用在于调节党内关系，指导党内

生活，规范领导行为，保证党的事业顺利发展。党的制度建设有着非常重要的意义，要靠完善的制度来保证党的领导的正确、稳定和有效，保证党的思想建设的经常性和高效性，保证党内民主生活的正常化，保证党员队伍的素质，扶持党内优良作风，防止和克服不良作风。当今世界风云突变，我们必须保持定力，运用制度威力应对风险挑战的冲击。

第三节　坚持和完善人民当家作主制度体系，发展社会主义民主政治，是推进国家治理体系和治理能力现代化在政治领域的具体表现

一、人民当家作主是社会主义民主政治的本质和核心

人民是历史的创造者，决定党和国家前途命运的根本力量是人民，党和国家的事业始终以人民为中心，并依靠人民创造历史伟业；国家一切权力属于人民，我国是以工人阶级领导的、以工农联盟为基础的人民民主专政的社会主义国家，人民通过人民代表大会行使国家权力，从内容和形式上实现了人民当家作主；人民是国家的真正主人，人民选举代表，代表形成代议机关，代议机关选举国家机关，代表人民行使国家权力；人民通过选举和监督代表、代议机关，代表通过选举和监督国家机关的方式，实现了人民代表的人民性和代表性，实现了人民对国家权力的管理权和监督权。

二、坚持和完善人民代表大会制度这一根本政治制度

建立一个人民当家作主的现代国家，是近代以来中国人民为之奋斗、百年来我们党不懈追求的革命目标，也是新中国成立 70 多年来建设、改革和发展的方向。人民代表大会制度是支撑国家治理体系和治理能力现代化的根本政治制度，是实现人民当家作主的形式和实质内容。要在

习近平新时代中国特色社会主义思想指引下，坚持人民代表大会这一根本制度。

根据国情以及经济社会发展的需要，围绕将人民当家作主落到实处，把群众观点、群众路线具体落实到行动上的目标，通过一系列人民代表大会制度创新、体制机制以及工作方法上的创新，完善人民代表大会制度。

三、坚持和完善中国共产党领导的多党合作和政治协商制度

中国共产党领导的多党合作和政治协商制度是我国的一项基本的政治制度。新时代人民政协工作要把坚持和发展中国特色社会主义作为巩固共同思想政治基础的主轴，把服务实现“两个一百年”奋斗目标作为工作主线，把加强思想政治引领、广泛凝聚共识作为中心环节，坚持团结和民主两大主题，提高政治协商、民主监督、参政议政水平。

推进国家治理体系和治理能力现代化，多党合作和政治协商工作应当在以下方面进行完善：一是加强党的全面领导，坚持团结和民主两大主题，履职尽责，凝心聚力，为党和国家事业发展作出重要贡献。二是准确把握多党合作和政治协商的性质定位，通过政治协商促进广泛团结、推进多党合作、实践人民民主。三是发挥好政治协商专门机构作用，充分体现我国社会主义民主有事多商量、遇事多商量、做事多商量的特点和优势。四是坚持和完善我国新型政党制度，要发挥人民政协作为实行新型政党制度重要政治形式和组织形式的作用，对各民主党派以本党派名义在政协发表意见、提出建议作出机制性安排。五是广泛凝聚人心和力量，要健全同党外知识分子、非公有制经济人士、新的社会阶层人士的沟通联络机制。要全面贯彻党的民族政策和宗教政策。要引导港澳委员支持特别行政区政府和行政长官依法施政，发展壮大爱国爱港爱澳力量。要拓展同台湾岛内有关党派团体、社会组织、各界人士的交流交往，助推深化海峡两岸融合发展。要吸收侨胞代表参加政协

活动。要积极开展对外交往，为推动构建人类命运共同体提供正能量。六是聚焦党和国家中心任务履职尽责，努力成为坚持和加强党对各项工作领导的重要阵地、用党的创新理论团结教育引导各族各界代表人士的重要平台、在共同思想政治基础上化解矛盾和凝聚共识的重要渠道。七是坚持人民政协为人民，人民政协要广泛联系和动员各界群众，鼓励和支持委员深入基层、深入界别群众，及时反映群众意见和建议，深入宣传党和国家方针政策。八是以改革创新精神推进政协履职能力建设，坚持改革创新精神，推进人民政协理论创新、制度创新、工作创新，丰富民主形式，畅通民主渠道，有效组织各党派、各团体、各民族、各阶层、各界人士共商国是，推动实现广泛有效的人民民主。

四、巩固和发展最广泛的爱国统一战线

坚持大统战工作格局，坚持一致性和多样性统一，完善照顾同盟者利益政策，做好民族工作和宗教工作，健全党外代表人士队伍建设制度，凝聚港澳同胞、台湾同胞、海外侨胞力量，谋求最大公约数，画出最大同心圆，促进政党关系、民族关系、宗教关系、阶层关系、海内外同胞关系和谐。

五、坚持和完善民族区域自治制度

民族区域自治制度是我国的一项基本政治制度，是中国特色解决民族问题的正确道路的重要内容和制度保障。我们党创造性地把马克思主义民族理论同中国民族问题具体实际相结合，走出一条中国特色解决民族问题的正确道路，党的民族理论和民族政策都鲜明体现着“多元一体”。多元聚为一体，一体容纳多元。“多元一体”既体现了充分尊重“多元”，坚持平等和谐，又凸显了高度认同“一体”，不断同心聚力。坚持各民族在法律面前一律平等，用法律保障民族团结。

六、基层群众自治制度是人民当家作主制度体系的一项重要内容

习近平总书记在党的十九大报告中指出："发展社会主义民主政治就是要体现人民意志、保障人民权益、激发人民创造活力，用制度体系保证人民当家作主。"基层群众自治制度是人民当家作主制度体系的一项重要内容。它是中国共产党对农村和城市社区的基层群众自治性组织不断加以规范和引导，使广大基层群众依照宪法和法律参与国家和社会事务、经济文化事业管理，以实现基层群众自我管理、自我服务、自我教育、自我监督为目标的中国特色社会主义民主政治制度。坚持和完善基层群众自治制度，是发展社会主义民主政治的一项基础内容，也是人民群众直接参与管理国家和社会事务、直接行使民主权利的重要制度保证。

第四节　法治体系建设领域推进国家治理体系和治理能力现代化

法治是推进国家治理体系和治理能力现代化的重要依托，要更加重视法治、厉行法治，更好发挥法治固根本、稳预期、利长远的重要作用，坚持依法应对重大挑战、抵御重大风险、克服重大阻力、解决重大矛盾。中国特色社会主义进入新时代，必须在加快推进国家治理现代化的大局和框架中部署推进全面依法治国，充分发挥中国特色社会主义法治体系的引领、规范和保障作用，为党和国家事业发展提供根本性、全局性、长期性的制度保障。[①]

一、弘扬宪法精神，健全保证宪法全面实施的体制机制

习近平总书记强调，宪法是国家的根本法，是治国安邦的总章程，

---

① 李洪雷：《在法治轨道上推进国家治理体系和治理能力现代化》，《光明日报》2020 年 12 月 18 日。

是党和人民意志的集中体现。依法治国首先是依宪治国，依法执政关键是依宪执政，党领导人民制定宪法和法律，党自身必须在宪法和法律范围内活动，真正做到党领导立法、保证执法、带头守法。

宪法的生命在于实施，宪法的权威也在于实施。宪法的力量不仅因其地位崇高，更在于其有效实施。按照党的十九大精神，必须坚持不懈抓好宪法实施工作，把全面贯彻实施宪法提高到一个新水平。① 宪法的实施和监督涉及国家机关、社会团体和每个人。一是国家权力机关在立法中严格按照宪法、立法法要求，确保一切法律符合宪法，一切法律都是为实施宪法服务。二是健全国家权力机关对宪法的实施和监督机制，对本部门制定的法律和行政部门依职权制定的法律法规进行合宪性审查，解决宪法实施中的问题，处理其他法律、法规不合宪问题。三是行政机关在行政和执法活动中，必须遵守宪法、依法行政、严格执法，切实维护宪法的地位和权威。四是国家司法机关在依法行使司法权时，应当自觉严格遵守宪法和法律。五是一切团体组织和公民个人遵守宪法法律，全体人民都必须认识到，宪法既是必须遵守的最高行为规范，也是保障自身权利的最有力武器，充分相信宪法、主动运用宪法，成为宪法的忠实崇尚者、自觉遵守者和坚定捍卫者。②

二、完善立法体制机制，提高立法质量

立法是一门科学，必须坚持科学立法。科学立法就要以习近平新时代中国特色社会主义思想为指导，以宪法为指导，重视立法技术，遵循立法规律，以人民为主体，以人民是否满意作为立法、修法、废法的依据和标准，切实提高立法质量和效率。

创新法律、法规立法监督制约机制，在地方法规和部门法规立法过

---

① 参见《加强宪法实施和监督 维护宪法权威》，《中国纪检监察报》2018 年 1 月 26 日。
② 参见《加强宪法实施和监督 维护宪法权威》，《中国纪检监察报》2018 年 1 月 26 日。

程中，切实处理好立法、监督、执法分离机制，明确立法权力边界，从体制机制和工作程序上有效防止部门利益和地方保护主义法律化。坚持党在立法领域的领导，加强重点领域立法，坚持问题导向，提高法律的针对性、及时性、系统性，使法律准确反映经济社会发展要求，更好协调利益关系，发挥立法的引领和推动作用。

习近平总书记指出："我们应该共同推动国际关系法治化。推动各方在国际关系中遵守国际法和公认的国际关系基本原则，用统一适用的规则来明是非、促和平、谋发展。"[①] 深刻理解国际法在全球治理中的重要地位和重大作用，加快我国法域外适用的法律体系建设，以良法善治指引世界发展。

三、健全社会公平正义法治保障机制，树起司法最后一道防线

习近平总书记指出，司法是维护社会公平正义的最后一道防线，一次不公正的审判，其恶果甚至超过十次犯罪。因为犯罪虽是无视法律——好比污染了水流，而不公正的审判则毁坏法律——好比污染了水源。

应深化司法体制综合配套改革，支持律师队伍在中国特色社会主义民主法治建设中发挥积极作用，构建阳光司法机制；全面落实司法责任制，加强多方面、多渠道对司法活动的监督机制，健全错案防止、纠正、责任追究机制，提高司法质量、效率、公信力，确保司法公正高效权威；完善人权司法保障机制，努力让人民群众在每一个司法案件中感受到公平正义。

四、加强对法律实施的监督，法律面前人人平等

行政权、监察权、审判权、检察权是中国特色社会主义法治体系的

① 习近平：《弘扬和平共处五项原则 建设合作共赢美好世界——在和平共处五项原则发表60周年纪念大会上的讲话》，《人民日报》2014 年 6 月 29 日。

重要构成，是法律实施和监督的重要机关，只有保证这些权力得到依法正确行使，才能保证法律的公正实施，才能保证公民、法人和其他组织的合法权益得到切实保障。

领导干部要带头尊崇法治、敬畏法律。法律的生命力在于实施，法律的权威也在于实施。习近平总书记指出，要坚持抓住领导干部这个“关键少数”。各级领导干部要认真学习习近平法治思想，准确把握“十一个坚持”，坚决贯彻落实党中央关于全面依法治国的重大决策部署，带头尊崇法治、敬畏法律，了解法律、掌握法律，不断提高运用法治思维和法治方式深化改革、推动发展、化解矛盾、维护稳定、应对风险的能力，确保全面依法治国各项任务真正落到实处。

第五节　坚持和完善中国特色社会主义行政体制，构建职责明确、依法行政的政府治理体系，建设人民满意的服务型政府

党的十九大报告指出，我国社会主要矛盾已经转化为人民日益增长的美好生活需要和不平衡不充分的发展之间的矛盾。人民群众不仅对物质文化生活提出了更高要求，而且在民主、法治、公平、正义、安全、环境等方面的要求日益增长。这就需要加快建设人民满意的服务型政府，不断完善行政体制、优化政府职责体系、优化政府组织结构，健全充分发挥中央和地方两个积极性的体制机制，将工作重点转移到创造良好发展环境、提供优质公共服务、维护社会公平正义上来，切实解决人民群众最关心最直接最现实的利益问题，不断增强人民群众的获得感、幸福感、安全感。

一、完善国家行政体制，把我国制度优势更好转化为国家治理效能

完善国家行政体制，必须坚持科学、优化、协同、高效的原则，不断健全国家机关职能体系，把机构职责调整优化同健全完善制度有机统一起来，完善行政决策、行政执行、行政组织、行政监督既相互制约又相互协调的权力运行机制，加快构建职责明确、依法行政的政府治理体系。

健全部门协调配合机制，防止政出多门、政策效应相互抵消。部门间协调配合是否密切，事关行政体制的高效顺畅运转。健全部门间分工合作、各司其职、各负其责、顾全大局、协调配合的工作格局，充分发挥部门专业优势，强化政策协调，注重协同推进，确保各项政策取得预期成效。牢固树立“一盘棋”思想，着眼提升政府整体效能，建立健全部门协调配合机制。强化政策协同配套，制定和调整政策要充分考虑关联行业和领域实际情况，避免“一刀切”。坚决克服部门利益和本位主义，涉及两个部门职权范围的事项，要充分听取相关部门意见，协调一致、达成共识，避免政策冲突、效应抵消。

深化行政执法体制改革，提高行政执法能力水平。行政执法是国家行政机关实施法律法规、履行法定职能、管理经济社会事务的主要方式。要坚持按照建立权责统一、权威高效的行政执法体制要求，深化行政执法体制改革，建立执法领域负面清单制度，最大限度减少不必要的行政执法事项。进一步整合行政执法队伍，合理配置执法力量，继续探索实行跨部门综合执法，建立健全综合执法主管部门、相关行业管理部门、综合执法队伍间协调配合、信息共享机制和跨部门、跨区域执法协作联动机制。推动执法重心下移，健全基层执法机构，加强基层执法能力建设，充实基层执法力量，推动人财物等向一线倾斜，保障基层有足够的资源履行执法职责。落实行政执法责任制和责任追究制，做到严

格规范公正文明执法。

行政管理和服务水平直接体现了政府治理能力，也关乎政府形象，为完善国家行政体制对行政管理和服务水平提出了更高要求。要树立建设法治型和服务型政府的目标，创新行政管理和服务模式，在转职能、转方式、转作风上下工夫。利用互联网信息采集等先进技术，加快推进全国一体化政务服务平台建设。健全强有力的行政执行系统，及时把党中央重大决策部署转化为推进改革发展稳定各项工作的实际行动，着力解决政策实施“最后一公里”问题，发挥互联网优势，积极推行“互联网＋督查”，及时跟踪和反馈政策执行和落实情况，突破“中梗阻”，打通“最后一公里”，确保政令畅通、令行禁止。提高政府执行力和公信力，以实实在在的成效取信于民。

二、优化政府职责体系

优化政府职责体系任务重大、涉及面广，必须坚持以习近平新时代中国特色社会主义思想为指导，增强“四个意识”，坚定“四个自信”，做到“两个维护”，坚持新发展理念，坚持推动经济高质量发展、加快建设现代化经济体系，着力完善政府经济调节、市场监管、社会管理、公共服务、生态环境保护等职责，构建职责明确、依法行政的政治治理体系，实行政府权责清单制度，厘清政府和市场、政府和社会的关系，建设人民满意的服务型政府。

深入推进简政放权、放管结合、优化服务，是加快政府职能转变、推进国家治理现代化的重要内容，是加快建设服务型政府的必由之路。深化行政审批制度改革，要重视市场调节机制，重视社会组织的替代性，尊重公民和法人在法律框架内的自主决定权，减少微观管理事务和具体审批事项，最大限度减少行政审批。改善营商环境，大力优化政务服务，创新服务模式，精简办事流程，减少审批环节，努力实现让群众办事“只进一扇门”“最多跑一次”。推进互联网政务服务，实现公开透明、公平公正，增强政府管理和服务的智慧性、便民性和亲民性。

激发各类市场主体活力，充分发挥市场在资源配置中的决定性作用，完善全国统一的大市场，消除地方保护，建立并不断完善公平开放透明的市场规则，营造各种所有制主体依法平等使用生产要素、公开公平参与竞争、同等受到法律保护的市场环境。

在完善宏观调控方面，应当以国家发展规划为战略导向，紧紧围绕国家中长期战略目标的实现，以财政政策和货币政策为主要调控手段，建立并完善在增加就业、激励产业、刺激投资、拉动消费、区域发展等领域各种手段协同发力的调控体系。

不断提高公共服务能力和服务水平，完善公共服务体系，加强和优化政府在社会保障、教育文化、法律服务、卫生健康、医疗保障等方面职能，创新公共服务供给制度，推动服务主体多元化、提供方式多样化，更好满足人民群众对高质量公共服务等新需求。加快统一城乡区域基本公共服务制度，促进公共资源向基层延伸、向农村覆盖、向边远地区和生活困难群众倾斜，促进全社会受益机会和权利均等。

三、优化政府组织机构，形成高效率组织体系

优化政府组织结构，是坚持和完善中国特色社会主义行政体制的必然要求，是推进国家治理现代化的重要举措。推进政府机构、职能、权能、程序、责任法定化，是依法治国的具体要求，是政府组织结构优化的着力点，使政府机构设置更加科学、职能更加优化、权责更加一致，是优化政府组织机构的主要目标。

优化行政区划设置，提高中心城市群综合承载和资源优化配置能力。鼓励和支持国家中心城市建设，制定实施以城市群为主体的区域协调发展战略，辐射带动中心城市周边区域的发展，形成以中心城市为核心的都市圈经济；转变城市发展方式，尽可能满足人们向往大城市创新创业、安居乐业的新型城镇化需求，是当前推进供给侧结构性改革、缓解一

线城市房价与就业压力的现实需要，也是在新发展格局下，推进城乡一体化、城乡高质量发展和增强中国乃至世界经济发展新动能的迫切要求。

四、健全充分发挥中央和地方两个积极性体制机制

健全充分发挥中央和地方两个积极性体制机制是习近平新时代中国特色社会主义思想的重要体现，是完善国家行政体制、提升政府治理效能的重要举措，有利于充分发挥中国特色社会主义制度的优越性，为实现“两个一百年”奋斗目标、实现中华民族伟大复兴的中国梦注入强劲动力。

发挥中央和地方两个积极性，首先要坚决维护中央统一领导，同时也要充分考虑各地千差万别的实际情况，使二者统一于中国特色社会主义的伟大实践。

加强中央宏观事务管理，适当加强中央在知识产权保护、养老保险、跨区域生态环境保护等方面事权。知识产权作为国家战略，由中央适当加强管理，是建设创新型国家的重要举措。按照国际惯例，知识产权保护制度是作为激励人类整体创新的强劲动力，需要跨区域进行统一标准保护，由中央加强管理是符合国际惯例的，也是符合知识产权自身发展规律的重要举措。养老保险、跨区域生态环境保护等也是需要国家从整体出发，统一考虑，由中央管辖更有助于问题的解决。

赋予地方更多自主权，就是要把直接面向基层、量大面广、由地方实施更为便捷有效的经济社会管理事项下放给地方，把地方切实需要也能够有效承接的事项下放给地方。支持地方创造性开展工作，就是要强化结果导向，把工作成效作为考核、督查、评价的根本标准，防止过多检查，切实为基层减负松绑；要强化容错机制，防止问责泛化，鼓励担当作为，支持地方围绕中央顶层设计进行差别化探索。

垂直管理和地方分级管理是我国行政管理体制的重要特征，是发挥

中央和地方两个积极性的具体路径。垂直管理，重在对涉及国计民生、关系全局利益的重要领域，强化集中统一领导、落实宏观调控措施、提升执法监管权威。地方分级管理，则是在中央统一领导下，充分发挥地方各级积极性、确保各司其职、合力推动经济社会发展。规范垂直管理体制，关键是把该管的管住、管好，该放的放到位、放彻底，该担的担起来、担好责，做到上下贯通、管理高效，把垂直管理与服务地方有机结合起来。①

健全充分发挥中央和地方两个积极性体制机制，要从中央和地方的权责构成出发，构建权责清晰、运行顺畅、充满活力的工作体系。

第六节　坚持和完善社会主义基本经济制度，推动经济高质量发展

社会主义基本经济制度是我国经济制度体系的基石，对其他领域制度建设及国家治理效能有重要影响。社会主义基本经济制度是党领导人民长期实践过程中的伟大创造，是同我国社会主义初级阶段社会生产力发展水平相适应的产物，主要内容为公有制为主体、多种所有制经济共同发展，按劳分配为主体、多种分配方式并存，社会主义市场经济体制等。坚持社会主义基本经济制度，必须以充分发挥市场在资源配置中的决定性作用、更好发挥政府作用为抓手，全面贯彻新发展理念，坚持以供给侧结构性改革为主线，加快建设现代经济体系。

一、以完善农村基本经营制度为突破口，深化农村集体产权制度改革，激发农村生产要素活力，发展农村集体经济

抓好农民合作社和家庭农场两类农业经营主体，是完善农村经营制度的关键。习近平总书记强调赋予合作社新的内涵，提出："要突

① 楼阳生：《健全充分发挥中央和地方两个积极性体制机制》，《人民日报》2019 年 12 月 5 日。

出抓好农民合作社和家庭农场两类农业经营主体发展，赋予双层经营体制新的内涵，不断提高农业经营效率。”[①]长期以来，统分结合的双层经营制度在实践中往往只重视家庭承包经营，统一经营受到忽视，以致出现大量集体经济“空白村”。习近平总书记强调抓好农民合作社和家庭农场两类经营主体发展，对于解决集体经济薄弱问题、完善农村双层经营体制，具有很强的针对性和重大意义。同时，习近平总书记强调发展新型集体经济和赋予双层经营体制新内涵，划清了我们今天要搞的合作社与过去以“穷过渡”“大锅饭”为主要特征的公社制的界限，为消除对合作社的历史恐惧、促进合作社的健康发展铺平了道路。因此，要完善农村基本经营制度，坚持统分结合的双层经营体制，创新农业经营方式，丰富农业经营主体，推进家庭经营、集体经营、合作经营、企业经营共同发展，构建现代化农业产业体系、生产体系、经营体系，健全农业社会化服务体系，实现小农户同现代农业发展有机衔接。

从土地制度创新改革入手，解决“三农”问题。劳动群众集体所有制是公有制的重要组成部分。土地是乡村集体经济以及农户最大的资产来源。集体经营性建设用地入市，并与国有土地同地同价，能大大激活农村资源，扩大融资规模，壮大农村集体经济，增加农户家庭收入。有资产有资本的农民走出乡村，才能有实力在城市扎根，最终融入城市。这是城乡融合的有效措施，也是促进乡村振兴的重要基础。只有贯彻落实中央连续出台的农村土地制度改革政策，才能把这些资源变成资产，带来资金收入，让农民成为名副其实的股东。农民将这些量化的资源资产投入集体经济发展中，才更有能力公平参与市场竞争，才能获得更多收入。因此，要深化农村集体产权制度改革，发展农村集体经济，创新农村集体经济运行机制，完善农村集体产权抵押、担保等权能，保障农

① 习近平:《把乡村振兴战略作为新时代“三农”工作总抓手》,《求是》2019年第11期。

民集体资产权利，确保集体资产保值增值。

形成以管资本为主的国有资产监管体制，有效发挥国有资本投资、运营公司功能作用。国有资产管理体制向管资本为主转变，不是国有资本功能的缩小，而是它的放大。例如，汇金公司管了几十万亿元的金融资本，国有商业银行几乎都有其股份，汇金公司对其控股参股的金融机构委派一个董事或副董事长，参加它的董事会和股东会，参与它的重大经营决策，至于具体的经营管理，都交给商业银行自己负责。这样以管资本为主，效率高，管得很好。未来对绝大多数产业的国有企业，都可以仿照这样一种管理模式。

国有资本管理机构应根据国家发展战略和产业结构调整升级的要求，不断调整优化资本配置。哪些行业急需发展，如对芯片、人工智能、生物工程、新材料、新能源、先进制造等战略性新兴产业和“卡脖子”技术，我们应集中资金向这些领域投资。对一些成熟的盈利很好的行业和企业，应适当抽出一些资金，投放到需要重点发展的行业和企业上来。通过调节资源配置，更好地履行国有资本管理功能，发挥国有资本对国民经济发展的引导作用，放大国有资本的影响力、控制力。

二、坚持按劳分配为主体、多种分配方式并存的创新分配制度，促进效率和公平的有机统一

社会主义分配制度从两方面来考虑，一方面从提高效率角度，提倡竞争，鼓励先进，最大限度激发活力；另一方面从共同富裕角度，增加低收入者收入、扩大中等收入群体、调节过高收入，防止两极分化，使人民群众共享改革发展成果。要有针对性地完善相关制度和政策，坚持和完善社会主义分配制度。

完善由生产要素决定的初次分配制度，增加劳动者报酬，创新生产要素评价机制。多劳多得，着重保护劳动者所得，建立工资和工资性收

入的保障机制，完善企业工资集体协商制度，强化工资收入支付保障机制，增加劳动者特别是一线劳动者劳动报酬，提高劳动报酬在初次分配中的比重。

健全生产要素由市场评价贡献，按照贡献决定报酬的机制。这就要求，不但要按传统的生产要素评价贡献，而且要创新生产要素种类，将知识、技术、管理、数据等作为新型生产要素评价贡献、决定报酬，纳入分配机制。

健全再分配调节机制，防止两极分化、缩小城乡差别。再分配是在初次分配基础上，对部分国民收入进行的重新分配，主要由政府调节机制起作用。要健全以税收、社会保障、转移支付等手段的再分配调节机制，调节城乡、区域、不同群体间分配关系。

规范收入分配秩序，保护合法收入，取缔非法收入。构建良好的分配秩序，形成正确的激励导向，有助于全社会弘扬勤劳致富、艰苦奋斗精神，主动通过自身劳动和努力创造美好生活。为此，必须鼓励勤劳致富，保护合法收入，清理规范隐性收入，取缔非法收入，将分配制度建立在法治的轨道上。要遏制以权力寻租、垄断经营和不正当竞争行为获得收入，将收入获得建立在公平竞争和要素贡献基础上。

三、加快完善社会主义市场经济体制，建设高标准市场体系

加快完善社会主义市场经济体制，建设高标准市场体系，是促进经济高质量发展的要求。进入新时代，要在更高起点、更高层次、更高目标上推进经济体制改革，构建系统更加完备、更加成熟定型的高水平社会主义市场经济体制，完善产权制度、要素市场化配置、公平竞争制度、科技创新体制机制和推动城乡区域协调发展等改革举措。

完善产权制度。产权制度是市场经济的基石，只有各类产权都得到平等、有效保护，市场主体才能放心投资，市场交易才有前提条件。要抓紧完善相关制度，健全以公平为原则的产权保护制度，依法平等保护

各类产权。我国知识产权量已经达到非常高的水平，保护知识产权是国内企业和个人的迫切要求，要提高知识产权保护标准和侵权赔偿标准，建立知识产权侵权惩罚性赔偿制度，进一步加强知识产权保护，加强企业商业秘密保护。

完善要素市场化配置。我国要素市场发育不充分，存在市场决定要素配置范围不完善、要素流动性不畅通、体制机制障碍等问题。要推进要素市场制度建设，重点是在土地、金融、科技、数据等领域健全制度规则，深化市场化改革，实现要素价格市场决定、流动自主有序、配置高效公平。

完善公平竞争制度。公平竞争是市场经济的核心，只有竞争是公平的，才能实现资源有效配置和鼓励先进淘汰落后。要强化竞争政策基础地位，以竞争政策为基础来协调相关政策。为此，要全面实施市场准入负面清单制度，改革生产许可制度，健全破产制度，落实公平竞争审查制度，加强和改进反垄断和反不正当竞争执法。针对我国消费者权益保护不力，维权成本高、侵权成本低这一老大难问题，探索建立集体诉讼制度。

完善科技创新体制机制。建设现代化经济体系，增强国际竞争力，根本要靠科技创新，必须深化科技创新体制改革。要构建社会主义市场经济条件下关键核心技术攻关新型举国体制，把集中力量办大事的制度优势、超大规模的市场优势同发挥市场在资源配置中的决定性作用结合起来，以健全国家实验室体系为抓手，加快建设跨学科、大协作、高强度的协同创新基础平台，强化国家战略科技力量。要加大基础研究投入，健全鼓励支持基础研究、原始创新的体制机制。建立以企业为主体、市场为导向、产学研深度融合的技术创新体系，支持大中小企业和各类主体融通创新，创新促进科技成果转化机制，培育发展新动能，强化标准引领，提升产业基础能力和产业链现代化水平。

推动城乡区域协调发展。农业、农村、农民问题是关系国计民生的根本问题，必须始终把解决好“三农”问题作为全党工作重中之重。实施乡村振兴战略，完善农业农村优先发展和保障国家粮食安全的制度政策，健全城乡融合发展体制机制。优化人口和经济活动空间布局，增强区域发展的协调性，是国家治理面对的一个重要问题。构建区域协调发展新机制，形成主体功能明显、优势互补、高质量发展的区域经济布局，为区域协调发展赋予了新内涵，提出了重大思路性要求，对于发挥各地区比较优势、促进各类要素合理流动和高效集聚，加快构建高质量发展动力系统具有深远意义。

加强和完善宏观调控，更好发挥政府作用，是社会主义市场经济体制的内在要求。《决定》强调，要厘清政府和市场、政府和社会关系，深入推进简政放权、放管结合、优化服务，建设人民满意的服务型政府。

第七节　坚持和完善繁荣发展社会主义先进文化的制度，巩固全体人民团结奋斗的共同思想基础

文化兴国运兴，文化强民族强。发展社会主义先进文化、广泛凝聚人民精神力量，是国家治理体系和治理能力现代化的深厚支撑。坚定不移走中国特色社会主义文化发展道路，坚持和完善繁荣发展社会主义先进文化的制度，激发全民族文化创新创造活力，巩固全体人民团结奋斗的共同思想基础，建设社会主义文化强国。

一、坚持马克思主义在意识形态领域指导地位的根本制度

意识形态决定文化前进方向和发展道路，意识形态工作是党的一项极端重要的工作。习近平总书记指出，能否做好意识形态工作，事关党的前途命运，事关国家长治久安，事关民族凝聚力和向心力。坚持马克思主义在意识形态领域指导地位的根本制度，第一位要求就是推动全党全社会全面贯彻落实习近平新时代中国特色社会主义思想。要按照学懂

弄通做实的要求，深入推进习近平新时代中国特色社会主义思想学习教育，引导人民在新的广度和深度上深刻认识这一思想的历史地位和重大意义，深刻理解这一思想的精神实质、丰富内涵、核心要求、实践要求，深刻体悟贯穿其中的人民至上、历史自觉、实事求是、问题导向、战略思维、斗争精神等鲜明品格。

巩固全体人民团结奋斗的共同思想基础，必须牢牢掌握意识形态工作领导权管理权话语权，全面贯彻落实习近平新时代中国特色社会主义思想，健全用党的创新理论武装全党、教育人民的工作体系，推动习近平新时代中国特色社会主义思想深入人心。同时，还要深入实施马克思主义理论研究和建设工程，把坚持以马克思主义为指导全面落实到思想理论建设、哲学社会科学研究、教育教学各方面，旗帜鲜明反对和抵制各种错误观点，大力推进马克思主义中国化时代化大众化，建设具有强大凝聚力和引领力的社会主义意识形态。

二、坚持以社会主义核心价值观引领文化建设制度

核心价值观是文化最深层的内核，决定着文化的性质和方向，体现着一个国家、一个民族的文化理想和精神高度。社会主义核心价值观植根于中华文化沃土，熔铸于我们党领导人民长期奋斗的伟大实践，是社会主义先进文化的精髓，是当代中国精神的集中体现，凝结着全体人民共同的价值追求，昭示着中国特色社会主义发展方向和光明前景。我们一定要牢牢坚持以社会主义核心价值观引领文化建设制度，推动发展面向现代化、面向世界、面向未来的，民族的科学的大众的社会主义文化，凝魂聚气、强基固本，更好构筑中国精神、中国价值、中国力量，促进全体人民在思想上精神上紧紧团结在一起。

理想信念是力量之源。习近平总书记指出，一个国家，一个民族，要同心同德迈向前进，必须有共同的理想信念作支撑。理想信念的确立和巩固是一个长期的、历史的过程，理想信念教育也是一个持续深化的

过程。必须把理想信念教育作为基础性工程、战略性任务，做到常态化开展、制度化推进。

要坚持依法治国和以德治国相结合，完善弘扬社会主义核心价值观的法律政策体系，把社会主义核心价值观要求融入法治建设和社会治理，体现到国民教育、精神文明创建、文化产品创作生产全过程，增强全社会对核心价值观的认同归属感和自觉践行力。完善弘扬社会主义核心价值观的法律政策体系，首先要强化法律法规的价值导向，推动核心价值观入法入规。

推进中华优秀传统文化传承发展工程，贵在继承、重在创新。不忘本来才能更好面向未来。志愿服务是社会文明进步的重要标志，是培育和践行社会主义核心价值观的有效载体。要坚持走中国特色志愿服务之路，大力弘扬奉献、友爱、互助、进步的志愿精神，不断健全志愿服务体系，更好引导人们为他人送温暖、为社会作贡献，使我为人人、人人为我在全社会蔚然成风。

诚信是衡量一个社会文明程度的重要标尺，也是反映一个国家精神面貌的显著标志。我们党始终重视诚信、倡导诚信、弘扬诚信，明确把诚信作为社会主义核心价值观的重要内容，积极推动诚信成为全社会共同遵守的价值准则。

三、坚持以人民为中心的工作导向，健全人民文化权益保障制度

人民满意是我们党工作的核心，要坚持为人民服务、为社会主义服务，坚持百花齐放、百家争鸣，坚持创造性转化、创新性发展，激发全民族文化创造活力。

正确的文化发展方向是文化大发展大繁荣的基础和前提，加强文化产品创作生产引导是坚持正确文化发展方向的重要保障。要坚持和完善以社会主义核心价值观引领文化建设制度。要坚持中国特色社会主义共同理想，大力弘扬以爱国主义为核心的民族精神和以改革创新为核心的

时代精神，引导人们深刻认识实现中华民族伟大复兴的现实基础和光明前景，坚定文化自信，把社会主义核心价值观渗透到精神文化产品创作生产传播全过程，强化文化产品的思想内涵，增进人们对核心价值观的认同和践行，推动广大文化文艺工作者把最好的精神食粮奉献给人民，推出更多群众喜爱的文化精品。

完善城乡公共文化服务体系，优化城乡文化资源配置，推动基层文化惠民工程扩大覆盖面、增强实效性，是完善城乡公共文化服务体系的基础。健全支持开展群众性文化活动机制，鼓励社会力量参与公共文化服务体系建设，是完善城乡公共文化服务体系的根本要求。

四、完善坚持正确导向的舆论引导工作机制

要坚持党管媒体原则，党性原则是党的新闻舆论工作的根本原则，坚持党管媒体是党的全面领导在新闻舆论战线的重要体现。无论时代如何发展，媒体格局和传播方式如何变化，坚持党管媒体的原则和制度不能变，必须把党管媒体原则贯彻到媒体各领域各个环节。

强调正面宣传为主，是客观反映当代中国社会的主流和本质的需要，也是激发全党全社会团结奋进的强大力量、战胜各种困难挑战的需要。坚持正面宣传为主，要求我们聚焦中国道路、中国理论、中国制度、中国精神、中国力量、中国人民，把习近平新时代中国特色社会主义思想阐释好，把党中央重大决策部署及取得的成效宣传好，把广大人民群众新时代新风貌展示好，讲好中国故事，巩固壮大主流思想舆论阵地。

建立以内容建设为根本、先进技术为支撑、创新管理为保障的全媒体传播体系。媒体融合发展是一场深刻的媒体革命，对我们来说既是挑战和考验，也是提升我国媒体竞争力和国际影响力、重塑国际舆论格局的重要契机。新时代要构建全媒体传播体系，必须坚持以内容建设为根本，通过融合加快形成高质量内容产出机制；坚持以先进技术为支撑，实现信息内容、技术应用、平台终端、管理手段的共融互通；坚

持用创新机制吸引、留住、用好优秀人才，不断激发人才活力、增强新闻创造力；坚持一体化发展方向，加快流程优化、平台再造和媒介资源、生产要素有效整合，推动媒体融合向纵深发展。

完善舆论监督制度，健全重大舆情和突发事件舆论引导机制。坚持完善舆情研判预警机制，提高总体态势感知能力；坚持完善社会热点问题舆论引导机制，对人民群众关心关注的问题及时发布权威信息，做好深入解读，积极引导社会舆论，着力增强公众信心；坚持完善重大舆情联动处置机制，确保第一时间做好重大突发事件的舆情管控，做到快速反应、有效引导、精准调控。

建立健全网络综合治理体系。树立综合治理理念，落实各相关方责任，运用多种手段进行综合治理；完善协调推进的工作体系，注重调动各方面积极性，形成党委领导、政府管理、企业履责、社会监督、网民自律等多主体参与，经济、法律、技术等多手段结合的综合治网格局；增强网络治理实效，加强和创新互联网内容建设，落实互联网企业信息管理主体责任，加强技术支撑能力建设，完善网络安全和信息服务等法律法规，不断提升网络综合治理能力。

五、建立健全把社会效益放在首位、社会效益和经济效益相统一的文化创作生产体制机制

把社会效益放在首位、社会效益和经济效益相统一，是对文化创造的基本要求，是文化的社会属性决定的。把社会主义先进文化发展规律作为深化文化体制改革的方向，体现社会主义市场经济要求、有利于激发文化创新活力的文化管理体制和生产经营体制是文化体制改革的目的。在文化经济政策方面，要健全现代文化产业体系和市场体系，以高质量发展为导向，完善文化企业履行社会责任制度，健全引导新型文化业态健康发展机制。

完善文化和旅游融合发展体制机制。文化是旅游的灵魂，旅游是文

化的重要载体；文化成为旅游的核心资源，旅游成为文化的重要市场。两者有机结合和深度融合，既是文化和旅游互动共荣的客观需要，也是文化和旅游发展的必然规律。深化文旅体制机制改革，优化文旅融合发展新环境。

第八节 坚持和完善统筹城乡的民生保障制度，满足人民日益增长的美好生活需要

以增进人民福祉、促进人的全面发展为目的，坚持和完善统筹城乡的民生保障制度，健全国家基本公共服务制度体系，注重加强普惠性、基础性、兜底性民生建设，保障群众基本生活。创新公共服务提供方式，不断补齐民生领域短板，满足人民多层次多样化需求，使改革发展成果更多更公平惠及全体人民。

一、健全有利于更充分更高质量就业的促进机制

就业是民生之本，是人民群众改善生活的基本前提和基本途径。健全有利于更充分更高质量就业的促进机制，这是坚持和完善劳动就业制度的总体目标。促进“更高质量”就业，是让劳动者实现体面劳动、全面发展的重要基础。实现这一总体目标，我们应当在以下几个方面发力：一是实施就业优先政策，建立以就业目标为导向的体制机制，在土地供给、区间调控、产业转型升级、实施重大项目工程时，全面评价对就业的带动作用；从宏观政策制定层面支持就业，健全就业评估机制。二是健全公共就业服务制度，完善城乡均等的公共就业服务体系，提升公共就业服务水平。三是健全终身职业技能培训制度。面向城乡全体劳动者，贯穿工作学习生涯，提供普惠性、均等化的终身职业技能培训。四是完善重点群体就业支持体系，对特殊群体提供就业帮扶。五是建立促进创业带动就业、多渠道灵活就业机制，优化

政策环境，降低创业成本，健全完善激励创业政策制度。六是健全劳动关系协调机制，完善政府、工会、企业共同参与的协商协调机制，构建公平、和谐的劳动关系。七是健全法律制度和监督机制，消除城乡、性别、身份、行业等一切影响平等就业的制度障碍，坚决防止和纠正就业歧视，营造公平就业制度环境。

二、构建服务全民终身学习的教育体系

面向全体人民、构建体现公平性、覆盖人的整个生命周期的终身学习的教育体系。实现这一目标，重点任务主要包括：一是全面贯彻党的教育方针，坚持教育优先发展，聚焦办好人民满意的教育，完善立德树人体制机制，深化教育领域综合改革，加强师德师风建设，培养德智体美劳全面发展的社会主义建设者和接班人。二是推动城乡义务教育一体化发展，加强农村义务教育，努力缩小城乡义务教育差距，促进教育权利和机会的公平。三是健全学前教育机制，扩大普惠性学前教育资源，健全特殊教育机制，健全普及高中阶段教育保障机制，促进普通高中多样化发展。四是完善职业技术教育、高等教育、继续教育统筹协调发展机制，加快一流大学和一流学科建设，优化创新型、复合型、应用型和技术技能型人才培养机制，打造符合国情的终身教育体系。五是加强政府、家庭、学校和社会联动，构建覆盖城乡的家庭教育指导服务体系。六是发挥网络教育和人工智能优势，创新教育和学习方式，支持和规范民办教育、合作办学，加快发展面向每个人、适合每个人、更加开放灵活的教育体系，建设学习型社会。

三、完善覆盖全民的社会保障体系

社会保障是民生安全网、社会稳定器，与人民幸福安康息息相关，关系国家长治久安。完善覆盖全民的社会保障体系，需要重视如下工作：一是健全基本养老保险制度，创新养老金来源。实施全民参保

计划，努力实现应保尽保，适当加强中央在养老保险方面的事权，拓展养老金来源，建立养老保险基金中央调剂制度，在完善省级统筹的基础上加快建立基本养老保险全国统筹制度。二是健全基本医疗保险制度，全面建成统一的城乡居民医保制度和大病保险制度，稳步提高医疗保障水平，深化支付方式改革，建立医保目录动态调整机制，推动药品招采制度和医疗服务价格改革。三是完善失业、工伤保险制度，维护失业人员和工伤人员的基本权益。四是加快建立全国统一的社会保险公共服务平台，利用现代互联网技术，实现社保转移接续、异地就医结算制度，推进社保卡更广泛应用。五是规范社保基金管理，建立完善社保基金使用监督制度，堵塞制度漏洞，保持打击欺诈骗保的高压态势。六是构建多层次社会保障体系，加快发展职业（企业）年金，鼓励发展商业养老保险、补充医疗保险等，满足群众不同层次需求。七是统筹完善社会救助、社会福利、慈善事业、优抚安置等制度，健全退役军人工作体系和保障制度。坚持和完善促进男女平等、妇女全面发展的制度机制。完善农村留守儿童和妇女、老年人关爱服务体系，健全残疾人帮扶制度。八是坚决打赢脱贫攻坚战，巩固脱贫攻坚成果，建立解决相对贫困的长效机制。九是加快建立多主体供给、多渠道保障、租购并举的住房制度，大力发展住房租赁市场，因地制宜发展共有产权住房，继续加快棚户区改造和公租房建设。

四、强化提高人民健康水平的制度保障

增进人民健康福祉，事关人的全面发展、社会全面进步。“提高人民健康水平”，就是要把人民健康作为民族昌盛和国家富强的重要标志，应当聚焦的重点任务主要包括：一是坚持关注生命全周期、健康全过程，完善国民健康政策，实施健康中国行动，让广大人民群众享有公平可及、系统连续的健康服务。二是深化医药卫生体制改革，健全基本医疗卫生制度，加快现代医院管理制度改革，探索健康管理新机制，

提倡治未病，改革医疗系统分配机制。三是坚持以基层为重点、预防为主、防治结合、中西医并重。加强公共卫生防疫和重大传染病防控，增强人民体质，健全促进全民健身制度。四是优化生育政策，提高人口质量。五是积极应对人口老龄化，加强养老基础设施投入，创新养老产业发展机制，加快建设居家社区机构相协调、医养康养相结合的养老服务体系，努力让更多的老年人享有幸福安宁的生活。

第九节　坚持和完善共建共治共享的社会治理制度，保持社会稳定、维护国家安全

社会治理是国家治理的重要方面，要实现社会治理现代化，必须加强和创新社会治理，完善党委领导、政府负责、民主协商、社会协同、公众参与、法治保障、科技支撑的社会治理体系，建设人人有责、人人尽责、人人享有的社会治理共同体，确保人民安居乐业、社会安定有序，建设更高水平的平安中国。

一、完善正确处理新形势下人民内部矛盾有效机制

关键是坚持和发展新时代“枫桥经验”，探索更多依靠基层、发动群众、妥善解决人民内部矛盾的途径和方法。一是坚持群众工作做在基层、从源头采取预防措施。畅通和规范群众诉求表达、利益协调、权益保障通道，努力将矛盾化解在基层。完善信访制度，推进信访工作法治化、信息化、科学化，推行领导干部特别是市县领导干部下基层接访制度，探索具有中国特色的信访工作新路子。二是完善“三调”联动工作体系。人民调解、行政调解、司法调解联动工作体系，是具有中国特色的非诉讼纠纷解决方式。要完善资源整合、科学分流、效力对接的制度机制，实现“三调”联动。完善社会矛盾纠纷多元预防调处化解综合机制，以多元的方式方法化解不同的矛盾纠纷。三是健全社会心理服务

体系和危机干预机制。要完善工作体系、工作网络，根据不同人群不同情况，有针对性加强帮扶求助、心理疏导、法律援助，最大限度消解社会戾气，塑造自尊自信、理性平和、积极向上的社会心态。

二、完善社会治安防控体系

坚持专群结合、群防群治。践行党的群众路线，把社会治理深深扎根于人民群众创造性实践中，是社会治理的中国特色。走专门工作与群众路线相结合之路，要创新完善依靠群众、发动群众的制度机制，织密社会治安的天罗地网。提高社会治安立体化、法治化、专业化、智能化水平。要打造点线面均衡布局、网上网下交汇融合、人防物防技防有机结合、打防管控一体化的社会治安防控新格局，提高立体化水平。善于运用法治思维开展防控工作、以法治方式解决治安问题，提高法治化水平。着力培养专业思维、专业方法、专业技术，以打击防范专业化应对违法犯罪职业化。把大数据、云计算、物联网、人工智能作为推动社会治安防控工作创新发展的强大引擎，提高智能化水平。

三、健全公共安全体制机制

完善和落实安全生产责任和管理制度。要坚持党政同责、一岗双责、失职追责，建立公共安全隐患排查和安全预防控制体系。构建统一指挥、专常兼备、反应灵敏、上下联动的应急管理体制。要以党和国家机构改革为契机，优化国家应急管理能力体系建设，推动应急管理从静态、职能管理向动态、综合管理转变，从灾害应对向风险管理转变，提高防灾救灾减灾能力。加强和改进食品药品安全监管制度。食品药品安全事关人民群众身体健康和生命安全，要用最严谨的标准、最严格的监管、最严厉的处罚、最严肃的问责，守护人民群众“舌尖上的安全”。

四、构建基层社会治理新格局

社会治理工作要在基层着力，抓实基层工作，完善群众参与基层社会治理的制度化渠道，构建人民群众广泛参与的基层治理体系。基层社会治理，要健全党组织领导的自治、法治、德治相结合的城乡基层治理体系，健全社会管理和服务机制。要聚焦力量全覆盖，建好社区干部、网格员、志愿者等队伍，发挥群团组织、社会组织作用，发挥行业协会商会自律功能，推动社会治理力量落到基层。加快推进市域社会治理现代化，重点要推动社会治理和服务重心向基层下移，把更多资源下沉到基层，提高基层干部素质，更好提供精准化、精细化服务。家庭被喻为社会的细胞，是社会最小的单位，家教传承对社会治理发挥巨大作用，因此要注重家庭家风在基层社会治理中的重要作用。

边疆地区往往呈现经济普遍较弱、社会治理形势复杂的态势，加强边疆治理，要注重推进兴边富民政策，加大政策扶持力度，创新开放形式，民富则边稳。

五、完善国家安全体系

国家安全体系是贯彻落实总体国家安全观、掌握维护国家安全主动权的总抓手。完善国家安全体系，一是要坚持总体国家安全观，统筹发展和安全，坚持人民安全、政治安全、国家利益至上有机统一，统筹推进各领域国家安全工作，走中国特色国家安全道路。二是健全国家安全体系。做好新时代国家安全工作，必须以人民安全为宗旨，以政治安全为根本，以经济安全为基础，以军事、科技、文化、社会安全为保障。要完善集中统一、高效权威的国家安全领导体制，健全国家安全法律制度体系，建立健全国家安全风险研判、防控协同、防范化解机制，增强国家安全能力。三是坚决捍卫国家政治安全。政治安全是党和国家安全的生命线，是不可动摇的底线。要加强国家安全人民防线建设，增强全民国家安全意识，提高防范抵御国家安全风险能力，高度警惕、坚决防范和严厉打击敌对势力渗透、破坏、颠覆、分裂活动，筑牢维护国家安全的铜墙铁壁。

第十节　坚持和完善生态文明制度体系，促进人与自然和谐共生

将生态文明制度建设作为中国特色社会主义制度建设的一项重要内容和不可分割的有机组成部分，是由中国特色社会主义制度的内在要求决定的，是关系中华民族永续发展的千年大计。生态文明领域国家治理现代化，以建设美丽中国为目标，必须践行绿水青山就是金山银山的理念。习近平总书记指出："我们既要绿水青山，也要金山银山。宁要绿水青山，不要金山银山，而且绿水青山就是金山银山。"[①]这是重要的发展理念，体现了人与自然和谐共生的价值取向。我国经济进入高质量发展阶段，生态环境的支撑作用越来越明显。要正确处理生产生活和生态环境的关系，坚持节约资源和保护环境的基本国策，坚持节约优先、保护优先、自然恢复为主的方针，形成节约资源和保护环境的空间格局、产业结构、生产方式、生活方式。

一、实行最严格的生态环境保护制度

中国的发展绝不能以牺牲环境为代价，要坚持生态优先、绿色发展，建立健全绿色低碳循环发展的经济体系，从技术、经济、法治、教育等方面综合施策，倡导简约适度、绿色低碳的生活方式，从源头上推动实现绿色转型，降低资源消耗、减少污染排放、防止生态破坏。

科学把握生态文明建设的系统性、完整性及其内在规律，按照源头

① 《习近平在哈萨克斯坦纳扎尔巴耶夫大学发表重要演讲》，《人民日报》2013年9月8日。

预防、过程控制、损害赔偿、责任追究的思路，构建产权清晰、多元参与、激励约束并重、系统完整的生态文明制度体系，健全国土空间开发、资源节约利用、环境污染治理、生态保护修复的体制机制，推动形成人与自然和谐共生、协调发展的新格局。

着力完善能耗、水耗、地耗、污染物排放、环境质量等方面标准，完善绿色产业发展支持政策，完善市场化机制及配套政策，发展绿色金融，推进市场导向的绿色技术创新，更加自觉地推动绿色循环低碳发展。加快推行源头减量、清洁生产、资源循环、末端治理的生产方式，构建以排污许可制为核心的固定污染源监管制度体系。围绕着力解决突出环境问题，坚持全民共治、源头防治，完善污染防治区域联动机制和陆海统筹的生态环境治理体系。广大农村往往是环境保护的真空地带，因而要加强农业农村环境污染防治。加强环境司法体制建设，完善生态环境保护法律体系和执法司法制度。

二、全面建立资源高效利用制度

人类对资源的开发利用既要考虑服务于当代人过上幸福生活，也要为子孙后代永续发展留下生存根基。改变传统的“大量生产、大量消耗、大量排放”的生产模式和消费模式，把经济活动、人的行为限制在自然资源和生态环境能够承受的限度内，使资源、生产、消费等要素相匹配相适应，用最少的资源环境代价取得最大的经济社会效益，形成与大量占有自然空间、显著消耗资源、严重恶化生态环境的传统发展方式明显不同的资源利用和生产生活方式，是我们党既对当代人负责又对子孙后代负责的体现。落实这一制度，需要树立节约集约循环利用的资源观，实行资源总量管理和全面节约制度，强化约束性指标管理，实行能源、水资源消耗、建设用地等总量和强度双控行动，加快建立健全充分反映市场供求和资源稀缺程度，体现生态价值和环境损害成本的资源环境价格机制，促进资源节约和生态环境保护。

三、健全生态保护和修复制度

统筹山水林田湖草一体化保护和修复，加强森林、草原、河流、湖泊、湿地、海洋等自然生态保护。加强对重要生态系统的保护和永续利用，构建以国家公园为主体的自然保护地体系，推动科学设置各类自然保护地，建立自然生态系统保护的新体制新机制新模式。开展大规模国土绿化行动，加快水土流失和荒漠化、石漠化综合治理，保护生物多样性，筑牢生态安全屏障，建设健康稳定高效的自然生态系统，为维护国家生态安全和实现经济社会可持续发展筑牢基石，为建设美丽中国奠定生态根基。除国家重大项目外，全面禁止围填海。

四、严明生态环境保护责任制度

要紧紧围绕生态文明建设要求，深化生态环境监测评价改革创新统一监测和评价技术标准规范，依法明确各方监测事权，建立部门间分工协作、有效配合的工作机制，开展领导干部自然资源资产离任审计。统筹实施覆盖环境质量、城乡各类污染源、生态状况的生态环境监测评价，加快构建陆海统筹、天地一体、上下协调、信息共享的生态环境监测网络，客观反映污染治理成效，强化对生态环境污染的成因分析、预测预报和风险评估。推进生态环境保护综合行政执法，建立综合行政执法的常态机制，深入落实中央生态环境保护督察制度。完善生态环境保护的监督赔偿体系，完善生态环境公益诉讼制度，落实生态补偿和生态环境损害赔偿制度，实行生态环境损害责任终身追究制。

第十一节　坚持和完善党对人民军队的绝对领导制度，确保人民军队忠实履行新时代使命任务

习近平总书记指出，党对人民军队的绝对领导是中国特色社会主

义的本质特征，是党和国家的重要政治优势，是人民军队的建军之本、强军之魂。必须牢固确立习近平强军思想在国防和军队建设中的指导地位，巩固和拓展深化国防和军队改革成果，构建中国特色社会主义军事政策制度体系，全面推进国防和军队现代化，确保实现党在新时代的强军目标，把人民军队全面建成世界一流军队，永葆人民军队的性质、宗旨、本色。进入新时代，推进国家治理体系和治理能力现代化，必须坚持和完善党对人民军队的绝对领导制度，使之随着中国特色社会主义制度的发展而发展，始终成为社会主义航船在国际风云变幻中行稳致远的“压舱石”，确保我们党长期执政、国家长治久安、中国特色社会主义事业兴旺发达。

一、坚持人民军队最高领导权和指挥权属于党中央

“国家大柄，莫重于兵。”人民军队领导权和指挥权，关乎党和国家前途命运，关乎中国特色社会主义事业发展。党章和宪法明确：“中国共产党坚持对人民解放军和其他人民武装力量的绝对领导”，“中华人民共和国中央军事委员会领导全国武装力量”，“中央军事委员会实行主席负责制”。这从根本上规定了中央军委作为党和国家的最高军事领导机关，拥有法定的最高领导权和指挥权，其代表的是党和国家意志。中央军委实行主席负责制，由中央军委主席负责中央军委全面工作，领导指挥全国武装力量，决定国防和军队建设一切重大问题，确保集中统一领导和高效决策指挥。

中央军委实行主席负责制是坚持党对人民军队绝对领导的根本实现形式。坚持全国武装力量由军委主席统一领导和指挥，完善贯彻军委主席负责制的体制机制，严格落实军委主席负责制各项制度规定。严明政治纪律和政治规矩，坚决维护党中央、中央军委权威，确保政令军令畅通。

二、健全人民军队党的建设制度体系，确保枪杆子永远掌握在忠于党的可靠的人手中

全面贯彻政治建军各项要求，突出抓好军魂培育，发扬优良传统，传承红色基因，坚决抵制“军队非党化、非政治化”和“军队国家化”等错误政治观点。改革不能改向、变革不能变色，必须更好坚持党对人民军队的绝对领导，不断强固这个“命根子”。军事政策制度改革首先要全面贯彻政治建军各项要求，健全完善人民军队党的建设制度体系，巩固和深化古田全军政治工作会议、中央军委党的建设会议精神落实成果，确保党指挥枪的原则落地生根。制定修订军队党的建设、政治工作、思想政治教育、作风纪律建设等一系列法规制度，全面规范我军党的工作和政治工作。着重完善党领导军队的组织体系，按照军委管总、战区主战、军种主建总原则，找准各级各类党组织职能定位，优化组织设置，改进领导方式。着力健全选人用人制度机制，扭住党管干部、组织选人这个关键，规范党委、领导和政治机关在选人用人中的权责，强化党组织的领导和把关作用，加强忠诚度鉴别和政治考察，建设高素质专业化干部队伍，确保枪杆子永远掌握在忠于党的可靠的人手中。

三、把党对人民军队的绝对领导贯彻到军队建设各领域全过程

军队是为打仗而存在的，能打胜仗是人民军队的根本价值所在。要贯彻新时代军事战略方针，坚持战斗力标准，坚持以战领建、抓建为战，统筹军事力量建设与运用，解决好制约战斗力生成的突出矛盾问题。要全面推进军事战略指导、联合作战、战备等方面政策制度创新，制定修订主干制度和配套制度，建立健全基于联合、平战一体的军事力量运用政策制度体系，着力加强联合作战指挥体系和能力建设，充分发挥我军塑造态势、管控危机、遏制战争、打赢战争的战略功能。

要统筹解放军现役部队和预备役部队、武装警察部队、民兵建设，统筹军队各类人员制度安排，建立健全聚焦打仗、激励创新、军民融合的军事力量建设政策制度体系，配置好、发展好、运用好战斗力诸要素，加快战斗力生成模式转变，确保在党和人民需要的时候人民军队上得去、打得赢。

在现代化进程中，军事政策制度具有根本性、全局性、基础性作用。要贯彻“五个更加注重”战略指导，立足战争形态、社会形态、组织形态之“变”，着力从政策制度创新上引导推动现代化发展。要加快推进以效能为核心的军事管理革命，建立健全精准高效、全面规范、刚性约束的军事管理政策制度体系，强化军委战略管理功能，加强中国特色军事法治建设，推进治军方式根本性转变，全面提高军事系统运行效率、国防资源使用效益和军事力量建设运用效能。要完善军事人力资源政策制度，深化军官职业化制度、文职人员制度、兵役制度等改革，构建新型军事人才培养体系，打造和壮大高素质新型军事人才方阵。要健全国防科技创新和武器装备建设制度，强化军事科研理技融合，加快军事智能化发展，把科技创新的引擎全速发动起来，走中国特色自主创新之路。

我们的军队是人民的军队，我们的国防是全民的国防。要完善国防教育法律法规，普及和加强全民国防教育，不断丰富国防教育的内容、方法、形式，使关心国防、热爱国防、建设国防、保卫国防成为全社会的思想共识和共同行动。要深化国防动员体制改革，完善国防动员体系，优化后备力量规模结构和力量布局，增强打赢未来战争的国防潜力。要健全党政军警民合力强边固防工作机制，完善边海防力量体系，构建现代人民防空体系，建设强大稳固的现代边海空防。要加强军政军民团结，完善和落实新形势下军民共建、拥军优属、拥政爱民等政策制度，推进军人荣誉体系建设，增强军人职业吸引力和军人军属荣誉感，不断谱写军民鱼水情时代新篇，为实现中国梦强军梦凝聚起强大力量。

第十二节　坚持和完善"一国两制"制度体系，推进祖国和平统一

"一国两制"是党领导人民实现祖国和平统一的一项重要制度，是中国特色社会主义的一个伟大创举。要深刻理解"一国两制"的内涵，坚持"一国"是实行"两制"的前提和基础，"两制"从属和派生于"一国"并统一于"一国"之内，是一个国家内的两种制度。严格依照宪法和基本法对香港特别行政区、澳门特别行政区实行管治，是依法治国在"治港治澳"中的具体体现，坚定维护国家主权、安全、发展利益，维护香港、澳门长期繁荣稳定，绝不容忍任何挑战"一国两制"底线的行为，绝不容忍任何分裂国家的行为。

一、全面准确贯彻"一国两制"、"港人治港"、"澳人治澳"、高度自治的方针

治港治澳的基本理念和原则是坚持依法治港治澳，维护宪法和基本法确定的宪制秩序。习近平总书记指出，依法治理是最可靠、最稳定的治理，要善于运用法治思维和法治方式进行治理。从港澳来说，依法治理，首要的是要严格依照宪法和基本法办事。因为，宪法和基本法共同构成特别行政区的宪制基础，是"一国两制"方针法律化的集中体现，是特别行政区一切制度的最顶层设计，在特别行政区整个法律体系中居于最高地位，确立了特别行政区新的宪制秩序。特别行政区的一切行政、立法、司法行为都必须符合宪法和基本法，以宪法和基本法的规定作为最高准则。

必须把坚持"一国"原则和尊重"两制"差异结合起来。要牢固树立"一国"意识，坚守"一国"原则，切实维护国家安全，正确把握和处理中央和特别行政区的关系，绝不容忍任何挑战"一国两制"底线的行为。习近平总书记指出："任何危害国家主权安全、挑战中央权力

和香港特别行政区基本法权威、利用香港对内地进行渗透破坏的活动，都是对底线的触碰，都是绝不能允许的。”① 在“一国两制”下，香港、澳门特别行政区居民应当尊重国家主体实行的中国特色社会主义制度，包括坚持中国共产党领导这一核心内容在内的政治制度，内地人民也应该切实尊重香港、澳门实行的各具特色的资本主义制度，尊重港澳居民依法享有的各种权利和自由。在“一国”之内，两种制度应当也完全能够做到长期并存、融合相处。

必须把维护中央对特别行政区全面管治权和保障特别行政区高度自治权结合起来。我国实行单一制的国家结构形式，中央对包括香港、澳门特别行政区在内的所有地方行政区域具有全面管治权。香港、澳门两个特别行政区享有的高度自治权不是固有的，而是来源于中央授权。不能将中央的全面管治权与特别行政区的高度自治权对立起来，更不能以特别行政区的高度自治权对抗中央的权力。与此同时，特别行政区依法享有的高度自治权，包括行政管理权、立法权、独立的司法权和终审权，也应当得到充分尊重和切实保障。

必须把发挥祖国内地坚强后盾作用和提高特别行政区自身竞争力结合起来。港澳的繁荣发展从来都与祖国密切相关，港澳也为国家的改革开放和现代化建设作出了重大而独特的贡献。在港澳应对亚洲金融危机、非典疫情、国际金融危机等风险的过程中，祖国内地给予了强有力的支持。对港澳来说，祖国内地的坚强后盾作用是永恒不变的。香港、澳门特别行政区政府和社会各界人士只要站高望远，聚焦发展，把国家发展带来的重大机遇、内地各方面的大力支持与港澳所具有的高度法治化、市场化、专业化、国际化等优势相结合，不断提升自身竞争力，就一定能在日趋激烈的国际国内竞争中立于不败之地。

---

① 习近平：《在庆祝香港回归祖国二十周年大会暨香港特别行政区第五届政府就职典礼上的讲话》，《人民日报》2017 年 7 月 2 日。

二、健全中央依照宪法和基本法对特别行政区行使全面管治权的制度

完善中央对特别行政区行政长官和主要官员的任免制度和机制，中央对特别行政区行政长官和主要官员具有任免权，而且是实质性的，要完善中央对行政长官和主要官员选拔、任命、监督、罢免等相关制度和程序。特别行政区基本法的制定、修改、解释权归中央，完善全国人大常委会对基本法的解释制度，依法行使宪法和基本法赋予中央的各项权力。

建立健全特别行政区维护国家安全的法律制度和执行机制。维护国家安全是全面准确贯彻“一国两制”方针的核心要求，是特别行政区的宪制责任。在特别行政区建立健全维护国家安全的法律制度，完善相关执行机制，天经地义，也有其实际需要。建立健全维护国家安全的法律制度和执行机制，强化执法力量，已成为摆在香港特别行政区政府和社会各界人士面前的突出问题和紧迫任务。

健全特别行政区行政长官对中央政府负责的制度。根据基本法的规定，行政长官既是特别行政区政府的首长，也是特别行政区的首长，既要对特别行政区负责，也要对中央负责。这种“双首长”和“双负责”的定位，决定了行政长官在“一国两制”下特别行政区的治理中具有重要地位，承担统领责任。一方面，要完善行政长官对中央负责的制度安排，包括完善中央就基本法规定的有关事务对行政长官发出指令的制度，完善行政长官向中央述职制度、向中央报告特别行政区有关重大事项的制度等；另一方面，要在特别行政区落实以行政长官为核心的行政主导体制，完善公务员管理制度，支持行政长官和特别行政区政府依法施政，确保行政长官代表整个特别行政区对中央负责的要求落到实处。

完善香港、澳门融入国家发展大局、同内地优势互补、协同发展机制。香港、澳门融入国家发展大局，是新时代国家改革开放的客观

需要，也是香港、澳门自身发展的必然选择。毋庸讳言，香港的经济社会发展已遇到一些困境，房屋土地供应短缺，贫富差距悬殊，社会阶层流动性减弱，特别是不少青年人在住房和学业、就业、创业等方面面临较大困难和压力。澳门博彩业“一业独大”，经济适度多元发展知易行难。囿于地域、经济结构和体量、市场空间等条件，港澳仅靠自身力量难以解决这些影响社会稳定和长远发展的深层次矛盾和问题。这需要港澳各界人士与时俱进，转变观念，调整心态，破除“内地化”“边缘化”等迷思，积极融入国家发展大局，借助内地广阔的市场、强劲的发展态势，为自身发展拓展新空间，增添新动力，借力破解经济民生难题。中央将进一步完善支持香港、澳门同内地优势互补、协同发展的政策体系；推动粤港澳大湾区制度机制创新，率先实现要素便捷流动；注重发挥香港、澳门参与共建“一带一路”建设的独特作用；完善便利香港、澳门居民在内地学习、创业、就业、生活的政策措施；健全香港、澳门与内地在各领域深入开展交流合作的各种机制。在保持“一国两制”和港澳原有制度特色不变的前提下促进港澳与内地协同发展，必将使港澳居民有更多获得感、幸福感和安全感。

完善加强对香港、澳门社会宪法和基本法教育、国情教育、中国历史和中华文化教育等相关制度和体制机制。香港、澳门回归祖国是一个重大历史转变，从宪制秩序到政权机构，从舆论环境到社会主流价值观，都应当顺应这一历史转变，适应“一国两制”实践要求。香港、澳门特别行政区政府和社会各界应当围绕加强宪法和基本法教育、国情教育、中国历史和中华文化教育，完善相关的教育制度和体制机制，不断增强全社会特别是公职人员和青少年的国家意识和民族认同。特别是要正视长期以来香港在国民教育方面存在的缺失，切实加强青少年的爱国主义教育，关心、引导、支持、帮助青少年健康成长。

完善坚决防范和遏制外部势力干预港澳事务和进行分裂、颠覆、渗透、破坏活动的体制机制。外部势力一直在通过多种方式干预港澳事务，在香港进行分裂、颠覆、渗透、破坏活动。比如，美方将所谓“香港人权与民主法案”签署成法，公然以国内法方式为美国长期干预香港事务提供新链接，为香港反对派和激进势力更加肆无忌惮地从事反中乱港活动提供保护伞，并为利用香港问题牵制和遏制中国发展提供新筹码。我们必须针锋相对，与香港特别行政区政府建立健全反干预协同机制，绝不能任由外部势力在香港为所欲为。

三、坚定推进祖国和平统一进程

解决台湾问题、实现祖国完全统一，是全体中华儿女共同愿望，是中华民族根本利益所在。新中国成立 70 多年来，我们党不忘初心、牢记使命，坚持解放思想、实事求是，始终把握两岸关系时代变化，不断丰富发展国家统一理论和对台方针政策，先后提出和平解决台湾问题的政策主张和“一国两制”科学构想，确立了“和平统一、一国两制”基本方针，进而形成了坚持“一国两制”和推进祖国统一基本方略，有力引领两岸关系朝正确方向发展。

坚持推进祖国和平统一进程，推动两岸就和平发展达成制度性安排。推动两岸关系和平发展是坚持“和平统一、一国两制”方针的必然要求，是实现和平统一的必由之路。习近平总书记在《告台湾同胞书》发表 40 周年纪念会上的重要讲话中提出探索“两制”台湾方案，就推动两岸关系和平发展达成制度性安排。岛内有关政党、团体和界别代表性人士积极响应，与大陆各界人士开展对话协商，达成携手实现和平统一、共同致力于民族复兴、巩固共同政治基础、深化两岸融合发展、加强两岸基层交流等多项共识。岛内一些政党、团体积极探索“一国两制”台湾方案。在两岸同胞共同努力下，平等协商、共议统一已经迈出重要第一步，势不可当。在一个中国原则基础上，我们将继续同台湾各党派、团体和人士就两岸政治问题和推进祖国和平统一进程的有关问题开展对话沟通，广泛交换意见，寻求社会共识，在聚同化异中逐步解决两岸长期存在的政治分歧问题，推动两岸就和平发展达成制度性安排。

坚持以人民为中心的发展思想，完善促进两岸交流合作、深化两岸融合发展、保障台湾同胞福祉的制度安排和政策措施。两岸同胞血脉相连，亲望亲好，中国人要帮中国人。习近平总书记强调，要在对台工作中贯彻好以人民为中心的发展思想，对台湾同胞一视同仁，像为大陆百姓服务那样造福台湾同胞。我们要深入贯彻习近平总书记重要指示和要求，从台湾同胞尤其是基层民众的现实需求出发，持续拓展两岸经济文化交流合作，不断丰富完善相关制度安排和政策措施。要继续积极为台胞广泛参与大陆经济社会建设创造条件，依法保障台胞权益。要为台胞台企参与"一带一路"建设、粤港澳大湾区建设、京津冀协同发展、长三角区域一体化发展、海南自贸区（港）建设等国家重大发展战略，提供政策指引，搭建更多渠道平台。要着力提升台湾居民居住证社会功能应用，支持福建自贸试验区、平潭综合实验区、昆山深化两岸产业合作试验区及其他台商投资集中地区在为台胞台企提供同等待遇上出台更多先行先试政策措施。要积极推进两岸经济合作制度化，打造两岸共同市场，并在推动两岸应通尽通、福建沿海地区同金门马祖"小四通"、两岸社会保障和公共资源共享以及两岸邻近或条件相当地区基本公共服务均等化、普惠化、便捷化方面，加强顶层设计，出台相关政策。两岸交流合作的持续扩大、两岸融合发展的持续深化，必将加深两岸利益联结，促进同胞心灵契合，夯实和平统一基础。

坚持团结广大台湾同胞共同反对"台独"，促进统一。广大台湾同胞都是中华民族一分子，是发展两岸关系、推进统一进程的重要力量。我们要坚持寄希望于台湾人民的方针，一如既往尊重、关爱、团结和依靠台湾同胞。要扩大两岸同胞尤其是基层民众和青少年交流，增进相互理解，拉近心理距离。要团结台湾同胞共同传承弘扬中华优秀传统文化，坚定中华民族伟大复兴的共同信念，增进台湾同胞对两岸命运共同体的认知和对祖国和平统一的认同。祖国大陆是所有爱国统一力量的坚强后盾，要积极引导台湾同胞争当堂堂正正的中国人，认真思考台湾在中华民族伟大复兴中的地位和作用，积极参与到推进祖国和平统一的正义事业中来。

"台独"分裂势力及其图谋和行径是台海和平稳定的最大威胁，是两岸关系和平发展的最大障碍，严重损害台湾同胞的切身利益和中华民族的整体利益，是与全民族为敌，逆历史潮流而动，绝不可能得逞。我们坚决维护国家主权和领土完整，决不容忍国家分裂的历史悲剧重演，决不为各种形式的"台独"分裂活动留下任何空间。我们要坚持底线思维，保持高度警惕，有效防范化解台海重大风险，继续团结广大台湾同胞，反对形形色色的"台独"分裂图谋和行径，共同维护、携手迈向祖国和平统一的光明前景。①

第十三节　坚持和完善独立自主的和平外交政策，推动构建人类命运共同体

随着新时代的到来，国际社会国与国之间联系越来越紧密，中国与世界的相互影响日益加深，推动党和国家事业发展需要和平国际环境和良好外部条件。同时，我国作为世界第二大经济体和最大的发展中国家，日益走近世界舞台中央，对维护国际秩序、推动世界发展、完善全球治理发挥着日益重要的作用，影响和塑造国际局势的能力日益上升。坚持独立自主的和平外交政策，必须统筹国内国际两个大局，以宽广的国际视野和长远的战略眼光，以对中国人民和世界人民高度负责的精神，统筹做到独立自主、和平发展、开放合作、互利共赢。

① 刘结一：《坚定推进祖国和平统一进程（深入学习贯彻党的十九届四中全会精神）》，《人民日报》2019 年 12 月 12 日。

一、健全党对外事工作领导体制机制

外事工作制度是中国特色社会主义制度体系的重要组成部分，是落实中国特色大国外交的制度保证。健全党对外事工作领导体制机制，就要加强党中央对外事工作集中统一领导，深入推进涉外体制机制建设，统筹协调党、人大、政府、政协、军队、地方、人民团体等的对外交往，统筹协调驻外机构各方面各领域工作，加强党总揽全局、协调各方的对外工作大协同格局，确保党中央外交大政方针和战略部署贯彻落实，更好形成对外工作合力。外事工作是党和国家工作中政治性最强的工作之一，确保正确政治方向至关重要。对外工作必须增强“四个意识”，坚定“四个自信”，做到“两个维护”，一切以党中央制定的对外工作大政方针为依归，全面贯彻落实党中央的战略意图，严格遵守党的外事工作纪律和规矩，决不容许擅作主张、各行其是、阳奉阴违。

要加强中国特色大国外交理论建设，不断推进外交理论创新，始终在变局中认清本质、在纷乱中抓住主流，确保党的对外工作大政方针正确有效，保证党中央对外工作决策部署及时有力。

要加强涉外法治工作，在驻外使领馆逐步探讨设立相关制度，对中国公民和企业在外旅行、工作、学习、生活提供相应法律指导和服务。要加强国际法研究和运用，尽快补足我国在国际法领域核心人才短缺、理论创新不够、现实运用不足等短板，在国际法研究、制定、运用上与我国外事工作的要求相适应、与我国大国地位相匹配。

二、完善全方位外交布局，维护全球战略稳定

完善全方位外交布局，就要坚持在和平共处五项原则基础上全面发展同各国的友好合作，扩大中国的朋友圈，坚持在不冲突不对抗、相互尊重、合作共赢基础上推进大国协调和合作，推动构建总体稳定、均衡发展的大国关系框架，维护世界和平与发展；按照亲诚惠容理念和与邻

为善、以邻为伴周边外交方针深化同周边国家关系，推动构建区域命运共同体；秉持正确义利观和真实亲诚理念加强同广大发展中国家团结合作，维护广大发展中国家共同利益。

为了维护我国发展的和平国际环境和有利外部条件，为了维护全人类利益，必须调动一切可以调动的因素、团结一切可以团结的力量，维护国际公平正义，维护全球战略稳定。

面对中国和平发展，西方一些人以所谓“修昔底德陷阱”“金德尔伯格陷阱”来说事，妄称中国“国强必霸”，同美国为争夺霸权而发生冲突甚至战争不可避免，引起国际社会公共产品短缺和治理危机不可避免，这些都毫无疑问是以己度人。中华民族没有侵略扩张、称王称霸的基因，坚定不移走和平发展道路，无论发展到什么程度，我们都不会争霸和对抗，但不会坐视中美关系和世界被拖入对抗的深渊而无所作为，不会推卸自己作为世界大国的责任担当。同时，我们不挑事、更不怕事，必须针对这些“陷阱”的警示，做好出现任何情况的万全准备。

三、推进合作共赢的开放体系建设

推进合作共赢的开放体系建设，是我国建设更高水平开放型经济的必然要求，更是推动建设开放型世界经济的重要抓手。当前和今后一个时期，要着力推动共建“一带一路”高质量发展。共建“一带一路”是我国对世界贡献的国际公共产品，目的是通过共商共建共享推动与相关国家政策沟通、设施联通、贸易畅通、资金融通、民心相通，推动构建利益共同体、责任共同体、命运共同体，最终实现共同发展繁荣。

要维护完善多边贸易体制，推动贸易和投资自由化便利化。当前，个别国家打着 WTO 改革之名，妄图公器私用打压其他国家发展，甚至不惜搁置、虚化、废弃国际多边贸易体制，导致全球经济治理赤字加剧，国际多边贸易体制面临危机。在经济全球化面临曲折、多边主义面临挑战的大背景下，我们要坚定维护多边贸易体制，维护 WTO 基本原则，通过双边、多边等方式，推动构建面向全球的高标准自由贸易区网络，全面落实 RCEP，推动中日韩经济合作，推动亚太自由贸易区建设进程，推动建设开放型世界经济。要支持广大发展中国家提高自主发展能力，承担作为最大发展中国家的国际责任，欢迎各国特别是发展中国家搭乘我国发展的快车，推动解决全球发展失衡、数字鸿沟等问题，推动实现各国共同发展。

要健全对外开放安全保障体系，加快补齐安全保障短板，在扩大开放中牢牢扎紧维护国家安全的篱笆，防范外来颠覆渗透破坏活动，加快构建海外利益保护和风险预警防范体系，完善领事保护工作机制，维护海外同胞安全和正当权益，保障重大项目和人员机构安全。

四、积极参与全球治理体系改革和建设

积极参与全球治理是中国作为世界大国义不容辞的责任，更是维护我国利益、提高我国国际地位和国际影响力的必然要求。在当今世界一系列重大问题上，国际社会很看重我国的立场和态度，已经形成离开中国参与很难作出实质性重大决定的国际共识。这在客观上对我们提出了参与全球治理体系改革和建设的要求。党的十八大以来，在习近平新时代中国特色社会主义外交思想指引下，我们与时俱进推进中国特色大国外交，积极参与国际多边事务，主办多项重要国际会议，在重要国际组织中代表性、话语权、影响力日益提高，发起成立亚洲基础设施投资银行、金砖国家新开发银行等机构，为改革完善全球治理贡献越来越多的中国智慧和中国方案。

当前，国际格局正在经历深刻复杂变化，人类面临的共同挑战日益增多，完善全球治理的呼声越来越高，但全球治理赤字不仅没有缓解迹象，反而呈现加剧趋势。在这样的形势下，我国作为负责任大国，必须以勇于担当的精神更加积极地参与全球治理体系改革和建设，引领世

界格局演变方向，引领人类文明进步走向。为此，必须高举构建人类命运共同体旗帜，秉持共商共建共享的全球治理观，倡导多边主义和国际关系民主化。

必须推动全球经济治理机制变革。当前，全球经济治理机制面临严峻挑战，国际组织有的在代表性、话语权上落后于时代，不能反映国际力量对比发生变化的现实；有的受到强权政治干扰，无法发挥应有效力；有的则面临被架空虚置的危险。在全球经济治理变革问题上，有的国家出于一己之私妄图以变革之名行害人之实，未来难免会有一场艰巨激烈的斗争。我们要引导全球经济治理变革在正确轨道上行驶，必须对各种开倒车的行为高度警惕、坚决斗争。

必须推动在共同但有区别的责任、公平、各自能力等原则基础上开展应对气候变化国际合作，坚守国际承诺，坚定不移走绿色低碳可持续发展之路，同时尽己所能帮助广大发展中国家增强应对气候变化和绿色发展能力，善尽维护人类家园的国际责任。

必须维护联合国在全球治理中的核心地位，支持上海合作组织、金砖国家、二十国集团等平台机制化建设，推动构建更加公正合理的国际治理体系。①

第十四节　坚持和完善党和国家监督体系，强化对权力运行的制约和监督

党和国家监督体系是党在领导人民进行伟大的社会革命的同时领导全党进行伟大的自我革命，实现自我净化、自我完善、自我革新、自我提高，是我们党区别于其他政党的鲜明特征，是我们党长盛不衰的内在原因，是我们党能够长期执政，坚持并不断完善中国特色社会主义制度

---

① 肖文：《坚持和完善独立自主的和平外交政策》，《人民日报》2019年12月13日。

的关键所在。中国共产党领导是中国特色社会主义最本质的特征，是中国特色社会主义制度的最大优势，党是最高政治领导力量，必须坚持党对一切工作的领导。坚持和完善党和国家监督体系，必须健全党统一领导、全面覆盖、权威高效的监督体系，增强监督严肃性、协同性、有效性，形成决策科学、执行坚决、监督有力的权力运行机制，确保党和人民赋予的权力始终用来为人民谋幸福。

一、健全党和国家监督制度

党的执政地位决定了党内监督在党和国家监督体系中是最基本的、第一位的，党内监督有力有效，其他监督才能发挥作用。完善党内监督体系，明确党内监督既是责任也是权利，将各级党组织的监督责任落实到位，保障党员监督权利的正常行使。高级干部和各级主要领导干部是我们党的中坚力量，具有贡献大、影响大、责任大等特点，加强对高级干部、各级主要领导干部的监督，是党内监督的重点。在日常工作中，对“一把手”监督和同级监督，存在监督难的问题。完善领导班子内部监督制度，重在破解对“一把手”监督和同级监督难题。

强化政治监督。新时代党和国家监督体系具有鲜明的政治属性，最关键最紧要的是增强“四个意识”，坚定“四个自信”，做到“两个维护”。“四个意识”“四个自信”“两个维护”是党中央在治国理政大政方针上的重要引领，是在思想理论层面的重要要求，三者是一个有机的整体，增强“四个意识”、坚定“四个自信”，最终都要落实到“两个维护”的具体实践上。坚持和完善党和国家监督体系，必须守住政治监督根本定位，把“两个维护”作为根本政治任务，加强对党的理论路线方针政策以及重大决策部署贯彻落实情况的监督检查。要聚焦政治原则、政治生态、政治担当，着力检查强化思想武装、贯彻党章宪法、执行大政方针、遵守政治纪律、履行政治责任、行使公共权力等情况，做到党中央重大决策部署到哪里，监督检查就跟进到哪里，确保党中央政令畅通、全党团结统一。

强化纪委监委专责监督。纪检监察机关是党内监督和国家监察专责机关，在党和国家监督体系中处于主干位置、发挥保障作用，必须一体推进不敢腐、不能腐、不想腐，统筹推进党的纪律检查体制改革、国家监察体制改革、纪检监察机构改革，在更深层次更高水平上深化转职能、转方式、转作风，不断提升履职尽责水平。加强上级纪委监委对下级纪委监委的领导，坚持查办腐败案件以上级纪委监委领导为主、各级纪委书记副书记提名考察以上级纪委会同组织部门为主，推进双重领导体制具体化、程序化、制度化。

发挥纪委监委合署办公优势，健全统一决策、一体运行的工作机制，坚持纪在法前、纪严于法，推动执纪执法贯通、有效衔接司法，提高运用法治思维和法治方式反腐败能力。完善派驻监督体制机制，加强对派驻机构的直接领导和统一管理，实行派驻机构履职考核以上级纪委为主，深化垂直管理单位纪检监察体制改革，推动纪检监察工作向基层延伸，增强人民群众的获得感、幸福感、安全感。认真落实纪律检查机关监督执纪工作规则和监察机关监督执法工作规定，强化纪法思维、程序意识，严格工作规程，健全内控机制，对纪检监察干部违纪违法行为“零容忍”，把依规依纪依法体现在各方面各环节，推进纪检监察工作规范化、法治化。

推动各类监督有机贯通、相互协调。随着全面深化改革向纵深推进，健全党和国家监督体系，已由前期的夯基垒台、立柱架梁，中期的全面推进、积厚成势，进入到系统集成、协同高效的新阶段。各领域各环节监督的关联性互动性明显增强，每一种监督都会对其他监督产生重要影响，也都需要其他监督协同配合，必须上下统筹、联动推进。要紧紧围绕构建党统一领导、全面覆盖、权威高效的监督体系，着力加强党对监督体系建设的统一领导，牢牢掌握主导权；着力消除对公权力行使的监督空白和盲区，把所有党员干部及所有行使公权力的公职人员置于党组织和人民群众监督之下；着力健全协作配合机制，形成配置科学、权责协同、运行高效的监督网。

要推进纪律监督、监察监督、派驻监督、巡视监督统筹衔接，加强纪检监察机关监督检查部门、派驻纪检监察组、巡视巡察机构之间的信息互通、监督互动，汇聚监督合力。要健全人大监督、民主监督、行政监督、司法监督、群众监督、舆论监督制度，发挥审计监督、统计监督职能作用，健全信息沟通、线索移送、措施配合、成果共享等工作机制，以党内监督为主导，推动各类监督有机贯通、相互协调、形成合力。[①]

二、完善权力配置和运行制约机制

强化对权力运行的制约和监督，保证公权力不被滥用，是国家治理的关键环节之一。依法科学配置权力，明晰权力边界。厉行法治是完善权力配置和运行制约机制的基本前提。坚持权责法定，健全分事行权、分岗设权、分级授权、定期轮岗制度，明晰权力边界，规范工作流程，强化权力制约。这就要求，权力的取得、设定、行使方式和基本程序都应由法律法规加以明确规定，行使权力必须依照法定权限和法定程序，不能越权，也不能失职，更不能滥用权力。贯彻党的十九届四中全会精神，必须加快推进机构、职能、权限、程序、责任法定化，督促领导干部自觉运用法治思维和法治方式推动工作，加强法律监督，实现法定职责必须为，法无授权不可为。

确保权力在阳光下运行。《决定》提出："坚持权责透明，推动用权公开，完善党务、政务、司法和各领域办事公开制度，建立权力运行可查询、可追溯的反馈机制。"坚持用权公开，是党中央一以贯之的要求。2016 年 2 月，中共中央办公厅、国务院办公厅印发《关于全面

① 杨晓渡：《坚持和完善党和国家监督体系》，《人民日报》2019 年 11 月 29 日。

推进政务公开工作的意见》。2017 年 12 月，中共中央印发《中国共产党党务公开条例（试行）》，党中央确立并不断强化“公开为常态、不公开为例外”的原则。贯彻党的十九届四中全会精神，必须落实好党务公开、政务公开、司法公开和各领域办事公开制度，积极推进电子政务建设，建立健全相应的听证制度、查询和咨询制度等，做到规则公开、程序公开、结果公开，让“暗箱操作”寸步难行。

坚持权责统一、精准执纪问责。有权必有责、用权受监督，是权力运行的基本原则。《决定》提出：“坚持权责统一，盯紧权力运行各个环节，完善发现问题、纠正偏差、精准问责有效机制，压减权力设租寻租空间。”这一要求体现了鲜明的问题导向。目前，在权责配置上还存在规定权力多、明确责任少，甚至有权无责等现象。贯彻党的十九届四中全会精神，必须严格职责权限，完善权责清单制度，盯紧公权力运行各个环节，完善及时发现问题的防范机制、精准纠正偏差的矫正机制，管好关键人、管到关键处、管住关键事、管在关键时，特别是要把“一把手”管住管好，以强有力问责督促权力规范运行。

三、构建一体推进不敢腐、不能腐、不想腐体制机制

关于构建不敢腐、不能腐、不想腐的有效机制，习近平总书记在很多重要场合作出过一系列重要论述。正式提出一体推进“三不”的明确要求，是在党的十九届中央纪委三次全会上的重要讲话中：不敢腐、不能腐、不想腐是一个有机整体，不是三个阶段的划分，也不是三个环节的割裂。要打通三者内在联系，在严厉惩治、形成震慑的同时，扎牢制度笼子、规范权力运行，加强党性教育、提高思想觉悟，一体推进不敢腐、不能腐、不想腐，早日迎来海晏河清！把“三不”作为一个整体加以推进，贯彻了马克思主义基本原理，发展了我们党反腐败理念思路和成效经验，揭示了反腐败斗争基本规律，是习近平新时代中国特色社会主义思想在全面从严治党领域的生动体现。

腐败同我们党的性质、宗旨水火不容，对腐败分子的放任就是对党和人民的犯罪。要坚定不移推进反腐败斗争，坚持无禁区、全覆盖、零容忍，坚持重遏制、强高压、长震慑，坚持受贿行贿一起查，有力削减存量、有效遏制增量，确保底线常在、“后墙”不松。坚决查处政治问题和经济问题交织的腐败案件，对党的十八大后不收敛不收手，特别是党的十九大后仍不知敬畏、胆大妄为的，发现一起查处一起。加大重点领域和关键环节反腐力度，坚决斩断“围猎”和甘于被“围猎”的利益链，坚决破除权钱交易的关系网。持续整治群众身边腐败和作风问题，严惩扶贫民生领域腐败、涉黑腐败及“保护伞”，不断增强群众获得感、幸福感、安全感。一体推进追逃防逃追赃，深度参与反腐败国际治理，以天罗地网切断腐败分子外逃后路。①

第十五节　加强党对坚持和完善中国特色社会主义制度、推进国家治理体系和治理能力现代化的领导

我们要以习近平新时代中国特色社会主义思想为指导，坚持和加强党的全面领导，确保党始终总揽全局、协调各方，为坚持和完善中国特色社会主义制度、推进国家治理体系和治理能力现代化提供根本保证。

一、坚持和完善中国特色社会主义制度、推进国家治理体系和治理能力现代化是全党的一项重大战略，必须在党中央统一领导下进行

我国国家制度和国家治理体系具有多方面的显著优势，其中首要的

① 苗庆旺：《构建一体推进不敢腐、不能腐、不想腐体制机制》，《求是》2019 年第 24 期。

是坚持党的集中统一领导，保持政治稳定，确保国家始终沿着社会主义方向前进。

坚持和完善中国特色社会主义制度、推进国家治理体系和治理能力现代化，是全党的一项重大战略任务。党的十八大以来，以习近平同志为核心的党中央领导人民统筹推进“五位一体”总体布局、协调推进“四个全面”战略布局，把坚持和完善中国特色社会主义制度、推进国家治理体系和治理能力现代化作为全党的重大战略，号召全体党员积极投身这一重大战略当中，为政治稳定、经济发展、文化繁荣、民族团结、人民幸福、社会安宁、国家统一提供了有力保障。

完成好这样的重大战略任务，必须依靠和提升党的领导力。党的领导力包括党的政治领导力、思想引领力、群众组织力、社会号召力。党的领导力贯通于我国国家制度和国家治理体系之中。我国国家制度和治理体系体现在支撑中国特色社会主义制度的根本制度、基本制度、重要制度中，要构建系统完备、科学规范、运行有效的制度体系。

党的领导力贯通于国家治理效能实践之中。坚持和完善中国特色社会主义制度、推进国家治理体系和治理能力现代化，需要依靠党的坚强领导力推动前行，同时党的领导力也需要在全面建设社会主义现代化国家新的伟大实践中得到新的提升。提升党的领导力，是贯彻落实党的十九届四中全会精神，把我国制度优势更好转化为国家治理效能的关键和根本。①

坚持和完善中国特色社会主义制度、推进国家治理体系和治理能力现代化，必须在党中央统一领导下进行。中国特色社会主义制度是我国的根本制度，我国国家治理一切工作和活动都依照中国特色社会主义制

① 颜晓峰：《提升党的领导力，推进国家治理体系和治理能力现代化》，《党建》2019 年第 12 期。

度展开。坚持和完善中国特色社会主义制度、推进国家治理体系和治理能力现代化，必须牢牢把握中国共产党领导这一中国特色社会主义最本质的特征、中国特色社会主义制度的最大优势。

坚持党的领导，关键是坚持党中央集中统一领导。党中央制定的理论和路线方针政策，是全党全国各族人民统一思想、统一意志、统一行动的依据和基础。我们要在党中央统一领导下，推进全面深化改革，使各方面制度更加完善，实现党、国家、社会各项事务治理制度化、规范化、程序化，构建系统完备、科学规范、运行有效的制度体系，使中国特色社会主义制度更加巩固、优越性充分展现。

二、着力提高制度执行力，把我国制度优势更好地转化为国家治理效能

习近平总书记指出："制度的生命力在于执行。要强化制度执行力，加强制度执行的监督，切实把我国制度优势转化为治理效能。"[①] 我国国家治理体系和治理能力是中国特色社会主义制度及其执行能力的集中体现。坚持和完善中国特色社会主义制度、推进国家治理体系和治理能力现代化，不仅要建立完善的制度体系，还要在不断提高制度执行力上狠下工夫。

切实强化制度意识，深刻认识提高制度执行力的必要性和重要性。制度一经制定，就要严格执行。制度的生命力在于执行，制度的价值只有通过执行才能显现出来。各级党委和政府以及领导干部要切实增强按制度办事、依法办事意识，自觉维护制度的刚性约束力，坚决防止忽视制度、擅改制度的随意行为。要善于运用制度治理国家，更好地把国家制度优势转化为国家治理效能，不断提高科学执政、民主执政、依法执

① 习近平：《继续沿着党和人民开辟的正确道路前进 不断推进国家治理体系和治理能力现代化》，《人民日报》2019 年 9 月 25 日。

政水平。

领导干部应当带头维护制度权威，做制度执行的表率。习近平总书记指出："各级党委和政府以及领导干部要增强制度意识，善于在制度的轨道上推进各项事业。广大党员、干部要做制度执行的表率，引领全社会增强制度意识，自觉维护制度权威。"① 提高制度执行力，离不开各级党委和政府以及领导干部的率先垂范。领导干部尤其是高级干部在党和国家事业发展中具有特殊重要地位，要以身作则、率先垂范，发挥先锋模范作用，给广大党员干部树立标杆、作出示范、当好表率。

坚持制度面前人人平等、执行制度没有例外，不留"暗门"、不开"天窗"，防止"破窗效应"。坚持高标准、严要求，要求党员做到的，领导干部必须首先做到；要求下级做到的，上级必须首先做到；要求别人做到的，自己必须首先做到。要增强斗争精神，坚持原则、敢抓敢管，坚决同一切违反制度的现象作斗争，带动全党全社会自觉尊崇制度、严格执行制度、坚决维护制度。

加强对制度执行的监督，坚决杜绝做选择、搞变通、打折扣的现象。严格监督是保证制度不折不扣贯彻执行的关键。要健全权威高效的制度执行机制，明确各项制度执行的主体责任、监督责任、领导责任，形成制度执行的强大推动力。加强对制度执行的监督，把监督检查、目标考核、责任追究有机结合起来，坚持有责必问、问责必严。坚决纠正有令不行、有禁不止现象，对把制度当摆设、破坏制度、违法违规违纪的，都要严肃查处，确保各项制度都能贯彻执行。

---

① 习近平：《继续沿着党和人民开辟的正确道路前进 不断推进国家治理体系和治理能力现代化》，《人民日报》2019 年 9 月 25 日。

三、加强制度自信宣传教育，引导全党全社会充分认识中国特色社会主义制度的本质特征和优越性

习近平新时代中国特色社会主义思想是改革开放以来党的全部理论和实践的主题，是党和人民历尽千辛万苦、付出巨大代价取得的根本成就。我们要始终高举中国特色社会主义伟大旗帜，更加自觉地增强中国特色社会主义理论自信，不懈探索和把握共产党执政规律、社会主义建设规律、人类社会发展规律，坚持和完善中国特色社会主义制度，推进国家治理体系和治理能力现代化。

中国特色社会主义制度和国家治理体系具有强大生命力和巨大优越性，必须坚定制度自信。从社会主义制度基本确立到改革开放以来中国特色社会主义制度不断完善和发展，我国制度优势不断彰显、不断增强。特别是党的十八大以来，我们党领导人民统筹推进“五位一体”总体布局、协调推进“四个全面”战略布局，推动中国特色社会主义制度更加完善、国家治理体系和治理能力现代化水平明显提高，为政治稳定、经济发展、文化繁荣、民族团结、社会安宁、国家统一提供了有力保障。

实践充分证明，中国特色社会主义制度和国家治理体系是以马克思主义为指导、植根中国大地、具有深厚中华文化根基、深得人民拥护的制度和治理体系，是具有强大生命力和巨大优越性的制度和治理体系，是能够持续推动拥有 14 亿人口大国进步和发展、确保拥有 5000 多年文明史的中华民族实现“两个一百年”奋斗目标进而实现中华民族伟大复兴的制度和治理体系。

我们要加强制度自信宣传教育，讲好中国制度故事，引导人们充分认识我们已经走出了一条建设中国特色社会主义制度的成功之路，只要我们沿着这条道路继续前进，在实践中不断探索总结，就一定能够实现国家治理体系和治理能力现代化。

中国特色社会主义制度和国家治理体系经过长期实践检验，来之不易，必须倍加珍惜。从社会主义诞生到现在的历史过程来看，怎样治理社会主义社会这样的全新社会，在以往的世界社会主义实践中没有解决得很好。新中国成立后，我们党深入思考和探索怎样建设社会主义、怎样把社会主义同中国的实践相结合、怎样治理好中国问题，虽然也发生了严重曲折，但在国家治理体系和治理能力上积累了丰富经验，取得了重大成果。

改革开放以来，我们党总结以往经验，以全新的角度思考和探索国家治理体系和治理能力问题，创新地丰富了治国理政理论体系，实现了政治稳定、经济发展、文化繁荣、民族团结、人民幸福、社会安宁。中国特色社会主义制度和国家治理体系是实践的产物，是在改革开放 40 多年的伟大实践中总结出来的，是在新中国成立 70 多年的持续探索中不断总结经验得来的，是在我们党领导人民进行伟大社会革命 100 年的实践中得来的，是在近代以来中华民族由衰到盛的历史借鉴中得来的，是在对中华文明 5000 多年的传承发展中得来的，是我们党团结带领人民历尽千辛万苦、付出各种代价取得的宝贵成果，因此必须倍加珍惜。

完善和发展我国国家制度和国家治理体系，必须坚持从国情出发、从实际出发，坚定不移走中国特色社会主义道路。习近平总书记指出："推进改革的目的是要不断推进我国社会主义制度自我完善和发展，赋予社会主义新的生机活力。这里面最核心的是坚持和改善党的领导、坚持和完善中国特色社会主义制度，偏离了这一条，那就南辕北辙了。"[①] 完善和发展我国国家制度和国家治理体系，要在坚持好、巩固好已经建立起来并经过实践检验的根本制度、基本制度、重要制度的前提下，

① 《习近平关于协调推进"四个全面"战略布局论述摘编》，中央文献出版社 2015 年版，第 68—69 页。

不断推进制度创新，抓紧制定国家治理体系和治理能力现代化急需的制度、满足人民对美好生活新期待必备的制度。既把握长期形成的历史传承，又把握党和人民在我国国家制度建设和国家治理方面走过的道路、积累的经验、形成的原则，不能照抄照搬他国制度模式，既不走封闭僵化的老路，也不走改旗易帜的邪路。

四、建设高素质专业化干部队伍，为坚持和完善中国特色社会主义制度、推进国家治理体系和治理能力现代化提供干部和人才支撑

党的十九大报告提出："党的干部是党和国家事业的中坚力量。"坚持和完善中国特色社会主义制度、推进国家治理体系和治理能力现代化，必须加强新时代干部队伍建设，建设忠诚干净担当的高素质专业化干部队伍，集聚爱国奉献的各方面优秀人才。

突出提高治理能力，加强新时代干部队伍建设。新时代的干部队伍必须是高素质专业化干部队伍，要政治过硬、改革意识强、能力水平高、敢闯敢干。要加强广大干部的思想政治教育，使其坚定理想信念，筑牢信仰之基、补足精神之钙、把稳思想之舵，自觉做共产主义远大理想和中国特色社会主义共同理想的坚定信仰者和忠实实践者。要注重培育专业能力、专业精神，增强干部队伍适应新时代中国特色社会主义发展要求的能力。要有组织、有计划地把干部放到重大斗争一线去真枪真刀磨砺，强弱项、补短板，学真本领，练真功夫。要通过加强思想淬炼、政治历练、实践锻炼、专业训练，推动广大干部严格按照制度履行职责、行使权力、开展工作，提高统筹推进"五位一体"总体布局和协调推进"四个全面"战略布局等各项工作能力和水平。

坚持党管干部原则，贯彻落实新时代好干部标准。要坚持正确选人用人导向，突出政治标准，提拔重用牢固树立"四个意识"和"四个自信"、坚决维护党中央权威、全面贯彻执行党的理论和路线方针

政策、忠诚干净担当的干部，选优配强各级领导班子。

强化党组织领导和把关作用，着力培养选拔信念坚定、为民服务、勤政务实、敢于担当、清正廉洁的好干部。严把选人用人政治关、品行关、能力关、作风关、廉洁关，改进干部推荐考察方式，把制度执行力和治理能力作为干部选拔任用、考核评价的重要依据。

建立崇尚实干、带动担当、加油鼓劲的正向激励体系，在选人用人上体现讲担当、重担当的鲜明导向，把敢不敢扛事、愿不愿做事、能不能干事作为识别干部、评判优劣、奖惩升降的重要标准，把敢于负责、勇于担当、善于作为、实绩突出的干部及时大胆用起来。

加快人才制度和政策创新，着力集聚爱国奉献的各方面优秀人才。人才是实现民族振兴、赢得国际竞争主动的战略资源。全球范围内新一轮科技革命和产业变革蓬勃兴起，世界各国都在抢抓机遇，优秀人才的国际争夺日趋白热化。

要加快实施人才强国战略，确立人才引领发展的战略地位，努力建设矢志爱国奉献、勇于创新创造的优秀人才队伍。深化人才发展体制机制改革，最大限度把广大人才的报国情怀、奋斗精神、创造活力激发出来。

尊重知识、尊重人才，完善人才培养机制，改进人才评价机制，创新人才流动机制，健全人才激励机制，构建具有全球竞争力的人才制度体系，支持各类人才为推进国家治理体系和治理能力现代化贡献智慧和力量。

实行更加积极、更加开放、更加有效的人才政策，聚天下英才而用之。加强对人才的政治引领，做好各类人才教育培训、国情研修等工作，增强他们的政治认同感和向心力，实现增人数和得人心有机统一。

坚持和完善中国特色社会主义制度、推进国家治理体系和治理能力现代化，使命光荣、责任重大。我们要在以习近平同志为核心的党中央坚强领导下，坚决贯彻执行《决定》提出的各项要求，为坚持和完善中国特色社会主义制度、推进国家治理体系和治理能力现代化，实现“两个一百年”奋斗目标、实现中华民族伟大复兴的中国梦而努力奋斗！①

① 韩正:《加强党对坚持和完善中国特色社会主义制度、推进国家治理体系和治理能力现代化的领导》,《人民日报》2019年11月15日。